做法

生长最美

陈春花 著

岳麓書社·长沙　博集天卷

生 长 最 美

做法

PREFACE 序言

生长最美

前几日，我应骆医生的邀请，到上海的马桥镇看千年古樟树。这些古樟树是从王安石的故乡抚州迁徙而来。一位企业家，帮助古老的生命逃避修建水库的威胁，在一片新天地中苏醒生发。

看到几棵千年的巨大古樟树，树的主干需要六人或七人才能合抱，粗壮有力，沧桑虬结，透着千年风霜。为了迁徙移植，古樟树只能保留主树干，用大车运至上海，重新栽种。主树干用了三年的时间存活了下来，开始长出新的树杈与鲜叶，青翠柔美，郁郁葱葱，展示着千年之后新生的欢喜。

一同迁徙而来的还有400年的古宅，我们漫步其中，仰头见巨树参天，低头见岁月留痕。淡淡的天色，云的影子虚渺；青青的砖墙，光的影子梦幻。从明清传到今天，任凭星月流转，任凭兵荒马乱，任凭世事变迁，树木繁茂依旧，老宅安稳如初，流淌荡漾着岁月安静、沉稳、华美的光。

这里位于上海的一角，主人最初只有一个想法，给千年古树和四百年老宅一个安处的地方，并未想过有什么用。随后安缦入驻，用一种纯粹的自然主义特征，新旧融合的魅力，将建筑融入古树古宅中。漫步其中，没有喧哗纷扰，只有寂静素朴，感受岁月留痕，生命与生命之间彼此欣赏与守护。

仰望千年古樟树，让我想到《庄子·逍遥游》的那棵被称为"樗"的大树，想到庄子的无用之用，想到庄子希望这棵树长在"无何有之乡，广莫之野"，不必担忧被砍伐，被拿去做"栋""梁"。正如蒋勋所言：不为他人的价值所限制，不被世俗的功利捆绑，庄子哲学的核心是"回来做自己"。

眼前的千年古樟树，该是那棵"樗"，不斤斤计较在别人眼里的价值，超越了人的世界，在自然的高度彰显生命的意义——回来做自己。

我经常背诵赫尔曼·黑塞的《树木的礼赞》，他写道："世界在它们的树梢上喧嚣，它们的根深扎在无限之中；唯独它们不会在其中消失，而是以全部的生命力去追求成为独一无二：实现它们自己的、寓于它们之中的法则，充实它们自己的形象，并表现自己。再没有比一棵美的、粗大的树更神圣，更堪称楷模的了。"我特别希望自己生活在一棵大树旁，还好，朗润园有一棵近200年的梧桐，承泽园有一棵近300年的流苏，时时仰望并与其对话，让我也有了树的感悟。这是生长的力量，没有喧哗，不求奢华，只是沉静顽强地生长，长成了参天大树，长成了林海，也长成了岁月，记录了大自然千变万化的痕迹。

生长，正是万物生命的本分，一个细小的种子，没有一点犹豫，没有半点自怨自艾，无论在何种环境之下，都竭尽全力去生长。事实上，生命以生长的方式呈现出来，紧紧依附在生长的力量之中，也许孤寂，也许蓬勃，以这种方式避免自己停留在昨日的状态，不断跨越昨日的自己，生命才有了意义，因此，才有了万千世界浩大壮丽的风景。

生长，也是自然的法则。是的，唯有生长，才呈现出纷繁多样，变幻神奇；唯有生长，才可以感知变化，想象未来；唯有生长，才能展示力量，破茧成蝶；唯有生长，不再懦弱，充盈丰盛。除此之外，那些困扰与阻滞的一切，都只不过是借口而已。

我们所要担心的，不是这些外在因素，而是对生长的信仰。当我们安静地去体悟自身、感悟自然，你可以从任何一个角度体察到生长带来的变化的信息，这些真实而具体的感觉，总会带给我们感动、惊喜，有时甚至是悲伤。这也构成了我们自己内在的丰富性，让我们有能力与周遭的一切共存共生。

在纯粹的生长中，生命会获得超乎想象的可能性。它也许会以各种形式出现，会遭遇各种挑战和冲击，但是，只要专注于生长，确信生长的力量，生命所创造的奇迹，就非凡而隽永。乔治·沃尔德写道："30亿年前的地球上，有了立足点后，初代生命体踏上了进化的壮丽旅程。"这趟壮丽旅程，让其"抓住了自己在地球上的未来"。

这也是以"生长最美"为主题整理编辑此书的原因。我特别感谢中南博集天卷副总经理王勇先生以及他的团队，如果不是他的倡议和坚持，我就不会做好出版此书的准备。我也要特别感谢王贤青老师，他为此书的出版做了很多专业的工作，并帮助其协调和推进。最后我还要感谢秦朔、薛兆丰、何刚、刘润四位老师，当他们得知此书有可能让青年人受益良多，欣然写下了推荐语，他们的"加持"让本书有了不同的意义。

全书是以我的日常分享为基础，也整理和编辑了我的其他书的相关文章，更多的是我和年轻学生们的交流。我们之所以羡慕"年轻"，是因为年轻意味着"未来"。但是，你拥有未来不是因为年轻，而是因为你拥有一种能力，这种能力叫作生长性。所以，我更希望这些文字能够启动你自己有关生长的想法与做法，能够通过阅读的交流，一起去感受生长的伟大存在，并透过生长去认识自身的力量，去认识生命的力量，去实现我们自身存在的意义。一切都在生长之中，因为生长，万物自然也增添了新的气息。

今天恰是春分，古时又称"日夜分"。在这一天，阳光直射赤道，南北半球昼夜几乎等长，随后一段时间里，昼更长，夜更短，万物吐故纳新，大地复苏，一片绿意盎然。

陈春花

2022 年 3 月 20 日

目 录
CONTENTS

PART 1

静下心来

一个能够回归为零的人，他一定有成功的心态。因为一个人在做错事情之后不断反省，不断检讨，心态就不能回归为零。做错事情就要承认错误，而且要真心实意地承认，承认完了就要丢掉、改正。

003　在信息过载的今天，如何不焦虑？

012　注意力是今天最稀缺的资源

019　好心态的修炼

035　成为"漫步者"，远离焦虑与不安

038　学会放下，学会舍得

040　调整思维方式，适应今天的环境

047　真正理解变化之后，才会获得真正的自由

051　相信生活，敬畏责任，重塑自我

PART

2

**专注
目标**

真正能够有驱动力量的，不是激励，而是目标。这也是为什么很多老板很喜欢设高目标的原因，员工认为做不到，老板却坚持能做到，这实际上就是用目标来拉动效益。正如古语所说："取乎其上，得乎其中；取乎其中，得乎其下。"

061　如何用目标激活自我？

068　自我管理时代，你的专注度决定未来

075　专注于未来的生活，而不是纠结过去

082　如何改变自己

090　优秀者一定是自我成长的

092　一个人的成长，与四件事有关

096　从"丝绸之路"到那些伟大的公司，都做对了一件事

PART

3

持续行动

成功的人就是做事的人,他真的去做,直到完成为止。平庸的人就是不做事的人,他会找借口拖延,直到最后证明这件事情"不应该做"为止。

107 行动是改变命运的根本途径

111 人生是旅行,工作是修行

115 战胜自己,做一个和自己赛跑的人

119 如何与自己共处?

122 为什么你做的决策无法执行到位

PART 4

重视方法

如果不肯花费专门的时间去做重要的事情，就不会得到重大的价值。当确定在某个时间需要做某件事情时，就马上去做，结果就会很好。

129　实现成长的四大战略

139　学会有效的沟通

150　快速有效决策的五种方法

158　在经济危机中成功的四个关键

165　年轻管理者需要完成的基本修炼

171　如何面对与自己期望不一致的上司？

175　高效能人士的秘诀——管理好自己的时间

186　企业留不住新员工是没有未来的

191　核心人才的管理方式

195　深入理解人工作的原因，让激励更有效

203　如何拥有管理"不确定性"的能力？

214　成为卓越领导者的两个关键要素

220　如何成为"无我"领导？

PART 5

终身学习

你要学会去找问题,也就是界定问题,要做鉴别。要对鉴别后的信息做特定的转化,这就是"知识的形成"。有了知识的形成,就会有一套自己的方法论。有了知识方法论,才可以融会贯通,更好地面对未知问题。

229 我们该如何拥有知识?

235 如何真正高效地学习?

238 我的两个学习模式——观察与读书

241 在苍茫中点灯,我读德鲁克

255 学习是个人化过程——痛并快乐着

267 越是变化,越需要长期主义

PART 6

实现价值

今天不是谈对错的时候，而是谈变化的时候。在一个变化的背景下，对错已经没有太大的价值，真正有价值的是：愿意试错，能纠错迭代，持续创新。

279　奉献比聪明更重要

283　你该如何迎接未来的到来？

288　未来的工作，自己如何才能不被取代

295　主动与环境融合，一切都可战胜

298　数字化时代，企业如何面向未来

321　寻找领军企业的能力与基因

332　共生成长

347　卓越领导者的自我造就之路

352　领导者需要具有面向未来的能力

PART 1

静下心来

一个能够回归为零的人，他一定有成功的心态。

　　因为一个人在做错事情之后不断反省，不断检讨，心态就不能回归为零。做错事情就要承认错误，而且要真心实意地承认，承认完了就要丢掉、改正。

生 长 最 美 ： 做 法

在信息过载的今天，如何不焦虑？

==职业化，就是和自己的惯性、习惯不懈斗争的过程。==

对生活在信息时代的人来说，最大的挑战是怎么去甄别知识。

很多时候，我们得到或关注的是一条信息、一个符号或没有任何意义却会干扰我们的东西，这些是知识吗？你能甄别知识以及它所产生的价值吗？面对知识时代，你该做何准备？

我大学毕业后就开始做老师被称为"知识工作者"。每年备课的时候，就算是同一门课，对它的理解和价值的确认都会有所不同。

一个学生说，我的《组织管理》课程，他听了十三年。我吓了一跳，问他："你每年都听，能听出什么不同？"他说："老师您不一样了，我也每年都不一样。"

这激发了我对知识和时代互动的挑战，也促使他在不同环境下进行自我认知的挑战，这也许就是我们每个人要做的事情。

▶ 01 既渴望知识，又应接不暇

今天，每个人都是知识工作者。所有的事物似乎都要打上"知识"二字，无论是学习还是工作，有时候在娱乐中也会收获知识。看电影要理解剧情，要理解其中展现的变化；朋友之间交流，如果没有知识的传递，貌似也会缺少共鸣。

人们对知识的渴望比以往任何时代都要强烈，信息爆发的程度比以往任何时代都要猛烈，你发现好像有些应接不暇。

有五种因素，让我们既渴望知识又应接不暇。

1. 一切都是不确定的
2. 这种不确定是因为技术和知识的迭代速度太快导致的

在没有比语言说明时代的改变与迭代，新的词汇被创建。新的语言新的词汇表达，让我感到迭代的迅速。尤其是每一年年底，我请他们把这一年新的词汇整理出来的时候。

3. 认知盈余，太多东西很难选择

最近几年，我被问得最多的不是"学不到、不知道"的问题，而是"不能下决定、无法做选择"的问题。不能下决定、无法做选择不是因为所拥有的信息和资讯不充分，而是信息太充分。这导致我们在处理问题时有太多的信息干扰，因有太多选择而无法做决定。

4. 时间稀缺

人们已经比较习惯说"碎片化",它一方面意味着时间增多,或者说是时间分割得更多;另一方面意味着时间减少,有价值输出的集中时间变得更难控制。

5. 对知识验证的要求越来越高

从前做老师是可以笃定的,在老师教授的领域,老师和学生之间会有一个"知识差"。但今天老师可能无法那么笃定,老师拥有的信息甚至知识可能都还没有学生多,因为学生们借助于数字技术的能力更强。这个时候老师会发现要验证自己所教授的知识,难度比过去要高。

这一系列的挑战让我们在面对知识时产生两种状态——深深的焦虑和黯然的孤独。这个表述挺形象的。的确是因为有非常多选择和可能性,却不知道哪个选择和可能性与自己相关,让我们陷入这两种状态中。

克服这两种状态的关键是你要真正理解知识。你可以识别、判断、价值互换、选择和自己目标及方向一致的东西,其前提是真正理解知识。

▶ 02 问自己四个问题

如何克服焦虑,首先需要我们问自己四个问题:

1. 是分别心，还是辨别力

我们常常听到有人说"喜欢这个，不喜欢那个"。这是分别心，不是辨别力。有辨别力的人，不会简单说喜欢或不喜欢，真正辨别价值之后，你会说服自己。如果没有这种辨别力，你就会有分别心，所以只能做分别，无法做辨别。

2. 是自我设限，还是认知的不足

很多学生问我为什么每天晚上可以写三千字，他们认为这是很难的事情。我和他们说："你们先从每天晚上写三个字、三十个字开始，慢慢地你们就能写三百个字、三千个字。"不是不能写，而是对自我设限和认知没有认真理解，没有找到自我设限和认知的真正原因。

3. 是世界变化快，还是自己不曾改变

熟悉我的人知道，在微博时代，我没有参与太多的活动，后来我发现如果我不动，就会被淘汰，所以在微信时代到来时，我开始动了。现在是知识付费的时代，我又要求自己赶紧跟上。这样做的主要目的不是看我能不能跟上世界的变化，而是看我自己变与不变以及变得快与慢的问题。

4. 是惯性使然，还是无法应对

大部分人认为自己很难应对信息改变、事物不断迭代带来的挑战。但事实是，你的惯性导致你无法应对。除非上课，我不是特别喜

欢用视频的方式和大家交流。但是，在一个在线化、数字化成为必选项的环境里，我克服自己的习惯，尝试用新的方式与大家沟通，这就不得不要求自己改变。在研究职业经理人的选题里，我理解了职业化，就是和自己的惯性、习惯不懈斗争的过程。如果有人觉得面对变化的环境很难应对，那么就是自己的职业化训练还不够。

我希望每个人可以问自己以上这四个问题，相信大家都会有自己的答案。当我们确定了这四个问题的答案后，就要开始寻找解决问题的方向，我认为这和一个核心问题相关：你是否真正拥有知识？

如果你真正拥有知识，你就有辨别力，不再有分别心；你知道自我界限可以打破；任何变化都是机会；更重要的是如果愿意改变自己，你会看到一个更美好的世界。

▶ 03 应用知识，你才真的拥有知识

如果要解决这个问题，我们需要将数据、信息、知识这三个概念分清楚。

我访问过很多企业，很多人说："我们有大数据了""我们要做数字化转型，要成为数据公司"。我觉得这些说法都是对的，但我会问："你们要把数据拿来干吗？"他们几乎都回答不出来。

1. 如何理解"数据"

数据是未加工的信息和知识，是客观事实。数据是可以从不同角度来使用的。我曾经去过一个县级市，当地领导告诉我他们那儿是全

国 GDP 水平最高的县级市，我问他当地人口总数是多少？他就不说话了。那个县也是全国县级市人口数量最大的，也就是说，人均 GDP 在全国县级市的排名没那么靠前。第二天我去了另外一个城市，当地领导告诉我他们的城市在二类城市中人均 GDP 水平最高，我问他当地人口总数是多少？他说四十万，这意味着 GDP 总量不高。

这两个城市对数据解读的方式都是一样的，就是选择有利于自己的方向。这也从另一个方面告诉我们，如果数据不进行加工，数据对做决策的帮助是有局限性的。如果以自己的偏好使用数据做决策，就有可能害了自己。因此，我们需要在数据的基础上进入下一个概念：信息。

2. 从"数据"过渡到"信息"

我去一家企业调研，他们介绍自己是行业第一，我问企业领导者："第一的位置多久了？"他说："十二年了。"我接着问："企业的增长如何？"他说："最近五年没有增长。"我继续问："在五年没有增长的前提下，十二年第一这个数据，其意义如何？"我希望和这家企业在这个问题上展开深入的讨论，也以此厘清真正的问题所在，那就是如何对待信息，而不是数据。

"十二年第一"这是一个数据，"没有增长的第一"这是一个信息。如果我们只关注"第一"这个数据，而没有关注到"没有增长"这个信息，那再过一段时间，第一的位置可能就会失去，这才是令人担忧的地方。所以，我们不能停留于数据，而要上升到信息，信息是加工过的数据。

没有加工过的数据，没有办法做价值判断。加工过的数据成为信息，才可以帮助我们展开价值判断。但是，这还只是第一步，如果需要深入解决问题，还需要继续往前推进，由信息到知识。

3. 把"信息"内化为个人的"知识"

知识是由对信息的鉴别、判断而产生的。比如了解一个城市的 GDP 数据之后，可以对 GDP 数据展开加工，进而得到有关这个城市的 GDP 信息。接下来，继续根据我自己掌握的价值标准，将其与其他城市进行对比，根据我对产业结构的理解，等等，最终会通过 GDP 信息对这个城市的经济价值进行判断。至此，我就有了一些关于这个城市经济的知识。

想要拥有知识，需要做这几件事：找到客观数据的真实来源，进行专业的加工处理使其成为信息，做出个人的判断与鉴别，最终形成个人的相关知识。只有经历了这个过程，才可以讨论和拥有知识。

在信息过载的背景下，最大的挑战就是有效区分信息和知识。应对这个挑战的办法，需要回到知识定义中所提到的"知识是属于个体的"内涵中。知识与事实、程序、概念、解释、思想、观察和判断有关。

很多时候，一些人总是通过转述别人的观点来表达自己的理解，这并没有什么错误，但是如果大部分时间里你都依赖这样的表述方式，那说明你还没有掌握知识。如果还没有学会内化成个人的信息，那么就不具备掌握知识的前提条件。

想拥有真正的知识，不是件容易的事情。通过数字技术、互联网技术可以得到海量数据以及海量加工过的信息，但是如果这些信息没有经过个人内化的过程，那么我们依然是知识匮乏的人。

在知识时代，知识匮乏是一件非常可怕的事。

下面给大家介绍一个概念——知识流动链，也就是智慧生成的过程。即怎么把数据加工成信息，然后加上自己的识别和判断，变成行动，获得反馈，最后形成智慧。

拥有智慧的人会充分获取大量的数据，进行加工变为信息，再形成认知，落实到行动中，从而获得智慧，这就是知识流动链。

数据、信息和知识的关系，根据2015年孟增辉等人的研究得出的结论如下图所示。你在客观世界得到的数据，只要你愿意，可以处理成信息，通过你的处理进入你的大脑，然后成为你个人化的部分，属于你，你再通过形式化的组合指导你的行为，成为有智慧的个体。

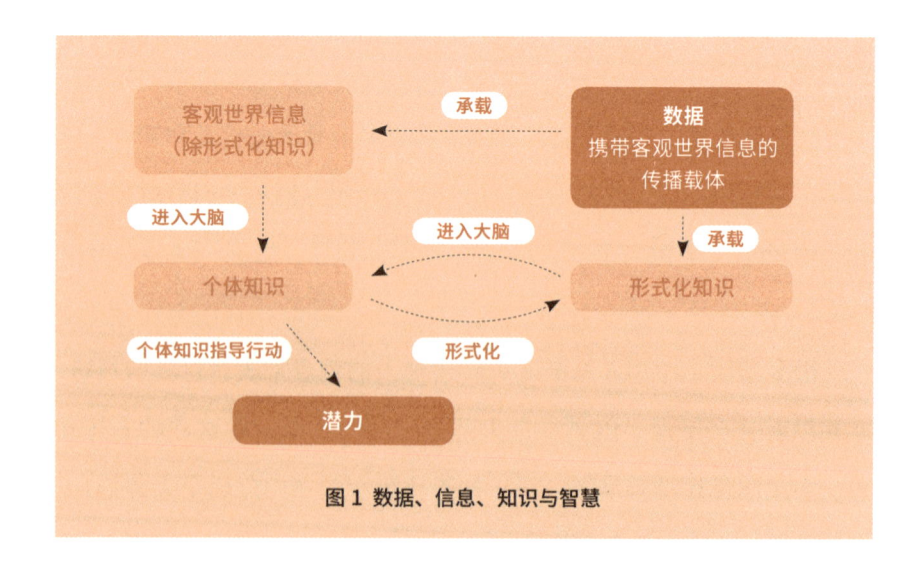

图1 数据、信息、知识与智慧

真正拥有知识，就是指知识被理解、消化后，经过实践验证的，才是有价值的。王阳明说："真知即所以为行，不行不足谓之知。"

真正拥有知识，是你能够把所有东西理解、消化，然后去应用它，经实践验证，综合应用后，才有价值。如果你掌握的数据和信息不能被应用，且不能通过实践验证价值，那么你就没有拥有知识。

注意力是今天最稀缺的资源

> 注意力太分散、不断地变换、无法集中,就不会有任何成就。若是通过全神贯注、把意念集中于一个目标,假以时日,做任何事情都是可能成功的。

桑德拉·希斯内罗丝的代表作《芒果街上的小屋》中的一篇叫《四棵细瘦的树》的文章中写道:

"它们是唯一懂得我的。我是唯一懂得它们的……它们的力量是个秘密……假如有一棵忘记了它存在的理由,它们就全都会像玻璃瓶里的郁金香一样耷拉下来,手挽着手。坚持,坚持,坚持……当我太悲伤太瘦弱无法坚持再坚持的时候,当我如此渺小却要对抗这么多砖块的时候,我就会看着树……不畏水泥仍在生长的四棵。伸展伸展从不忘记伸展的四棵。唯一的理由是存在存在的四棵。"

特别喜欢这个小故事,总是被这四棵细瘦的树的专注和韧性所感动,也明白正是它们的坚持成为"四棵细瘦的树"被大家所喜爱。

01 学会控制自己的注意力

我们做很多事情，都要学会控制自己的注意力。在一个人的发展过程中，全神贯注、集中意念可能是至关重要的一个环节。如果适当地集中精神意念，会产生令人难以置信的结果，对那些尚未窥见门径的人来说尤其如此。

培养集中意念的能力是每一个成功人士必备的特质，也是一个人所能获得的至高成就。

如果把全神贯注的能量比作放大镜，它可以聚焦太阳的光线。如果把放大镜晃来晃去，光点不断移动，这时的放大镜没有任何能量，但是如果静止下来，让光线集中于一点，停一段时间，马上就可以看到奇妙的效应了。

人的能量也是如此。注意力太分散且不断地变换、无法集中，就不会有任何成就。若是通过全神贯注，把意念集中于一个目标，假以时日，做任何事情都是可能成功的。

这一点并不容易做到，但是如果做不到这一点，做很多事情就是空话了。

注意力无法集中的问题困扰着现代人，尤其突出的就是互联网带来的碎片化信息。互联网最大的优点也是最大的缺点就是获取信息的方便程度，当需要解决一个问题的时候，人们的第一直觉就是去网上找答案，正是这样的习惯使我们解决问题的方式发生了变化。

所以现在人才的基本素质与互联网时代之前的要求不一样。在互联网时代到来之前，人才基本素质的评价是"德、才、学、识、体"，

生长最美：做法

就是人才需要具备良好的品德、杰出的才干、渊博的学识、独到的见解以及强壮的体魄。

这五个最基本的素质放在互联网时代中已经不够了，我借用管理者素质的要求来说明这个问题，对于在一个变化激烈的环境中的管理者来说，组织需要他所具备的基本素质，除了以往的传统要求之外，还要具备"团队、速度、韧性"这三项素质，也就是说：

◆ 如果不能与人合作就不是一个现代管理者；

◆ 如果速度不够快也不是一个现代管理者；

◆ 一个现代管理者更为重要的素质是要有韧性，因为今天的诱惑太多，没有韧性，不能够在黑暗中发出微弱的光芒指引道路，就无法带领团队向前。

这是现代管理者的三项新的基本素质，我更强调的是最后一个素质——韧性，因为没有韧性也就没有其他了，所以一定要控制自己的注意力来培养自己的韧性。

有一次一个学生与我讲，他要好好培养自己、锻炼自己，所以学校的活动他都参加，各种社团也都参加。我便问他，哪一样事情是能够从头做到尾的？哪一样事情是坚持一直做的？因为我确信他没有那么多时间做这么多事情，他的回答与我预料的一样，我相信这样的学生最后什么也做不好。

很多年轻人喜欢跳槽或更换职业，甚至很多人认为这是有能力的表现，可这是极其错误的想法。对一个能够成长的人来说，知识和市场的积累是极为重要的，这并不是指你拥有的证书或者丰富的履历，而是你实实在在对一个领域的理解和积累。

我是非常反对跳槽的，当然也不是绝对，可是如果一个人不能沉淀在一个企业或者一个行业里一段时间，那么他是没有可能取得成功的。

这几年很多同事和朋友都问我为什么我可以写这么多东西，其实原因就是我已经在研究领域沉淀了超过三十年的时间，也知道自己很需要继续沉淀下去，无论是研究还是理解市场，都需要用时间来证明。

我曾经这样描述敦煌：就像莫高窟里的壁画，不管世人是否能够走到那里，壁画自身的感受一直在。也许它也在等待，等了一个又一个的世纪，等了几千年的云和月。然而，正是这种等待，敦煌成了敦煌，没有什么可以替代。

▶ 02 品质来自专注

日常生活中，你会发现每一个时代的人都会认为他们是最苦的一代：比我年长的人认为他们最苦，因为他们那个年代没有机会读书；与我同时代的人认为我们这一代人最苦，因为总是要面对变化，几乎所有的变化和改革都被我们赶上了；而现在的年轻人觉得他们更苦，他们认为他们更苦的原因是根本就不知道痛苦是什么。

也许每一代人都是经历自己的痛苦，想象别人的幸福，所以觉得自己最苦，这可以理解。但是我还是认为年轻人在今天最苦的不是别的，而是诱惑太多，干扰太多，无论在哪个地方都会有干扰，甚至这种干扰是无孔不入的。

如果在这种干扰下没有办法控制注意力，就没有办法完成很多事情；如果在这样的干扰下不能够坚持专注，就不会有品质的出现。

我常常观察大学生，发现两个奇特的现象：一个是学生们时时戴着耳机，一个是手上的笔永远都是转动着的。表面上来看这好像是没有什么问题，但是实际上这些特征正是表明这些大学生不会专心去做一件事情。很多学生会与我争论，认为他们绝对可以戴着耳机做事情，不但可以一心二用，还可以一心三用，一心多用。

但是我可以很肯定地告诉大家，戴着耳机做事情的时候，至少有两件事情做不到：第一是效率，第二是品质。所以请大家不要简单地认为这只是一个小小的习惯而已。面对今天的竞争，效率和品质恰恰是能够让你成功的关键要素，可惜学生们在日常的生活习惯和学习习惯上并没有注意到这一点。

▶ 03 拥有自控能力才能做成更多事情

没有控制注意力的能力，就不可能有探索的能力，这是普遍的真理，很多成功者的成长经历都能很好地说明这一点。人们在自己成长的过程中，会有很多机会，也会有很多诱惑，如果不能控制自己的注意力，就可能在抓住机会的同时也失去机会。

因为当你抓住一个好机会的时候，最可能发挥你能力的那个机会也被你同等地对待了，这样做的结果就是每一个机会你都投入一样的精力，而没有集中精力投入到一个机会上，那么你取得成功的可能性反而被浪费了。

2002年时，我已经成为管理学的教授、博士生导师，甚至还是工商管理学院的副院长、几家大型公司的管理顾问，也发表了一些论文和著作。但是，我知道这些都不足以说明一个管理学教授应该拥有的成绩，因为作为一个中国的管理学教授，应该能够也必须能够找到中国企业成长的模式，这才是管理学教授的价值。我需要专注地研究，需要把自己真正地投入到中国的企业中去，需要了解中国企业实际的优势和劣势、实际存在的问题和解决方案。

所以2002年年底，我辞掉行政职务，减少其他活动，因为要集中我所有的注意力，去做中国本土企业成长模型的研究。学校给予我最大的理解和支持，并提供给我做研究的时间。2003年开始，我到南京大学做博士后研究，这在高校里也是一个特例，因为很少有一个博士生导师去做博士后研究的。

为了让研究更具有广泛性，我需要离开珠江三角洲，离开自己熟悉的家电行业，熟悉的文化环境，使我不得不放弃在家电行业的影响、在珠江三角洲的影响，放弃在学术界的大部分活动；不参与各种论坛，不参与企业的咨询项目，不参加任何会议，封闭自己将近三年，潜心留在一个企业里做实证研究。

直到2005年，我才重新回到学校，重新回到我所熟悉的环境当中，重新回到论坛和研讨、交流和同行当中。

将近三年的潜心研究，让我深入地了解了中国企业的特征，深入地理解了中国企业管理者面对的问题是什么。

在这个研究之后，2004—2010年，我先后发表了十本著作，主编了五本教材，公开发表的论文超过三百篇，并在"中国管理实践研究"

领域具有相应的价值，甚至因为潜心思考，还出版了三本随笔集，把日常的随想记录下来和读者分享。

我跟踪观察过美的集团一批成功的职业经理人，他们今天都是行业里公认的精英，他们有着各种各样的特性和专长，每个人的特点都不同，但是他们都有一个共同的特点，就是潜心沉淀在企业里面，默默地做事，认真地学习。

他们在美的工作的时间都超过十年，在他们成长的历程里有很多诱惑，也有很多机会，但是他们把握住了最为重要的一点，即专注自己的企业和职业，用时间证明了自己的能力和价值。当美的成为千亿级企业的时候，这些经理人也因为共同的创造成为最有价值的人。

环境和技术、机会和诱惑对很多人都是挑战，要想应对这些挑战就需要控制自己的注意力，有控制力的时候你才能真正做好要做的事情。

好心态的修炼

> 成功有一个非常简单的前提，那就是单纯。单纯地理解环境，单纯地做事，单纯地对待变化。

不一样的态度会造就不一样的人生，很多时候人们都期望生活产生更好的变化，而你开始改变自己的态度时，这种变化就会发生。

当你对别人采取更友善的态度，就会觉得他们变得更加亲切；面对挫折采用更积极的态度，就会发现原来在损失之外还有很大的收获……其实态度对一个人的影响是至关重要的。

也许我的认识会有些偏颇，很多人始终觉得中国人在任何地方都没有输给别人，其实就输在心态上。中国人非常聪明，也是最勤劳和最能吃苦的，并且最善于学习，但是从最终的结果上看，中国人所取得的成就和所付出的努力之间没有成正比。

改革开放四十多年来，中国经济发展迅猛，中国的 GDP 水平以飞快的速度增长，但是中国的企业表现又如何呢？

中国企业五百强的分布中制造型企业超过 60%，而世界企业五百强中服务型企业超过 60%，为什么会有这样大的不同？

很多人会认为这是因为中国搞市场经济的时间还短，中国在核心技术和关键技术上与先进国家和地区相比还有很大的差距,这些理由我基本上可以接受。但是深入研究美国企业时,曾有机会与美国企业的员工和管理者交流,我才发现真正的问题并不在于市场化的程度、经济发展的时间,甚至也不是核心技术,关键的原因之一是从业人员的职业心态。

如果从业人员拥有良好的职业心态,能够创造性地工作,能够彼此合作并分享成果,就可以创造出奇迹。所有今天我们称之为一流的企业,在它们成长的过程中都经历过低谷,能走出低谷、走向辉煌,最终还是取决于人的能力,取决于人力资源的创造性发挥。

当面对困难、波折、挑战时,人们往往容易冲动,无法调整自己,那么怎样才能拥有一个良好的心态呢?这就需要刻意培养自己,如果不刻意培养,当需要承担更大责任,当有了压力时,你就没有时间培养了。

在大学时期的学生,还没有承受太大的压力,环境还允许年轻人犯错,时间还允许年轻人从头来过,所以有足够的空间和时间来培养心态。

到了一定年龄之后,在拥有了一定的职位和责任时,再培养心态就有些来不及,因为你的压力太大、欲望太多:要成就事业,要成家立业,要有所作为,要出人头地。人在读书时毕竟还单纯,所以这个时候是你培养心态最好的一个时期,可惜学生们并没有注意到这一点。

▶ 01 一切从零开始,一切从眼前开始

第一个正确的心态就是心态归零。一切从零开始,无论何时,不管以往多成功、多辉煌,都要放弃,一切从眼前开始。

只有心像雪一样平静才会有双倍的吸收，学会归零，就是指无论你取得什么样的成就，无论你获得什么样的知识，得到了之后就要把这一切变成过去，把这一切忘掉，保留自己面对现实的习惯，保持自己面向未来的习惯，这个时候你的心态会归零。

我在总结中国的企业文化特点时讲过这样一个观点：在中国难的不是接受新的观点，而是忘记旧的观点。

比如中国人一直以来都以自己的民族在几千年历史中取得的成就为骄傲，无论是四大发明还是"丝绸之路"，但是当我们还在念念不忘前人取得的成绩时，却恰恰失去了现代的竞争优势。

有一次一个英国记者去访问已经很老的英国前首相丘吉尔先生，记者说："先生，现在的年轻人已经不认识您这位著名的首相了，您会不会觉得很失望？"丘吉尔回答说："我很高兴年轻人这样，一个善于遗忘的民族就是一个年轻的民族，一个年轻的民族就是一个有希望的民族。"

一个能够回归为零的人，他一定有成功的心态。但现实生活中，你是不是对很多东西都耿耿于怀？

与年轻的朋友探讨关于错误的看法时，他们会以为不断地检讨、深刻检讨就是对的。当他意识到错误时，他会一次一次地反省、一次一次地批评自己，表面上看好像他做得很对，因为知道自己是错的而且能够反省，但是这样的做法我反而认为不是最好的，为什么呢？

因为一个人在做错事情之后不断反省，不断检讨，心态就不能回归为零。做错事情就要承认错误，而且要真心实意地承认，承认完了就要丢掉、改正。比如你迟到，唯一要做的就是先说声"对不起"，之后投入工作，而不是不断道歉或者反省、寻找迟到的原因，当你不断寻找原因时，时间再一次浪费。

同样的道理，当你发现自己对时，你也要真心诚意地欣赏自己是对的，但是欣赏完了就好了，不要再一次一次地回味和欢喜，有回归为零的心态才会不断地往前看。

心态归零还需要人们学会超越自我。变化的环境最为吸引人的地方就是你有机会超越任何人，前提是你首先能够超越自己。

我确信今天的年轻人一定会超越我们，因为今天的年轻人有很好的自我意识、很明确的需求以及强大的学习能力，更重要的是今天的年轻人勇于向前、愿意冒险并能够承担。

有一次我与学生们确定讲座的题目，他们给我的建议是"我思、我行、我精彩"，我说这不是我的风格，但是他们却坚持，因为他们认为如果不是强调"我"，就不符合听众的特征。

今天的年轻人的自我意识是非常强的，这是非常好的优点，但是也请大家了解，强的自我意识必须在一个条件下才能真正发挥作用，这个条件就是心态必须正确。

如果有非常强的自我意识但是没有一个正确的心态，你会变得独断专行、我行我素，你会难以合作，更可怕的是你可能会走到固执的方向上去，甚至最后可能得不到任何人的支持。

超越自我是一个非常重要的要求，尤其是自我意识强的朋友，学会放弃以往，学会超越自己，学会突破自己的极限，是一个人获得正确心态的必要条件。

回归为零的心态还是舍得的心态。有舍才有得，这个道理很多人都接受，但是能够这样去做的人并不多。其实一旦能够回归为零，你得到的正是你所付出的，舍得越多，得到的也就越多。

一些人喜欢把自己的过错归结为社会的原因，归结为金钱、权力、名誉、地位的诱惑，还有人把竞争也算在其中，并美其名曰适应时代的要求。只是当这一切成为手段和目的时，结果却对社会造成了伤害，并让自己受到伤害。

中国的佛学讲求"舍得"，没有舍，就不会有得。这个见地建立了某种价值的标尺。无论是对世事的认识，对知识的把握，还是对人生的了解，人们都以此为人生价值的标准，它说明人们好恶、取舍和喜悦之心。

◆ 这个人生的价值标准本能地引导人们确定行为的选择标准。

◆ 这个人生的价值标准本能地引导人们把精神的价值与物质的价值分离，却又能够更热情地享受各自本分中的生活，可能这也是人们天生愉快而幽默的原因。

◆ 这个人生的价值标准本能地引导人们怀疑金钱的功能而倡导"大丈夫"的精神，贫贱、富贵、威武不屈、不移之风，并将此种理想输入人们的生活准则之中。

◆ 这个人生的价值标准本能地引导人们怀疑对物质世界的追求，而提倡精神世界的追求，并将此融入生活的艺术与文化的艺术，它教导人们基本的道德标准，如忍耐、勤俭、谦恭、平和。

◆ 这个人生的价值标准本能地给人们价值的意识而教导人们接受人生的物质与精神的优缺点，它告诉人们，无论人生的目标如何设定，人的最终目标是为人类的幸福，是"小我"与"大我"的关系。

生长最美：做法

▶ 02 积极的心态，享受工作的乐趣

从积极的角度去看待一件事时，一切皆有可能。积极的心态完全取决于你看问题的角度和看法。

有一次我到华南农业大学开讲座，学生们问我农业大学毕业的学生是否会有出息，甚至很多学生希望把学校名字里面的"农"字换掉。

我曾经在农业企业工作过，我为自己曾经与农业接触过而高兴。如何看待农业这一领域，这就要看你的心态如何了。其实，中国将来真正成功的企业可能来自农业，中国的农业新技术企业最有可能成为全球化的企业，因为中国是个农业大国，无论是市场还是资源。更重要的是政府让八亿农民走上致富道路的决心，这一切都会给企业提供其他行业所不具备的便利条件，使农业企业更有机会取得成功。

所以我对华南农业大学的学生们说："中国是一个农业大国，我们应该会在农业上有所成就的，你们今天本身就在农业领域里面，得先天优势，农业本身就是一个最有希望的名词，改革开放的前二十年，工业对国家做出很大贡献，后二十年就是农业对国家做贡献的时候。"

我这样说并不是因为到了农业大学就说农业好，而是我用积极的心态来看待这个行业和领域。

记得我刚到一家饲料公司任总裁时，我并没有太高远的想法，只是想尽总裁应该承担的职责，但是当公司的创业团队和经营团队一起努力之后，我和企业一起走到了中国饲料行业前列。

这个时候我们发现，中国饲料企业有机会接近世界第一位的泰国正大饲料公司，之后我所服务的六和集团与新希望集团合并，组建成

为中国最大的饲料公司。

如果这家企业一直稳步前进，那么用不了多久就会有一个真正的中国企业位居世界前列，这个新的联合体提出"打造世界级农牧企业"的目标。因为是在农业领域，故而可以用很短的时间追赶跨国企业，如果在工业领域，可能不会这么容易，也没有这么好的机会和条件。

其实无论什么专业，保有积极的心态就会找到发挥作用的空间，取得成功的条件。

积极的心态可以让人拥有良好的职业心态，享受工作带来的乐趣。

我讲一个亲身经历的故事。

2004年，我曾以企业管理者的身份到美国企业考察学习，发现中国企业与美国企业之间的差距太大了，为什么有这样大的差距呢？起初我以为是技术、资本、管理、品牌或者人力资源，等等，但是后来我发现，真正的差距是积极的职业心态。

那次我在美国待了二十多天，考察团租用当地的一辆巴士，巴士司机每天都高高兴兴地拉着我们去这里去那里，虽然我们老是不按计划走，但他总是很高兴地接受这一切，而且非常专业和细心地照顾我们。

我们就问他："你为什么这么高兴啊？"他说："在我们公司，之前只有一个同事为三位中国人服务过，现在我为你们二十三个人服务，我成了公司里的明星，这样我很快乐！"

他这样说，我们也很高兴。之后的很多天他还是非常高兴，我们都觉得奇怪，继续问他为什么这么高兴，结果他说："我舅妈去世了，留给我六百万美元的遗产。"这样一说，我们都明白了。

生长最美：做法

但是他接着说："这六百万美元我都买了巴士公司的股票，公司有个规定，公司永远不能开除买了股票的员工，而我最大的乐趣就是开着巴士拉客人，这样我只要安安稳稳地开我的车就行了。"

大家明白中国企业与美国企业的差距在哪里了吧？巴士司机的这种心态就叫作积极的职业心态。

我自己熟悉的朋友也发生了一件类似的事情。这个朋友是一个厨师，买福利彩票中了九十六万元，中了彩票之后他就辞职了。

我劝他还是留在公司，可是他说："我要去开饭店，我已经算过了，回家乡开一个饭店只要十万元，我还可以把二十万元放在银行里面，再拿几十万元做流动资金。"他还告诉我他是一个很出色的厨师，开饭店肯定有经验，请我不用担心。我劝他说："你会把九十六万元亏完的，到时候工作也没有了。"

他还是坚持辞职，回家乡开饭店去了。几个月后他回来找工作，因为那九十六万元不但没有了，还欠了一些钱。

我有机会与他聊天，问他为什么这么快就不行了，他告诉我说："原来以为厨师开饭店是很简单的事情，菜炒好了饭店就开起来了，可是没想到根本就不是那么一回事，又因为在自己的家乡开，客人都是熟人，更加无法经营，亲戚朋友都需要照顾，成本无法控制，很快就亏损了。"

其实问题出在他自己身上，他以为有钱就可以开饭店了，以为自己可以做老板，不想再做厨师，这样的心态害了他，不但原有的工作没有了，能够保留的财富也没有了，反而需要自己从头再来。

并不是所有的事情有钱就可以做到，一个人最重要的就是知道自己能做什么，把自己能做的职业做好，让自己安于这个职业并能够热爱这个职业，这就叫积极的职业心态。

一个人拥有积极的心态，热爱他所从事的事业是非常重要的，因为拥有这样的心态会让你的事业和生活得到和谐、统一。

有一次我到一家很出色的公司去做调研，我问公司人力资源部的经理：什么样的人在公司里会得到顺利的发展？这个经理告诉我，公司需要具有创新精神但又同时安于职位的人，这样的人在公司会得到顺利发展。

观察了更多的经理人发展的过程，我发现这个公司的用人标准是非常正确的，凡是能够安于职位并热爱这个职位的人，都能够充分发挥自己的能力，取得成绩。而安于职位的人，就是可以快乐地面对工作的人。具有积极的心态、热爱本职工作是成功的前提条件。

▶ 03 境由心造，学会心定

我曾经在北京师范大学进修哲学课程，最近两年又开始在北京大学哲学系听国学课程，在学习《金刚般若波罗蜜经》时，我被"安心"的命题感动。

我不知道自己是否真的理解了"心定"的境界，但是这句禅语给了我很大的触动，人不能够了无欲望，任何意义都是"心的"感受的延伸。

想起慧能禅师，暮夜，风过幡有声，两个和尚正在辩论，一个说是幡动，一个说是风动，争论不息，慧能禅师便说："不是风动，不是幡动,仁者心动。"境由心造,的确如此。

也许生活有时是一件令人惆怅的事情,但是如果惆怅可以让人细细地体会,本身也是一件好事。

成功有一个非常简单的前提,那就是单纯。单纯地理解环境,单纯地做事,单纯地对待变化。

我曾与学生谈论今天做管理的困境,同学们不断地谈论着他们遭遇的困难:环境的多变,政策的多变,人员素质不尽如人意,中国文化中的糟粕根深蒂固……

我很能够理解他们的困难,只是还是坚持交流自己的观点,管理者总是可以超越环境、顺应政策、超越人员的素质、超越中国文化的糟粕,做到这一点需要一个最根本的东西,就是"心定"——单纯地做事,单纯地对待变化,沿着自己对规律的理解,找到成功的轨迹。

年轻人对环境的理解实在是太过现实主义了,环境固然是一个无法改变的东西,但正如慧能禅师的智慧,非风动,非幡动,而是心动。

相比环境的变化,更重要的是自己的认知能否超越环境的变化。其实,变化最成功的方式是改变自己而非改变环境。所有的变化只是源于自己的心态,如果自己的心态能接受变化,那么环境的变化只是一个因素而已,因为自己的心态可以使环境的每一次变化都变成自己成功的因素。

其实"一切万法,不离自性。遂启祖言'何期自性,本自清净;何期自性,本不生灭;何期自性,本自具足;何期自性,本无动摇;何期自性,能生万法'"。

德鲁克给企业家的定义是这样说的：他们总是发现变化，通常他们并不引起变化，他们能够利用变化并获得商机。

人的根本就是要静静地观察和了解自己内在的思想和意识，反观内心来感受世事。

正如南怀瑾所言，人们所感受到东西，一部分是由于感觉所生的思想和观念，如痛苦、快感、饱暖、饥饿，等等，都是属于感觉的范围，由它而引发知觉的联想和幻想等活动；一部分是由知觉所产生的意识思想，如莫名其妙的情绪、郁闷、苦恼、对于自己和别人之间所产生的各种事情的不同思维，等等，当然包括知识学问的思维以及自己能够观察自己这种心理作用的功能。

你应该知道，你的感觉和知觉两部分的思想意识在作怪，所以痛苦也好，快乐也好，莫名其妙郁闷也好，其实都是我们自己的感觉和知觉。

如果我们愿意放弃对这些思想意识的刻意追逐，就会有一种雁过长空、风来水面的体验，所谓踏雪飞鸿，了无踪迹可得，才知平生所思所为的，都只是一片浮尘光影而已，根本是无根可依的。

因此，你会知道，心中的一切，都是庸人自扰。由此再进一步，你就会明白慧能禅师所言"菩提本无树，明镜亦非台。本来无一物，何处惹尘埃"的心得境界了，你也就能够体会山不是山、水不是水、身不是身、心不是心，这一切的一切，都只是你的想象沉浮在世间而已。

做出这样的解释，只是想告诉大家，对于环境的理解实际上是自己心态的一个折射。学会放下自己，学会心定，才会真正理解环境和世事。就如对慧能禅师的"不是风动，不是幡动，仁者心动"的公案，并不是禅宗指示明心见性的法要一样。

"两岸猿声啼不住，轻舟已过万重山"恰恰能够让我们明白，如何把自己与环境联系在一起，如何看待环境所带来的价值：境风吹识浪，一切情感、思绪，都是从外境之风吹起的，"依他起"之理，才是"仁者心动"的真实感悟，没有自己，只有本心，只有境遇，结果看到风动、幡动，这才是对成功者认知的要求。

今天的诱惑实在是太多了，使得年轻人甚至无法做出选择和判断，各种机会、挑战让年轻人跃跃欲试，这些现象看起来很好，但是需要你们冷静下来。

做学生的阶段，学习是最重要的事情，如果在这个阶段连学习都处理不好，很难想象将来的你是否可以做得更好。慧能禅师言：吃饭时吃饭，睡觉时睡觉，这就是禅定。什么时候就应该做什么事情。

有时我也怀疑自己能否适应这个"变是唯一不变的法则"的世界，后来知道这是自己的误区，不是这个世界是否改变，而是自己的心态无法调适过来。人需要有定力，定力是面对今天的变化环境所必需的境界。

▶ 04 学会感恩，理解生命的真谛

人的一生需要多种要素组合才可以实现理想并取得成功，没有人可以完全独立地完成事情，也没有可以完全不借外力帮助就能做成的事。很多时候人们并不了解自己，也不了解事物本身的规律，获得支持与欣赏、相互扶持和帮助，才有机会超越自己。

人生在世会有很多选择和机遇，也会有很多不同的文化和价值判

断，但是这个世界还是会有一些普世的价值，超越这些界定，最珍贵的就是感恩的心。感恩，是一种美德，是获得持续成长的动力来源，是获得信任的基础，更是一种境界。当你拥有了感恩的心，你会理解生命的真谛。

过去我是一个非常害怕海水的人，一直以来我都不能面对一望无尽的海面，感觉那是浩瀚和不可测的，感觉那是无尽的变化。每一次面对大海，我都有很深的孤独感。我曾经也很清晰地知道，自己更喜欢草原，因为可以坚实地踏在地上，与土地接近和依靠，大海没有给我这份安全和依靠。

然而，2007年的冬天，三亚的海给了我特殊的感受，人行水中，忽然就有了浮起的感觉，那种漂浮和温柔，好像生命第一次展开，这样生长的感觉，使我感受到了自己的尊严和变化，竟然会觉得自己就是张横渠所说的可以"为天地立心"的那个人！

人间有许多事情，真是无法讲得清楚。如果不是这个充满阳光的下午，如果不是亚龙湾的温柔，我想自己是无法改变对海水的认知的。

其实，这正像是我们自己，我们一直以为了解外物，了解内心，我们一直以为能够表明的、能够把握的、能够认识的就是了解。可是，就如2007年冬日的那个下午我在海水里的感受，亚龙湾一切的优美，全是那一片游人内心中未凿的天真、堆砌的沙雕、戏水的人群、阳光浴中自然的体态、追赶排球和水浪的笑声，这恢复天真的一切，与伊甸园一样，那样的质朴、自然和深邃……

人身上许多与生俱来的高贵品质，似乎在一路的追追赶赶中遗失

生长最美：做法

了，追赶什么，却又说不上来，或者只是沿着过去的路重复地走来走去。人们一直让自己融入人群中，这并没有什么错误，但是如果仅以此来理解人生，会让我们无法窥见人生的真实情况。因为这个时候我们只是看到了自己，当需要真正体认自己时，回归到单纯的感激之中，就如人在万千的生物中一样，才可以又恢复为真正的尊者。

我庆幸自己有一位可以用一生来感念的老师，老师离开已经十多年了，这么长的日子一定有很多改变，但是和老师交流的习惯却依然保留。

记得当初独自一个人从黑龙江到广州上大学，每个星期安静地坐在教室里给老师写信，每次写信都有"万籁俱寂"的感觉，就是这样想着老师，都觉得幸福得要流眼泪。总是想到《共同度过》这首歌的歌词："……没什么可给你，但求凭这阕歌，谢谢你风雨内，都不退愿陪着我……分开也像同度过。"

2008年回到母校，熟悉的校门，铺着沙土的跑道，高大的杨树围绕在校园的四周，母校用心留下我们读书时的一小栋教学楼，但是斑驳的墙体、生锈的门窗刻记着岁月的痕迹。

陪我来的朋友说，想不到我的学校是这个样子。经历了快三十年的改变，我也没有想到，再看到母校时，也惊讶于它的古朴和简陋。置身于这样的环境中，很难想象要如何坚持心意去承诺一份对学生尽心尽力的爱，但是宁老师做到了。

眼前简陋的教室一瞬间化作洁净的玻璃、富有诗情的墙画、每天早上的朗读声、欢快的小乐队……

在我所有关于中学的记忆里，都是歌声、书画、竞赛以及朗朗的读书声，我所有的生活情趣都源于这个简陋而又丰富的教室。

在冰冷的深冬，暖暖的火炉释放出来的，竟然是江南的三月，铮铮咚咚的古筝声中，流出来的仿佛是云鬟宫妆的西子的浅笑轻颦，冬的坚毅和老师所带来的柔美结合在一起，让幼小的我们知道了天地之美。人是可以超越环境而创造的，在陈旧的教室面前，我再一次在内心里敬仰老师。

站在依旧是沙土的跑道旁，只想远远地欣赏，作为一幅画般，回想曾经那么美丽的心情，我突然意识到我更喜欢在这里的自己，这样才觉得找回了真正的自己，不再迷失。

在这样的氛围中，心底最深处的东西会慢慢涌现到眼前，我想象自己仿佛正迎着清风在跑道上奔跑，无拘无束，耳边传来的是声声的欢呼，我只是需要不断地向前奔跑就可以了，终点一定就是胜利！

记得一段话："最重要的是我们自己要理解每天太阳升起来的意义，活着要让生命获得独立的意义。"人应该和四季过，和大自然过，让我们每天都感恩大自然的赐予，让春夏秋冬到你的窗前报到。老师教给我的这一切，我需要用一生的时间来体会。

日常的生活的确平淡，但是我们依然可以找到释放心灵的空间，如果能够珍惜此刻拥有，以快乐的心情去接受，一切都是美好的。

就如老师从哈尔滨师范大学毕业就来到这个偏远的小镇的中学，她欣然接受，并沉下心来教书育人，从不放弃梦想，因为她知道，在前行的路上，一份美丽在等待着她，而这份美丽就是学生们丰富的人生。正是老师这份安然，使得她在这个小镇里依然保持着极高的品质标准，从而成就了我的价值追求。

拥有一个可以真正和你内心做交流的良师是多么幸福的事情！生命的幸福不在于人的环境、地位、财富，而在于人的心灵如何与生活对应。老师和我都是极其幸福的人，老师能够让心灵和生活对应，而我因为可以和老师做内心的交流，也拥有了和生活对应的心灵。

生命中因最简单的情境而产生的感动帮助我具有创造价值的基础。很多时候，年轻人会认为自己所拥有的一切都是与生俱来的，都是理所当然的，但是这样的理解恰恰是错的，没有什么是理所当然的，你所拥有的任何一个条件，都是别人做出了贡献的。学会感恩，才能真正理解生命的真谛，也才能获得生命的价值。

成为"漫步者",远离焦虑与不安

一个朝圣者,一定是拥有信念、明了生命依托、心有所归的人。

年幼时不理解命运是什么,不信宿命是一种基本的认识。日子过久了,被四季更替、花开花谢的因果所感染,被自然法则所震慑,被生命的脆弱所触动,终于理解人到了一定的年纪,为什么都会转向宿命论,都会回归到平和与淡定。

这本是命运,是自然法则。

想象着成为朝圣者,自己很开心。朝圣者(Sainte-Terrer)一词来源于"漫步"(Sauntering)。中世纪时期,一些在乡间游手好闲者,假借去"Terre sainte"(法语"圣地")朝圣之名,在村里乞求施舍,他们并不是真正的朝圣者。

真正的朝圣者是克服困难、不受诱惑、誓达圣地的人,达圣地者都是真正的漫步者。我赞同这样的说法,朝圣者就是漫步者。每一次漫步都是内心深处欲望的驱动,前去寻找净化的圣地。

梭罗说,"漫步不可或缺的三大要素——悠闲、自由和独立"。我们日复一日地行走在生活的旅途中,每个人都耗费着大量的时间,却无法感受漫步的情趣。在都市生活中最大的好处，就是路途的时间充裕而漫长。然而，都市之途成为畏途。每日匆忙行走，往返奔波并不会给内心带来安定。每日背负着沉重包袱、焦虑情绪、无尽苦恼，行走在人群中，没有悠闲，更没有自由与独立。

夹在烦躁与焦灼的人群中，空气中也弥漫着不安。在现实生活中，如何成为"漫步者"，这是需要解决的难题。遇到这样的情形，我喜欢戴上耳机，用音乐营造一个属于自己的安静空间，让都市之途拥有花草的芬芳、气息的清凉，享受摒弃焦躁的超脱和愉悦的单纯。

有时我也参加同学们组织的徒步活动，兴高采烈地背上行囊，选择一条合适的路线，一天徒步二十二至三十公里，去感受漫步的喜悦。同学们总是在适宜的季节选择在优美的乡村安排路线，带上喜悦和闲适漫步。一直喜欢王维的意境："行到水穷处，坐看云起时"。用梭罗"悠闲、自由和独立"的心境，都市亦如闲庭。徒步结束时，虽带着酸痛的身体又回到忙碌的生活和工作之中，心却褪去了麻木与疲惫。

山水的圣洁与至美，需要悠闲与独立的境界去感受。平日里，我们总是太沉迷于名利与浮华，忽略了浮名外还有太多的美好值得留恋。碧绿平坦的原野、蜿蜒连绵的青山、变换颜色的四季、滔滔不尽的江水、涓涓而流的小溪、飘着牧歌的黄昏、和着渔歌的傍晚……这种纯然、优美，深植于最神圣的角落，等待着唤醒，倘若步履所至，定是悠闲而自由。

如果不是决定拿出时间穿行在太平洋、大西洋的浩瀚之上，穿越风暴、漂洋过海，远离日常生活中的一切纷繁琐碎，我也无法获得此时的安静和身心的愉悦，无法真正体会到悠闲、自由与独立的境界。

当一个客人请求华兹华斯的女仆带他参观主人的书房时，女仆回答说："藏书室是他存放书的地方，他的书房在户外。"多好的回答，让自己融入自然中。风吹日晒、雨覆雪掩、草盛树茂、鸟语花香……当你置身于这一切时，无疑会使你生长出自然的丰富与柔美来，哪怕是已经疲惫的心，也会在自然的抚慰中松弛下来，有着花一样的色彩斑斓、风一样的敏锐飘逸、雨一样的剔透洒脱、树一样的叶茂根深。借此你就会拥有阳光与空气，拥有触摸自尊与神奇的力量以及触动心灵的躯体。

一个朝圣者，一定是享受孤独、踏遍千山万水、尝尽悲欢离合的人；

一个朝圣者，一定是拥有信念、明了生命依托、心有所归的人。

每一寸光阴的印记，并不只是容貌留下的风霜，更是内心的深邃，丰富而安然。

航程中的每一道崭新的风景都给我带来极大的喜悦，几乎每个时刻都享受到欢愉与幸福。航行中所经历的种种变化，或因风雨，或因气温，或因冰山，或因游人，或因动物，都会引发我从未有过的感知与触动。这独立而自由的体验、想象和思考，让自己真正有机会成为一个朝圣者。深深地吸一口气，对着梦幻岛暗暗地说声"谢谢"。

学会放下，学会舍得

将我们的双手张开，放下无谓的执着，不要再执着于过去，不要再执着于既得的东西，学会放下，学会舍得，就能够成为一个真正自由的人。

在亚洲，有一种捉猴子的陷阱，他们把椰子挖空，然后用绳子绑起来，放在树上或固定在地上，椰子上留了一个小洞，洞里放一些食物，洞口的大小恰好只能让猴子空着手伸进去，而无法握着拳头伸出来。

等到猴子闻香而来，将手伸进去抓食物，理所当然地，紧握的拳头便出不了洞口，当猎人来时，猴子惊慌失措，更是逃不掉。

没有人捉住猴子不放，它是被自己的执着所俘虏，它只需将手放开就能逃脱。

事实上，没有舍，就不会有得。

中国的企业在市场经济的浪潮中也发展了很多年，可是我们常常看到有些企业对已经取得成功的东西恋恋不舍，无论是产品、技术，还是员工，甚至常常听到企业老板对过去沾沾自喜，并以过去的成功标准来看待今天的市场。可是若不能超越过去，又怎么能够迎接未来？

正如我们津津乐道中国古代的文明一样，我们紧紧抓住的只是一根联结过去的绳索，这根绳索无法牵引我们走向更美好的明天，当我们在祖宗的光环下还扬扬自得时，别人已经不再流连于历史，而是叩响了时代的脉搏。

当我们在一部一部电视连续剧中挖掘一个又一个历史题材时，别人已经告诉你未来的世界是什么样的；当我们还抱着大同世界的幻想色彩时，别人却携着技术与创新的翅膀飞向进步的彩虹。

是我们不知道寻找未来的方向吗？不是！是我们习惯于过去的种种，历史的情节使得我们可以优越和自豪，即便是我们现在有些滞后，可是回望整个人类的长河，我们仍然可以怡然地徘徊在东篱之下，朗月之高，咏唐诗宋词，而忘却这种人类共同追求的东西是需要在综合国力之中才显得真实、可靠。

心中的欲念使我们放不下，内心的欲望与执着，使我们一直受缚，我们唯一要做的，只是将我们的双手张开，放下无谓的执着，不要再执着过去，不要再执着既得的东西，学会放下，学会舍得，就能够成为一个真正自由的人。

调整思维方式，适应今天的环境[1]

> 只有创新才能让人们不断地面对变化和承受变化。

观念由思维形成。而文化决定思维，文化的魅力就在于此。思维方式是极其重要的，因为它决定行为的选择。

这就需要我们了解中国传统文化影响下所形成的思维定式，以此来理解为什么在现在变化的环境下需要改变人们的思维方式。

在全新的环境下所要求的思维方式与中国传统文化影响下形成的思维方式有着很大的区别。

我们先来了解传统文化影响下中国人的思维方式的特质是什么。概括来说，有四种主要的思维方式：

1. 辩证思维

辩证思维是指看待任何事物都是一分为二，从正反两个方面来看，是具体问题具体分析。

---

[1] 本文节选自作者著作《从理念到行为习惯：企业文化管理》。——编者注

这种思维方式强调全面地看待问题，这与中国传统文化推崇《中庸》有着直接的关系。因为《中庸》的思想，导致中国人对待任何事情都不会偏激，不偏不倚；不会忽略哪一方，基本上是一个折中的判断和选择。

这种思维方式的好处是比较综合和全面，能够顾及方方面面的利益，缺点是没有明确的标准，甚至可以说是没有立场，没有明确的判断，在所谓顾全大局的概念中丧失了基本的原则和标准。

2. 形象思维

形象思维是指在看问题时要有具体的形象参照，需要看到实际的结果或者效果，需要一个可见的形式来判断。

这种思维方式为中国人的学习和发展提供了非常好的帮助。在改革开放初期，我们就是通过模仿学习才逐步形成自己的竞争优势。

容声冰箱的创始人潘宁先生就是从香港买了一台冰箱，和十二名工友把冰箱拆开，发现除了压缩机不能做，其他都可以做，所以进口压缩机，再配合自己做的其他东西，第一台国产的容声冰箱就此诞生，并缔造了一个科龙集团，使之成为中国最早、最大的冰箱生产基地。

问题是，在一个以网络技术、信息技术为核心的知识社会，很多东西并没有具体的形象为我们提供可见的模仿形式，如果我们还是选择形象思维的方式，就无法适应这个时代。

3. 宏观思维

宏观思维方式是指从大局和整体的角度思考问题。

这种思维方式最大的特点是人们习惯于思考大的问题，思考全局性问题，但是忽略了自己身边的问题；这种思维方式的另外一个特点是只关注思考，而非解决问题和行动。

这种思维方式导致中国人形成非常明显的一个特点：很多人都是关注大局，但是没有人愿意关注细节。很多时候中国产品缺失的恰恰是对细节的把握，而究其原因就是宏观思维的方式决定了人们的行为习惯，不会处理细节，不愿把细致的部分做好。

更可怕的是，很多人具有这样的思维方式之后，也就养成了只思考大局而不愿从小事做起的坏习惯，导致常常出现"眼高手低"的情况。

4. 过去时、未来时思维

人们对时空概念的认知是思维方式中必须包含的内容。但过去时、未来时的思维方式容易导致对过去念念不忘，对未来充满信心，却忽略现在。

很多时候人们喜欢介绍自己过去的成绩，设计未来的理想，这些并没有什么不好，但是相对于行动而言，现在才是更重要的，因为只有把每一个现在都做好了，才会不断地拥有灿烂的过去以及光明的未来。

如果只有过去时、未来时的思维方式，就会导致好高骛远或者逃避责任。可能大家会认为我夸大了这种思维方式的负面作用，但这是一个事实。

以上的四种思维方式并不能概括中国传统文化下的全部思维方

式，但是从一个侧面让我们了解到中国人固有的思维方式是什么样子的。

在此基础上，还需要了解今天的环境对思维方式的要求是什么样的。如果需要认识并利用环境，那么在思维方式上我们需要做出什么样的调整？

文化要求人们必须适应环境，与环境的趋势相一致。面对今天的环境，传统文化所形成的部分思维方式会显得不太适应。

那么，什么样的思维方式才可以适应今天变化的环境呢？我概括为以下四种：

1. 创造性思维

当技术和信息导致全球化到来时，环境最主要的特征是变化，不可预测和不确定性成为环境的基本形态。

这样的环境下，创新成为关键要素，只有创新才能让人们不断地面对变化和承受变化。这就需要人们具备创造性思维能力。

通过创造性思维能力，人类的智慧可以无限扩展，"预感"和"灵感"就是通过这种能力获得的，所有基本构想或新构想也正是通过这种能力产生的。

我非常喜欢电影《阿凡达》，在惊讶于视觉冲击的同时，让我更加震惊的是这部电影所表现出来的想象力和对未来的理解。一部电影可以通过创造性的安排，让人类感知到自己的渺小和狭隘，也感知到未知世界的一切，这就是创造性思维的魅力。

2. 系统思维

系统思维就是从整体出发，根据整体最大原则，要求每一个部分都能服从并协同整体。

随着时代和技术的进步，多元的价值和文化更加明显，但是普世价值的要求、整体原则的要求会超越以往任何一个时代，因为任何超越整体的想法和做法都会导致整体环境的伤害，从而使得局部失去生存的环境。

典型的现实是"全球气候"，因为人类之前没有形成系统思维的习惯，对自然环境采取了掠夺性地使用，让人类这个局部侵占了自然这个整体，结果就是今天的地球必须为过去的行为付出代价。如果我们再不强调系统思维，那么地球可能就不再有明天。

所以，重要的不是自我也不是局部，而是整体和系统，只有所有的人都符合整体的要求，符合系统协同的要求，我们才有机会在今天的坏境里存活。

3. 微观思维

微观思维是相对宏观思维而言的。如果仅仅是从范围和程度上来认识，微观和宏观的思维方式我们都需要，但是当强调微观思维时，更重要的是强调如何解决身边的问题，如何从身边、从自我的行动开始，所以微观的思维方式就是解决现在的问题。

今天之所以强调微观思维，究其根本是因为信息巨变，如果不能快速回应、快速行动，是无法面对现实的。

中国传统文化中本身是具有这样的特质的，前人告诫"不积跬步，无以至千里""千里之行，始于足下""滴水穿石""不以善小而不为，不以恶小而为之"，等等，这些古训所表达的都是要求我们以微观思维来约束自己并指导自己的行为，可惜我们却忘记了。

4. 现在时思维

现在时思维方式要求我们立足于现在，从当下开始。现在才是你的所有，过去不是，将来也不是。

如果强调过去，其实是懒汉，因为对过去的东西耿耿于怀，对已经取得的成绩念念不忘；如果强调未来，把所有的期望都放在将来，其实是懦弱，因为不敢面对现在，把一切都推到不可知的未来，是在寻找借口，逃避现实。

唯有现在才是强者。真正能够把握的其实只是现在，所以我一直很喜欢的一个口号是：从我做起，从现在做起。

"日事日毕，日清日高"是海尔的管理理念，张瑞敏到底为海尔带来了什么？仔细研究海尔的文化，就会发现张瑞敏让海尔的员工养成了一个好习惯：当天的工作在当天做完。当他每天都能完成当天的工作时，每一天就会前进一步，所以叫"日清日高"。这就是海尔最值得骄傲的地方，海尔也因此成为中国优秀的公司之一。

这四种思维方式就是目前环境所需要的思维方式。

我们不能说中国传统文化下形成的思维方式不好，因为文化没有好坏之分，但是需要大家理解这样的差异。同时更要知道，如果我们还是习惯于原有的思维方式，在今天的环境里判断，那么就很容易出问题。

某种意义上说，调整思维方式是今天最为迫切和重要的事情，因为这决定着我们是否拥有现代文化，是否可以和环境互动，是否有能力认识环境，从而利用环境。

真正理解变化之后，才会获得真正的自由

> 自然界生存下来的，既不是四肢最强壮的，也不是头脑最聪明的，而是有能力适应变化的物种。

这两年开始想让自己停下来，但是并没有如愿。不断变化的环境和快速发展的企业，让自己充实的同时又面临着挑战。

一年中去过多个城市，每一天都在分析和思考一家又一家企业的情况。同时很大的恐惧占据着我的内心，担心自己准备得不够充分，所以每一次演讲都是战战兢兢、如履薄冰。我对企业生存现实的认识，是我不敢有丝毫懈怠的原因。

但是即便是这样的满负荷和紧张，我还是觉得付出不够，因为我们需要更加倍的谨慎和努力，才可以不辜负发展的机遇和企业的信任。

去南京的路上，目标企业刚刚开始进入与跨国企业完全合并的征程，我们会从管理变化的角度来要求调整，事实上每一个人都要接受变化，因为世界从来都是在不断变化的。

然而接受变化的挑战，最根本的要求是什么？这是我最近几年来常常反问自己的问题。对我们来说，三十年是一个时间流淌的过程，同时也是变化的过程，而到了三十年这个时间节点上，串联三十年

的也许并不是时光，而是每一个与环境共振的进步。我才发现很多东西并不是只用时间做单位来衡量的，还应该用事件、用细节、用心去感受……

晨起，太阳很好，没有车来往，我一个人去后山爬坡。小路弯弯曲曲，两旁的小树也长高了很多，翠绿的树叶迎风摆动，阳光斜斜地照射下来，一种心旷神怡的感觉涌上心头，觉得步履也轻松了许多。橙色的光在绿色的树梢上颤动，徐徐的微风吹拂我的心头，远处低矮的小山幻化成一道深深浅浅的绿色背影，一切想说的话都无法说出来，一切感念在这一刻浮现，一条小小的山路上，夹杂着鸟啼、虫鸣，应和着我内心的震动。

大汗淋漓地回到家中小院，一个人静静地看了会儿小花和小鱼，一种从未有过的感念缓缓地在内心流动。其实我不要什么，只要早晨可以与家人去小山观绿，归来可以在院子里偷闲看鱼，可以看到阳光升起，可以看到月光清澈，信步庭院和小路，在小屋里谈天说地，于喧嚣浮躁之中寻求一份安然，我心足矣。

其实，人不需要那么在意其他的东西，不需要给自己太多的压力。我总是觉得我们没有很好地把握发展过程的节奏，没有很好地了解自然和规律。一是因为我们的生活习惯，太过注重欲望的满足；二是因为世人所谓的"光环"，太过在意外在的评价。为了欲望，为了外人的评价，我们耗尽了自己的生活，而且把这两点归结为"变化"，但是这并不是变化。

晨练，让我了解到什么是真正的变化，一天天之间，树不同了，天空不同了，花不同了，小草也不同了。没有杂念，不断地和时令、气候以及周围的环境融合在一起，没有谁刻意地宣扬自己的变化，没有谁刻意地占有资源，每一个自己的变化都是为了与周围的一切和谐，都是自然而然的调整。

我常常为小区中的植物所感动，时而粉红一片，时而碧绿荡漾，春风秋雨、盛夏凉冬，它们都展示着多姿的神采，也正因为这样的变化，社区总是生机盎然的。

变化不是独自地改变，不是名利的获取，不是刻意主宰和控制什么。变化是主动地迎合环境、与环境互动，变化就是淡然、自然和融合，没有其他外在的衡量标准，只有内在的和谐和自然，只是需要时间和自由。

如果从这个意义上讲，我们每一个人融合于环境，让自己和周遭和谐，就是变化最好的形态。

其实我很喜欢目前的工作，可以与创造价值的人打交道，可以与成功的人交流并且有自己的思考。可以发表自己的想法和观点，可以和企业一起接受变化，可以眼见他们的成长和成功，可以发挥一点点自己的作用，同时也有自己的位置。每一次和企业管理者有了相同的认知和进步时，我觉得那是最最幸福的时刻。

如果我们可以领会变化的真实含义，那么变化就会成为我们最适合的生存方式，对我们而言，真正理解变化之后才会获得真正的自由，不受时间的约束，不受地域的约束。

我们唯一需要改变的是：不应该为工作活着，应该为和谐活着。

但是敢于放下欲望的追求而遵从于自然，又有多少人真的可以做到呢？

我发现自己本质上是怕风险的，所以我还是不断地选择没有风险的路径，所以我也和绝大多数人一样，很在意外在的评价和生活上的安全，所以我一直没有选择太过冒险的事情。每一件事情都是我可以完全把握的，我才会采取行动，好在我是一个"手比头高"的人，所以所经历的事情结局都很好。

也许其他人会认为我已经很冒险，不断地进出企业、进出学校、进出不同的行业、进出不同的研究领域，但是我自己清楚地知道结果会到什么程度。然而这样的性格也保护了我，因为这样的安排反而让我在比较自在的环境中生存，不是用竞争的方式，而是用变化的方式，了解环境需要的要素，让自己融合在环境中。

其实，生命本身就是一个变化的载体，不管我们愿意不愿意，生命都按照自己的规律在变化着，一呼一吸之间，很多东西都在变化，没有痕迹，不露声色，但是一切都变了，这就是生命的本质。生命的活力在于不断地寻求变化，像溪水一样，自由地流进、流出。假如我们可以认识生命而不攀附任何其他的东西，我们了解到生命只是来来去去而已，明白生命是无常，我们才真的懂得了生命，也因此拥有了生命。

真是非常庆幸自己可以在一个变化的环境中认识变化，认识到变化最核心的精髓就是与周遭和谐。每次讲企业文化课程时，我都会在结束课程时把达尔文的一段话送给大家，这也是我现在想表达的意思，我觉得人与变化就是这样的关系：**自然界生存下来的，既不是四肢最强壮的，也不是头脑最聪明的，而是有能力适应变化的物种。**

相信生活，敬畏责任，重塑自我

一切问题的产生并非在技术本身，而在于我们如何明智地使用它们，其核心基石，就是我们是否拥有正直的信仰和自我约束的力量。

2020年超乎所有人的意料，也注定以其特殊性被载入人类的历史。

当我写下这一句话时，甚至不知道该如何描绘2020年。如果用色彩去做诠释，黑、灰、蓝、红四色交织在一起，绝望与惶恐，曙光与希望；未知病毒前的无力与人性光辉下的温暖；在人类高歌猛进的征途中，忽然按下暂停键的寂静；从个体的忐忑，到群体的躁动，再到全人类的冲击，这一年，我们终于明白，相比浩瀚的生命宇宙，人类极其渺小，亦非常无知。

斯宾格勒在《西方的没落》中写道："西方生存的分水岭是1800年——这道分水岭的一边，生活充实而自信，它是在一个内在的、伟大的、不曾中断的进化过程中形成的，从哥特人野蛮的孩提时代一直持续到歌德和拿破仑。在它的另一边，是我们大城市里那种迈入暮年、造作而无根的生活，为它塑造形式的是理智。"

两百二十年之后的今天,我们可以说,人类生存的分水岭是2020年——这道分水岭的一边,生活平实而自我约束,它是在一个敬畏的、共生的、反求诸己的进化过程中形成的,从"用心灵去寻找希腊人的土地"延续到现在。在它的另一边,是人类对自身发展的进一步刺激,对财富无止境的渴望,对未知的挑战却并未意识到自己的无知,自我而世俗的生活,为它塑造形式的也许是科技。在我的年度精选书单里,两本书的启示显得更加不同:

一本书是安东尼·克龙曼的《教育的终结:大学何以放弃了对人生意义的追求》。在这本书中,作者追问我们何以放弃了对人生意义的追求。

"人为什么而活?"这个人生中最重大的问题,似乎已经被人们遗忘。人们被裹挟在变化的洪流中,在世俗人文主义的影响下,只是关注现实的需求,只是关注人为的、外在的,甚至被称为科学的评价尺度。但是,科学创造了它无力填补的一个空洞,是引起当代人烦恼和渴望的原因。人们丧失了自我。

另一本书是爱因斯坦的《我的世界观》。书中以探讨人与他人、与世界、与自然宇宙的关系贯穿始终。

"当我们开始审视自己的生活和工作时,很快就能察觉到,我们几乎所有的行动和愿望都跟他人的存在息息相关。"他的这段话反复出现在我的脑海中。在这一年春天里,就有一群人,将自己的生命与素昧平生的人的命运紧紧联系在一起,一个又一个疲惫而又坚毅的身影,一个又一个真实的故事,人世间处处能看到人卑下的自私和高贵的无私之对照。

爱因斯坦提醒自己："我每天上百次地提醒自己，我的精神生活和物质生活都依靠别人（包括活着的人和死去的人）的劳动，我必须尽力以同样的分量来报偿我所领受了的和至今还在领受的东西。"爱因斯坦以这份敬畏及强烈的责任意识，融入骨子里的善、美和真，全神贯注于客观世界，致力造福人类世界。

从工业革命时期起至今，人类借助技术，努力构建更繁荣、更好的生活，所获得的飞速发展怎么描述都不为过。这的确是一个伟大的时代，日新月异并充满自信，憧憬胜利的欲望填满每一个角落。

也正是这种自信与欲望，让生活进入到前所未有的快节奏，导致我们限定在一个狭窄的视角，当下的时空窘迫，我们甚至不知道内心的需求到底是什么？21世纪的新技术——大数据、人工智能、生物工程，等等，将要导致的是从未有过的不平等，还是真正实现共同福祉？

今天的技术比以往任何时候都强大，同时也让我们前所未有地感到威胁，更大的不确定性和散发而出的未知，世界不再是所熟悉的样子，我们似乎第一次由自信转入迷茫。

理查德·德威特在《世界观》中写道："这是有史以来（至少是有记录的历史上）第一次，我们没有隐喻可以用，而且我们已经来到了一个分割点，也就是，从今以后，我们可能再也无法用一个方便的隐喻来总结自己所居住的世界了。"

这是一个令人沮丧的时间点吗？不完全是。无论是个体还是人类整体，经由2020年的疫情考验，都能够获得自我与外物的认知领悟，延展生命的维度，创造性行为靠向自然的一边，重振文明生态的多样性和天然性，这恰恰也是人身心重新被唤醒的时刻。

重塑是 2021 年和更长远的未来根本性的选择。

▶ 01 重塑信念：相信生活而不是憧憬胜利

在相当长的一段时间里，我们只是热衷于成功与增长。技术公司突飞猛进，万亿美元市值涌现；新独角兽公司，从几十亿到千亿的迅速崛起；科技产品和服务帮助到数十亿人的生活，它们创造了前所未有的财富，同时也窥见了我们每一个人的"内心"；医学与健康领域的不断发现与创新，强大的医疗网络，在过去的一个世纪里，帮助人们延长寿命超过二十年，也带来了有关生命伦理的底线战。

这些显见的成功，让人激情澎湃却又焦躁不安。技术渗透到人们生活的各个领域，有些甚至是带来毁灭性的冲击；人工智能的出现，更让人有些胆怯，不知道未来人会处于何种境况？在繁华之下，我们所要探寻的人生意义又在何处？

几千年前，古希腊米利都学派的创始人泰勒斯已经在论证等腰三角形的两底角相等，这些早慧的哲人，在希腊明媚的阳光下生活，心满意足。通透的阳光和空气，引发感受、思考以及无休止的探索。他们为生活而思想，为思想而创造科学，甚至于我们今天建立的科学，没有一门不是建立在他们所奠定的基础之上。

先哲的智慧让我们懂得，真正的信念并不是憧憬胜利，而是相信生活。所有重大的挑战，往往最能凸显生活的价值、真实生活的质朴纯粹，因其"普遍性"贯穿在整个人类文明发展的历程之中而生生不息。

▸ 02 重塑价值：敬畏责任而非力量

在疫情之下，再次读到威尔·杜兰特和阿里尔·杜兰特的观点："**人类历史只是宇宙中的一瞬间，而历史的第一个教训就是要学会谦逊。**"我的心里已经不再是共鸣，而是忐忑。

我们需要真正接受，人类是现存的一千多万种有机体的一种，并且都具有平等的地位，"人类的所有记录和成就都会谦卑地复归于万千生灵的历史和视野"。

但是，随着技术让生活更加便捷，联系更加紧密，空间更加广阔，社会更加繁荣，一个又一个重大发现让人应接不暇时，我们已然对自然不再心存敬畏。

今天的技术比以往任何时候都强大，如果不能真正基于责任且有智慧地去运用，后果不堪设想。因为我们不能高估自己，需要更加谨慎和小心。

此时，**责任，是一个人身份的基点，是一个组织的基点，是人类共同的基点。**培根曾骄傲地提出"知识就是力量"，我却更认同亚里士多德的"责任追随知识"。

教育、信息与数字技术的普及，得以让大众在更大范围内获得知识，并因知识而获得更多的力量，甚至是权力，因此，必须由此产生更普遍的责任。相比我们一再努力去追求的更大目标、更多财富，真正推动人类进步的是值得信任的创造。

具有责任意识的人们，总是承认自己的渺小无知，深具同理心；从不推脱自己的责任，去关注美好的事物并让世界变得更加美好。就如爱因斯坦所言："外在的强制在某种意义上只能减轻但不能消除个人的责任……任何为唤醒和支持个体的道德责任感所做的努力，都是对全人类的重要贡献。"

是责任使人类代代相传，而不是其他。

▶ 03 重塑生存：合作共生成为基本生存方式

竞争似乎已经成为我们习惯并默认的一种生存方式。

在竞争之中，造就了强者和弱者。随着技术、资源、财富的重组与重构，结果造成了强者恒强，弱者恒弱，更有甚于以往。

竞争虽然带来活力，带来发展，但是竞争带来的不平等和破坏也是显而易见的。新冠疫情的出现，让我们透彻感知"竞争"与"合作"的内涵。在科学层面，世界各地的科学家与医生进行着令人惊叹的合作。他们共享信息，共享成果，共同研究新冠病毒，研发疫苗，并协同作战，寻找解决方案，这一次的合作也带来了全球的曙光，让人们对科学战胜疫情充满期待。

在政治层面，我们看到的刚好相反。从疫情开始，争夺资源，想办法甩锅，故意散布错误信息，阴谋论满天飞，不选择全球性的行动计划，甚至想第一个拥有疫苗来获得经济与政治优势，以至于到今天，全球疫情依然在危机之中。

新冠疫情再一次警示我们：人类更需要合作共生。爱因斯坦有一句名言:"在意识水平产生的问题不能在同样的意识水平解决。"我们需要一种新的意识、新的世界观来重塑技术的价值,来理解生存方式。

正如我们看到的事实那样,人类所有非凡的进步,并非来自竞争,而是出自合作。人类得以在万千物种中存在,并非来自人类自身的强大,而是出自人类与万千物种的关联与共生。

科技已经让人类拥有了巨大的能量,我们依然相信,人类能够找到与自然、与未来共生合作的方式,从而拥有与这巨大能量所匹配的智慧。

▶ 04 重塑自我:自我约束并持续学习

疫情带来的未知与冲击虽然让人措手不及,但是在 2020 年的时空里,依然蕴含着人类内在的精神力量,认知自我,不断探索,跟随智慧,从心向善。

我们改变固有的生活习惯,采用全新的工作方式;我们探索出新的商业模式,也形成了新的社交方式。更重要的是,我们开始约束自己,以新的视角来审视过去的生活,叩问自己的内心,并寻求人性的回归。疫情面前,我们深感自己的渺小和无知。科技的能量,让我们更审慎地运用技术与知识,甚至需要保持一定的距离。

我们深知,一切问题的产生并非在技术本身,而在于我们如何明智地使用它们,其核心基石,就是我们是否拥有正直的信仰和自我约束的力量。我们主要的敌人,并不是病毒,而是我们自己。

几千年前，苏格拉底和孔子都劝诫人要更了解自己，并认知自己的无知。如果不能了解自己，就不能持续拓展空间，发展道路必然狭窄。如果不能了解自己的无知，就不能持续自我超越，发展道路必然僵滞。这是自我教育与持续学习的过程，因此过程，我们才能扩大自我的理解能力、约束能力、审美能力、创造能力和享受生命的能力。一位作家说过，这个世界，看似周遭复杂，各色人等，泥沙俱下，但本质上，还是你一个人的世界。你若澄澈，世界就干净；你若简单，世界就难以复杂。

在 2020 年的新年寄语中，我以"2020 年我们需要做的就是涅槃重生"作为结束句。来到 2021 年，我依然重复这句话。只是，我相信，在经历过 2020 年的你我，可以更加明白这句话的意义。

经历过疫情洗礼并勇于重塑自我的人，能够赋予生命的意义，这种意义可以超越人类自我的狭隘，可以超越技术的中性而归于人性的光辉，可以于质朴与平实生活之中窥见美好，并由此让世界美好。

2021 年，让我们做一个重塑者。重塑自我，重塑美好世界。

PART
2

专注
目标

真正能够有驱动力量的,不是激励,而是目标。这也是为什么很多老板很喜欢设高目标的原因,员工认为做不到,老板却坚持能做到,这实际上就是用目标来拉动效益。正如古语所说:"取乎其上,得乎其中;取乎其中,得乎其下。"

生 长 最 美 : 做 法

如何用目标激活自我？

不断的变化、不同的重点、特别的理解、独到的见解、创新的表述，等等，这一切都可以表明创造性思考的力量。你所要做的，就是形成这种能力并合理地运用它。

▶ 01 目标是理想与现实之间的桥梁

职场待得久了，很多人会觉得梦想已经与自己没有什么关联了，很多人关心的是现实生活的所有，大家说得最多的是财富、工作和生活，还有人不断地谈论现实的残酷、生活的无奈、自己的孤独，这些都是必要的话题，可是我真的很想听到离现实生活稍微远一点的一些话题，希望看到充满激情的脸和神采奕奕的状态。

人们之所以陷在现实的困惑中，是因为失去了想象的能力，失去了梦想的牵引，也就失去了梦想带来的所有的美好和期许。如果没有期许、理想和愿望，那么生活也就没有了色彩、方向和追求。所以我们应该保有理想，面对现实，而不是仅仅面对现实。

理想与现实之间有一个桥梁，这个桥梁就是目标。所以当你想实现理想时，最关键的是你能够面对现实去设定可以实现的目标。你在设定目标时要遵循一些原则。

1. 一次定一个最靠近自己现实的目标

很多朋友以为目标远大才行，这本身没有什么错误，但是还需要明白，远大目标需要一个一个小的目标来衔接。只有不断地实现每一个小的目标，才有可能实现远大的目标，所以我更加情愿用远大的理想来做表达，而把目标归为现实目标。

2. 目标须具体且可以检验

很多人的目标常常是一个理想，并不是可完成的目标，因为可完成的目标是具体可行并可以检验的。比如有人跟我说他的目标就是成为一个出众的人，这样的目标实际上是无法实现的，因为出众的人，在不同的标准里会有不同的评价，如果以此作为目标无法操作，当然就无法实现。

3. 为目标配上时间和行动

《明日歌》就是古人对我们的告诫："明日复明日，明日何其多。日日待明日，万事成蹉跎。"如果目标没有时间限制和行动安排，那么目标就没有任何意义。

确定目标其实是一个选择的过程。我在企业时，一个事业部的负责人告诉我，他每年都超预算完成任务，每一年的绩效奖都可以得到。然后我就笑了，我说你每一年都实现了绩效，每一年都拿到了奖金，确实整个团队会很高兴，但是你作为这个事业部的负责人，可能就会遇到一个挑战，这个挑战就是你拖累了公司在市场当中的竞争力，因此我可能就不会再选你去做这个事业部的负责人。他一下子愣在那里。这意味着什么？你是选一个获取绩效的目标，还是选一个获取竞争力的目标？其实这是一个选择题。

后来我跟这个部门重新设定目标时，他们主动提出要设定重回市场第一的目标。最终的结果给了我一个惊喜，他们在第二年就超越了这个目标，增长超过35%。这就是需要你注意的目标的影响力。

真正能够有驱动力量的，不是激励，而是目标。这也是为什么很多老板很喜欢设高目标的原因，员工认为做不到，老板却坚持能做到，这实际上就是用目标来拉动效益。正如古语所说："取乎其上，得乎其中；取乎其中，得乎其下。"

▶ 02 用智慧、创造力和专注力探索更多可能性

通往理想的道路上，有了目标这座桥梁，还需要探索更多的东西。今天科学发展的趋势，更加需要人们不断探求、持续学习。人的寿命延长了，很多疾病被攻克了，从未见过的很多奇迹正在诞生，像白日一样的光明照亮了夜晚的黑暗，人类的视野被大大地拓宽，人们的距离不见了，速度也加快了，交流信息、商务往来使得世界是平等的。这一切都给人带来惊喜和奇迹，也带来更苛刻的要求。

如何探索更多可能性？

生长最美：做法

1. 智慧

每个人都希望自己成为拥有智慧的人。但是，有知识不等于有智慧，知识跟智慧的唯一区别就是：知识会有一个阶段的终点，但是智慧没有，智慧必须是每一天每一天逐步增加的。多探索一点东西，就是希望大家能多增加一些智慧。

在微软经营理念里，有一个最重要的概念就是"追求智慧"。微软认为：微软所能贡献的是一种智慧，微软所必须要做的就是为人类追求智慧做努力，所以微软认为它在打开一扇窗户，让人类去看世界，这个系统就叫"视窗系统"。正是基于这个理念，微软一直致力于人类智慧的延伸，也正是微软对人类智慧的不懈追求，使得微软成为全世界最具影响力的公司，同时也引领了行业和其他产业的创新发展。

很多人不会欣赏别人和学习别人的好习惯，挑别人毛病的行为却非常普遍。我教授了多年的 MBA（工商管理硕士）和 EMBA（高级管理人员工商管理硕士），每一次讲完课都会说："我虽然与你们一起了解完这门课程，而且把方法都和大家讨论过了，但我希望你们回到公司后，不要满眼看到的都是毛病。"因为企业永远是有问题的，也正是因为有问题我们才要回到学校学习和思考。

但是很多同学不是带着解决问题的目的把知识与实际工作结合在一起，不是吸收所有人的智慧来给企业一些好的解决方案，反而是发现很多很多问题，束手无策。如果学习的结果是看到问题，这是简单理解知识的结果，而不是探索的结果。如果大家是用智慧的眼光来探索管理的理论，我相信会在学习中得到很多启发，也会获得很好的解决方法。

2. 创造性地思考

人们常说，不怕做不到，就怕想不到。借助于想象力，人类在过去的五十年间发现和驾驭自然的力量超过了此前全部人类历史时期的总和。太空漫步、海底穿行、生命奥秘的解构，我们开始了人类前所未有的崭新历程。

如果你想探索更多的东西，就要创造性地思考。

现实是，很多人正在丧失思考和创作的能力，这一点让我非常担心。因为得到信息实在是太容易了，但得到信息并不意味着真正了解信息本身的含义和内在的关系。我担心人们养成一个不好的习惯，那就是用信息堆砌表达自己的想法；用别人的想法表达自己的想法；用信息去佐证判断，而不是自己分析得出结论。

今天的很多东西都是直接去借用、借鉴，甚至直接的拿来主义，属于自己创造的部分少之又少。

怎么才能做创造性的贡献？我们一定要学会创造性地思考，去探索必须面对的问题。不断的变化、不同的重点、特别的理解、独到的见解、创新的表述，等等，这一切都可以表明创造性思考的力量。你所要做的，就是形成这种能力并合理地运用它。

创造性思考的培养并不是很困难的事情，只要观察就会有所收获。

在营销领域流传着这样一个案例：一家牙膏公司征集一个新的营

销方案，要求这个方案可以让公司的销量提升50%。据说当时有三万多个方案被征集上来，其中很多是营销专家的方案，但是最终选用的方案只有一句话"把牙膏管口放大一倍"。更令人感兴趣的是，提出这个方案的人既不是营销专家也不是营销人员，而是这家牙膏公司的一位职员。

这个方案最富创意的地方就是管口放大一倍，本来一个月用一支牙膏，现在需要用两支，销售额就提升了50%。这就是创造性思考，所以创造性思考并不是一件困难的事情，任何人都具有这种能力。

3. 控制注意力

要探索更多的东西，就要学会控制自己的注意力。

对今天的管理者来说，环境的变化和不确定性更多。那么，面对这些，需要更多控制自己注意力的地方。

要在自己的专业领域内，做到更快更敏捷的反应；要更懂得协调伙伴的工作积极性和有效性；更重要的是持续努力坚持做到既定目标。

这是一个漫长的过程。

记得有一个很成功的职业经理人告诉我，他的上司对他说过一句话，那个时候他刚好到这个公司第八年，取得了一定的成绩，有一个很偶然的机会，他与总经理坐在一起，总经理问他工作了多少年，他回答说八年了，总经理很高兴地对他说："恭喜你，你终于入行了。"

这个职业经理人告诉我，当时他很失望也很懊恼，觉得总经理是在小看他，辛苦工作八年才刚刚入行。可是也正是总经理这句话让他沉静下来潜心研究行业和市场，潜心理解产品和顾客，他现在才真正理解这句话的合理性。

自我管理时代，你的专注度决定未来

不可替代靠的是什么？这其实源自你在某一个领域认知的专注度、投入度以及你对它的把握。

之所以与大家讨论组织这个话题，是因为常常有学生会向我提问：

"陈老师，我想离开组织，可以吗？"

"陈老师，为什么我在组织里的发展没有预期好，换一份工作会好转吗？"

"陈老师，我已经考了七个证书，快毕业了，却不知道该干什么。"

其实在我自己的教学和实践当中，我发现大部分的问题源于我们对理论的理解不够，因此，今天我想从组织理论的角度而不是个体的角度，来谈谈应对现在这个时代，应该如何做总体性的把握。

▶ 01 组织比个体更强大

我常常和很多学生讲，你要尊重组织，当你一个人面对组织时，组织一定比你强大。因为有三件事情，个体是做不到的，只有组织做得到。

第一，保证目标实现。当个体实现目标比较困难时，借助组织的力量，这个目标就会比较容易实现。

第二，让人创造价值。一个好的组织就是让本不可以胜任工作的人可以胜任。组织可以做到，个体反而做不到。

第三，可持续的基础。个体的生命是有限的，但是一旦形成组织时，你会发现，通过一代又一代人的努力，企业的寿命可以非常长，组织可以不断地持续。

▶ 02 组织于你是助力还是阻力？

作为研究组织比较长时间的老师，我最深刻的感受是，当你无法理解个体与组织之间到底是什么样的关系，当你不知道如何借助组织让你更加有作为时，其实你是没有办法很好地发展自己的。

大部分学生毕业后进入组织，发展到一定阶段，都会遇到这样的困惑：我在组织的发展没有想象得那么好，换一个工作会不会变好？

人才流动的话题在今天是非常普遍的，我想正式告诉大家：**组织对于个体，可能是一个推进力量，也可能是一个阻碍力量。我们要懂一个常识性的概念：正式组织的要求，跟健康个性的发展，其实是不协调的。**

我个人也是读到克里斯·阿吉里斯的书才明白这个道理。阿吉里斯把"正式组织的要求和健康个性的发展是不协调的"定义为组织管理当中的第一原理。因为在正式组织中，需要你承担责任、做出贡献、拥有权力，而当你承担责任、做出贡献、拥有权力时，你要关注的是组织目标，而不是你个人如何发展。

也就是说，**当你承担组织目标时，个体的很多东西就要放下，你一定要约束自己**。因此，在现实中，当你感觉组织对你是一个阻力时，你一定要问自己，是否将自己的发展放在组织的责任体系下思考？如果你能这样思考，你有可能找到解决办法。对你来说，更需要的是不断突破自己。

所以当有同学感觉在组织中受到了约束，没有发展得那么好，考虑离开时，我常常问他："你离开的原因究竟是能力没有得到发挥还是遇到了障碍？

"如果你觉得自己的能力没有得到发挥，我会比较赞同你换一份新工作。但是，如果你只是觉得自己遇到了障碍，力量没有地方使，我认为，这可能是你在任何一个组织都会有的感受。这个问题的核心不在于你被组织约束住，而在于你愿不愿意不断为组织的目标贡献自己的价值。

"当你这样想并且付诸行动时，你会发现组织对你是一个助力，它可以让你在不断约束自己的过程中贡献更大的价值。如果你不这么理解，认为这是组织对你的伤害，那么即使你跳槽去另一家企业，可能还是会有相同的感受。"

这是我们理解个体与组织之间关系的关键点。

▶ 03 最不可替代的是价值专注度和投入度

今天的组织正在发生巨大的变化，那到底是什么变了？（见图1）为什么这些改变对我们的影响如此之大？个体进入组织当中，个人的挑战到底是什么？这是我希望大家能理解的。

	传统	新的
组织结构	金字塔式	扁平
人在组织中的作用	通才	多种技能的专家
竞争	系统、运作	团队、发展
评价	投入	产出
薪酬	工作	技能
合约	承诺的安全	流动的雇佣
职业管理	家长式	自我管理
流动性	纵向	多向
风险	僵化？依赖？	压力？混乱？

图1 组织正在发生变化

从上面这张图我们可以看到，对比传统的内容和新的组织结构，无论是结构、人在组织中的作用、组织如何评价人以及薪酬的设计、合约的设计、职业管理的设计，甚至是员工的流动性、组织所遇到的风险，都产生了巨大的变化。

如果我们不能很好地理解这些变化，我们在组织中就会遇到困难。

所以我常常和本科阶段的学生说，在你现阶段的学习中，要做一些规划，这样当你走进组织时，就可以在组织中做一个非常有效的成员。

我看到很多本科阶段的学生非常喜欢考证，在大学阶段考了各种各样的证书，例如英语证书、会计证书、律师证书，等等。我甚至遇到一个学生，在大学期间考了七个证书，临近毕业了，这位学生问我：陈老师，我应该去哪里工作？我回答他，因为你会的东西太多了，我也不知道你应该去哪里工作。

当我们回头看这位学生的专业学习时，会发现他的成绩并不好。作为一个学生，唯一能证明你的其实是你的学生身份，如果你做不好，即便你拥有了很多的证书，也没有办法真正地证明自己。

在传统组织中，考很多的证书是有用的，可以证明你是通才。但是，今天的组织其实是需要你有技能和专长，也就是说你必须是某一领域的专家。我和很多同学都讲过，不可替代才是最有价值的。

不可替代靠的是什么？这其实源自你在某一个领域认知的专注度、投入度以及你对它的把握。如果你不能专注、投入，把握它，你就有可能被替代。我希望这是学生对自己的要求。

举个例子，有学生跑来跟我说："陈老师，我不喜欢我原来的专业，想来考你的硕士，可以吗？"我问他专业的成绩怎么样，他回答："因为不喜欢所以没怎么学，成绩不好。"

我回答他："其实在大学的专业学习阶段，无论你是喜欢还是不喜欢，专业学习仅仅是一个最基础的要求，任何一个专业都是训练你学习的方法，而不是你对这个专业贡献了什么。这就是我希望你关注的话题，也就是你对自己的规划和培养。"

我们再看组织的变化，一个非常有意思的变化就是评价体系变了。之前，组织会比较在意你投入了多少，今天组织更在意你的产出是多少，也就是你能做出什么东西来。

以前，你可能会说，我很努力、很认真，我把时间都花在这里了，组织会觉得你很不错，但是今天你所做的这些努力要有结果，你才会被接受。由于组织发生变化所带来的巨大影响，组织里的每一个人如果想很好地发展自己，就需要做好准备。

第一，组织在今天更关心怎么去面对不确定性。因此对人的要求不是你能不能胜任这个工作，而是能不能创造性地工作。以前HR（从事人力资源管理工作的人）在面试时可能会很关心你做过什么，但是今天，他可能更关心你能不能创造性地工作，能不能带来更多新的东西。

第二，组织的层级从科层制变得扁平化。以前你从基层做起，到中层、高层，一级一级往上升迁。今天，层级被拿掉了。如果你可以更快地创造价值，其实不需要通过层级升迁。

接下来我们会遇到很多的变化，都不是有没有机会、有没有空缺、有没有职业的限制，这些其实都不存在。因为企业都在创造新事物、新事业，如果我们能共同创造价值，你就会发现机会比之前要多。以前我们要等空缺出来才可以做事，今天更多的情况是我们创造新事业、新平台，然后自己成长。

当组织发生这些变化时，对个体的要求是自我管理。

早期我去企业，常常遇到年轻人对我说："陈老师，你能不能给我指定一个老师，给我的职业生涯做个规划？"在现在变化的背景下，公司没有办法给你规划，因为一切都在变，也没有人给你辅导，所以

生长最美：做法

我总结了一句话：自我管理时代，需要自己管自己。

进入自我管理时代，最重要的是什么？其实是你对未来的设计和把握。

专注于未来的生活，而不是纠结过去

> 只要我们专注于内在的成长，就不会受到外界的干扰，哪怕是逆境；如果你有能力顺应接受它，逆境也会变成顺境。

西安之行是妈妈期待已久的旅行，她在电视上看了大小雁塔、兵马俑、华清池的介绍，就很希望我可以带她去看看，加上好朋友常常会寄来西安临潼的石榴和洛川的苹果给妈妈吃，所以妈妈对西安既有感性的认知，也有理性的认知。国庆假期，家人便一起来到西安。

在西安朋友的帮助下，这一行增加了许多内容，除了兵马俑、大小雁塔之外，还看了大唐芙蓉园表演、西安古城风貌，品尝了西安饺子、羊肉泡馍。为了吃到正宗的羊肉泡馍，朋友还专程陪我们一家到临潼。妈妈特别开心，一个新的城市，因为有朋友在，感觉就像在家一样踏实。

我对西安抱有独特的亲切感。三十年前到西安时，曾得到陌生人的帮助，让自己在深夜大雨中有了落脚之地，为此我写了一篇题为《信任》的短文。因为西安人，让我真切地感受到信任带来的美好。此番与妈妈再来西安，朋友再一次给了我这份信任的温暖。

西安形成的这份包容，一定是和这个城市的文化秉性相关。当你默然伫立在古城墙前，传统建筑所隐然透出的雍容气象破空而来，使你仿佛置身在宏大祥和的世界，内心引起阵阵激荡。当你默然伫立在兵马俑前，一个个质朴、粗犷而又坚定的兵将，就这样安静地坚守着，坚守了两千两百多年。

因为我特别喜欢古城墙，从西安博物馆出来，便带妈妈去看西安古城墙。我总是喜欢在古城墙前默默地伫立一会儿，在若有所悟的深情凝视中，默默接受着温和的冲击。

虽然在历史进化的过程中，不宜过分崇拜传统、迷恋过去，但是，透过对传统事物的省思与接触，或许才能够更具体地领悟传统。

就如相法端严的古城围墙一样，虽没有金碧辉煌的外貌，却有深厚庄严而又包容丰富的厚重，唯有以淡泊宁静之心去相遇，方可相互感应。

就如这 7500 多个秦兵马俑一样，没有绚丽的盔甲，但他们所拥有的坚定决然、担当决然，唯有以安然处之之心去相遇，方可由心呼应。喜欢如此对话和呼应，因此得到内在的感悟和沉淀。

游毕西安城，前往壶口瀑布。

黄河壶口瀑布是中国第二大瀑布，位于山西吉县（属临汾市）和陕西宜川县（属延安市）交界处。约 300 米宽的黄河水在这里骤然被束入 30～50 米宽的峡谷，并形成 20 米的落差，犹如巨壶倒悬倾注，因此称为壶口，气势颇为壮观。

我认识它是因为第四套人民币 50 元背景图是壶口瀑布，而《黄河大合唱》中体现的雄浑之势总是在内心中感染我。"风在吼，马在叫，黄河在咆哮……"这是中华民族母亲河哼唱的最强音，这是炎黄子孙代代相传的力量源泉。一直渴望靠近壶口瀑布，因此带妈妈去看壶口瀑布是此次西安之行最重要的计划。

因为渴望看到梦中的景观，从西安出发的路上满是期待。车拐过最后一道山梁，蓦然，一股惊天动地的声浪铺天盖地而来，黄河以雷霆万钧之势，呐喊着迎接我们。

车停在道旁，我牵着妈妈，踏着黄泥，罩着风雨朝着壶口瀑布走去。细雨阴沉的天气，似乎更契合黄色混浊的河水，飞流泻下的巨大轰鸣，敲打着心鼓，而心只能和飞瀑一样去震动、去轰鸣。

黄河从马曲开始，由于其巨大的包容，从涓涓溪流汇成了蔚为壮观的大河。黄河入"壶口"处，湍流急下，激起的水雾，腾空而起，恰似从水底冒出的滚滚浓烟，十数里外可望。

我们来的时候是10月，河水流量适中，气温不高，瀑布落差在20米以上，急流飞溅，形成弥漫在空中的水雾，终于见到著名的"水底冒烟"一景了，大家都很兴奋。

靠近壶口瀑布旁，立刻被它博大的气势所震撼。人们用"山飞海立"来形容壶口瀑布的磅礴气势，此时我才知晓李白为什么写"黄河之水天上来"。黄河穿千里长峡，滔滔激流直逼壶口，突然束流归槽，滚滚黄水从天际倾泻而下，势如千山飞崩，四海倾倒，奔放无羁。

此时《黄河大合唱》的旋律在脑海中骤然升起，就是这样的气势，就是这样的浩大，就是这样的不可阻挡！

抬头仰望瀑布时，不由得迸发出一种灵魂出窍的感觉。奔腾而至的洪流，有一种如山倾倒的壮烈，撞击着你的灵魂，这一刻你除了相信力量不可挡之外，几乎无法有任何其他的想象。

有人说壶口瀑布是"那种疯狂和奋勇的喷扑让坚硬如钢的岩层不得不退让，无法不动容"的存在，站在她的面前，你会认同这种狂放不羁、排山倒海的气势；你会认同这种前赴后继、毫不间歇、毫不犹豫疯狂向前的气势；你会认同这种聚焦前往、专注前行的气势。是的，这就是黄河，这就是孕育中华民族底蕴和气势的母亲河。

空气中混着雨水和河水，我搀扶着妈妈一步一步走到最靠近瀑布的地方，妈妈和我们一样睁大眼睛，惊奇地看着，全然不顾黄色的泥浆湿透她的鞋子和裤脚。

她讷讷地说："比电视上要好看好多好多倍啊！"她招呼孩子们快点走到瀑布前，观看比电视上好看得多的风景。挽着妈妈的手臂，并肩仰望着壶口瀑布，我们专注地感受这空前的震撼。

自然无法用任何手段来复制，每一刻、每一个瞬间、每一滴水珠、每一朵浪花都无法区分彼此；而这一刻你的感受也无法与那一刻你的感受一致，人生也如自然一样，无法复制。珍惜每个时刻，珍惜与家人在一起的每个瞬间，这才是真实的、可以感知的存在。

我很珍惜与妈妈、其他家人共享亲近自然的这种时刻。往往这个时候，妈妈和我都会显现出极为单纯的一面，所有的感受和情感都可以和自然完全融合在一起，不会让任何一种心绪和情感悄悄溜走。我们都会极其专注于每一个存在，专注于自然的内涵，这份专注可以抛开一切烦恼，也可以净化人的心灵。

外公在妈妈很小时就去世了，外婆一个人带大妈妈。在旧时的社会，可以想象母女二人的生活是多么的不容易。也许是这样的成长环境，让妈妈顺势的力量非常强。在我印象中很少听到她谈论过去，甚至我们讲起过去时，她也会提醒我们，不要说过去那些不好的东西，没有必要去说、去想，这是妈妈的原则，也是妈妈的习惯，换个角度看，妈妈习惯于专注未来。

专注赋予事物无可比拟的力量，就如黄河之水在成为瀑布之前，黄河的河床足有 1000 米宽，而到了这里，两岸岩石陡然一缩，形成了一条只有 30 米左右的狭槽。不仅如此，槽道下又奇特地出现了一个高低悬殊、落差极大的深谷。于是，漫流而来的黄河水在这里聚为一股，齐心协力地朝狭槽里奔涌喷吐，这种专注的力量形成了无坚不摧的刚烈。倘使生活中，能够拥有专注的习惯，也便有了如壶口瀑布般的力量，没有任何困难可以阻挡你，也不会有任何障碍阻碍前行。

我不知道妈妈小时候经历过什么样的痛苦，只知道她小时候没穿过鞋子；我不知道妈妈一生中经历过什么样的磨难，只知道妈妈为了跟随爸爸一个人从湛江来到了黑龙江，语言不通，饮食不同，兴安岭冬日的寒冷对妈妈一定是巨大的考验。但是，因为妈妈从不生活在过去，所以在我对妈妈的所有认知里，从未有过她抗争的记忆，只有接受，只有前行，这样专注过好每一天，让妈妈可以安然享受今天子女的疼爱。

空气中弥漫的湿气更重了，我们担心妈妈受凉，依依不舍地离开壶口瀑布前往延安。

延安也是妈妈喜欢的地方。妈妈在湛江的一个小渔村长大，她很珍惜新中国带给她的新生活。在妈妈的内心中，今天的幸福生活都是国家富强带给她的。这一次到延安，妈妈也算是寻亲来了。

生长最美：做法

天还是下着小雨，小学在语文课本中描述的延安宝塔就呈现在眼前。延安是中华民族五千年文明的发祥地之一，被炎黄子孙尊称为"人文初祖"的轩辕黄帝的陵寝就安卧在延安境内的桥山之巅。在漫漫的历史长河中，延安以其"边陲之郡""五路襟喉"的特殊战略地位，成就了一个又一个英雄好汉。吴起、蒙恬、范仲淹、沈括等许多中国古代名将在此大展文韬武略，上演了一幕幕金戈铁马的悲壮史剧。到了 20 世纪上半叶，延安开启中国民族历史上的全新篇章，我们也因此过上了新的生活，所以我能理解妈妈对延安的认同。

我们在延安并没有停留太久就启程回西安了。因为下雨，也因为假日，回程的路上遇到了大塞车，我们停在高速公路上差不多 10 个小时。就在我担心妈妈会觉得累、无聊时，听到了孩子们叫妈妈"李教授"。我感觉很惊讶，问孩子们此说法的缘由，为什么她们的姥姥变成了"李教授"。

原来，车窗外有很多很粗的、巨大的管子，妈妈问孩子们，这些管子是不是发射火箭用的？孩子们知道那是铺设地下水的水管，但是想不到姥姥会问到"火箭发射"，觉着这样高深的问题，应该只有教授才会想到，所以就评定姥姥是"李教授"了。当妈妈知道这些管子是水管时，也被自己的高深弄得哈哈大笑，听到孩子们和妈妈打趣的笑声，我知道塞车这件事根本不会影响他们什么。

这份泰然处之的习惯，真的非常棒！妈妈如此，孩子们也学会如此。人真的会遇到很多预想不到的事情，人的一生中，会有很多事情完全不按照自己的计划展开。有些人遇之则沮丧，有些人遇之则泰然，我们属于后者。

我常常对学生说"逆来顺受"是一个很好的品性，只要我们专注于内在的成长，就不会受到外界的干扰，哪怕是逆境，如果你有能力顺应并且接受它，逆境也会变成顺境。

一位哲人说："在遇到阻碍时，河水从来都不会停止前进的步伐。河水会用自身的力量把障碍物击得支离破碎，或者从障碍物的上方奔腾而过，或者从其下方潜行，或者从其一侧绕行；河流永远不会静止，它一直不停流动。如果可以这样措辞，我会说这是一种充满智慧的随机应变。"

我特别喜欢这段话，"充满智慧的随机应变"就是能够接纳环境，泰然处之；就是能够在每个时日寻找前行的动力；就是专注于未来的生活而不是纠结于过去。在我眼里，妈妈就是充满智慧的随机应变者。

10个多小时之后，我们终于回到西安，此时璀璨的灯光已经盈满了夜空，孩子们还在和姥姥开心地谈论火箭发射器的学问，姥姥也愉快地接受了一个新的称呼"李教授"，因为她高兴地宣布："我的女儿是教授，所以我这个'教授'也还是够格的。"我们都被妈妈逗笑了。自西安之行后，妈妈在家中就变成了"李教授"。

如何改变自己

> 无论是儒家文化还是玄奘法师，你都会发现他们成就了"内圣外王"，也就是说你要有内在支撑点，还要在外部能够去取胜，去面对竞争，去战胜一切。

我们要怎么改变自己呢？你们可能知道我的答案，这个答案就是——走上戈壁赛道[1]。

我们有很多的方法来检验自己，比如，来北京大学国家发展研究院学习，去创业，或者承担新的责任。可是戈壁挑战赛的赛道确实是一个很特殊的能让你认识自己的一个机会。如果你真的想知道"自我认知"的那个度有多大，如果你真的想知道你的潜力与结果之间的那个"你"到底有多大，我倒是觉得，像刚从亚沙赛[2]上回来的同学一样，只要上了这个赛道，就会让你认知到你自己。

---

[1] 玄奘之路商学院戈壁挑战赛通常在甘肃酒泉市的瓜州县举行，主要是国际知名的 EMBA 和 MBA 院校学生参加，超过 120 公里的赛道被简称为戈壁赛道。

[2] 亚太地区商学院沙漠挑战赛的简称，是一项徒步穿越70公里的竞技比赛。

01 人生只是一个向往

我非常喜欢戈 12A 队[1]做的小情景剧，它把整个戈壁赛道上最重要的几个点都呈现了出来。我们的起点是在阿育王寺，而这个地方恰恰是玄奘起步的地方。

可是你知道玄奘为什么要从这个地方起步吗？真的因为一件很小的事情。玄奘在洛阳的佛寺中长大，一个偶然的机会，他在一个异邦的高僧身上体悟到印度佛学的智慧，感受到佛学发源地的魅力，便萌生了西行的想法。玄奘因这样的人生向往，成就了传奇的一生。

所以当你走上这个赛道，这就是你人生的一个向往。我鼓励大家能去戈壁赛道的都去一下，我很高兴有 61 位戈友走上戈 12 的赛道。这会是你人生的一个向往，你有了这样一个向往，就会发现人生真的会不太一样的。

02 生命自我支撑点

当你走上戈壁赛道时，你会不断去寻找一个东西，这个东西让你能够支撑下来，完成挑战，我称之为"生命的支撑点"。

很多时候我们都会认为，人生的这个支撑点有可能是需要借助外部的力量，但是当你去走戈壁时你就会发现，人生的支撑点在很大程度上需要安于内心。我对玄奘特别特别敬仰的地方是，他既把外部作

---

[1] 对第十二届商学院参赛队伍的简称，其中 A 队是计成绩的队伍，也是竞争最激烈的队伍。

生长最美：做法

为一个支撑点，又能够在内心放一个支撑点，我觉得能平衡内外、内外都来做自身支撑点的人真的是拥有大智慧的人。

玄奘法师既能将生命自我支撑点安放在生命自身之外，又可安放在生命自身之内；他既有西行万里取经的辽远向往，同时又有安于当下的境界；他是非常慈悲而柔弱的，同时又有非常强韧而坚定的心力来完成宏愿。

我们有些时候会说，我不愿意跟你们比，我不愿意跟你们拼，我只把自己做好就好了。这仅仅是找到了你内在的支撑点，可是无论是儒家文化还是玄奘法师，你都会发现他们成就了"内圣外王"，也就是说你要有内在支撑点，还要在外部能够去取胜，去面对竞争，去战胜一切。

当内外都有生命支撑点时，这个人是有巨大能量和智慧的。你到戈壁时，会感受到这样的韧性，这样的坚强，因为在戈壁赛道上，你内在、外在的支撑点都找得到，你会把你的心安好。

▶ 03 单纯就好

我们继续在赛道上前行，你会感觉走完整个路程好像并没有那么难。为什么？因为你只要走就好。去戈壁最大的帮助，是帮我印证了自己的一个观点：做任何事情只要单纯就行。与你的能力、外部的环境都没关系；你不要有杂念，你也不要去想能不能走完，你就一步一步地走，肯定能走到大帐。

这样单纯地去做事情时，你会发现，结果是自然而成的。

我们只要学会这样不断地去走，一步一步，持续地去走，什么都不要想时，你会发现非常美好。走戈壁时，的确会痛，有人可能脚会起泡，有人会扭伤，甚至有人可能会中暑，或者是呼吸困难，抑或是各种各样你想象不到的难受。可是当你单纯地走，你会发现这些都不存在。那种单纯的快乐，就在那个地方能感受得到。所以我非常希望大家去理解这种单纯的快乐对每个人的帮助，你只要单纯做事，就会发现世界上一切的事情其实都是蛮容易做到的，没有想象的那么难。

单纯前行，并不是去达成下一个目标，而是在一个巨大的苍穹之中，去触动细腻的心灵，去启发灵性的光芒，去诱发内在无与伦比的力量，去享受超越外物的无可比拟的快乐。

▶ 04 自然本能

我们需要真实地去感受"自然本能"，在遇到挑战时，用自然本能去应对。你甚至可能都不知道，当你已经觉得抬不起脚时，你还是会机械地抬起自己的脚，这种自然的本能，反而是人巨大力量的真正来源。

有人问我："一个人的力量到底有多大？"我回答说："你可以想象一下，当一个母亲的孩子遇到巨大生命威胁时，她甚至可以推动一辆汽车，这就叫自然的本能，这种力量会超越你所有平常感受的力量。如果你走上戈壁，你会体味到你的自然本能，会感知到你的自然极限到底在哪里。这种自然的本能会帮助你不断去恢复内在的力量，而这种力量可以让你感受到你真的可以去做成你想做的事情。"

在戈壁上,看看自己满是尘土的双脚,觉得很开心,因为来到戈壁,我又重新恢复了身体自然的本能,这个本能就是与环境相融。

▶ 05 满街都是圣人

在戈壁,你会看到非常多的以前从未看到过的情形,让我感受最深的,就是"满街都是圣人"。真的是这样,在这样的一个环境下,你会发现每个人都非常善良、非常单纯,人性最光辉的部分全都呈现出来。

阳明心学认为,你只要有良知,满目都是圣人。如果来到戈壁,来到赛道,每一个人对你的微笑都是那么单纯而亲切;每个人看到你时,都对你说加油,给你鼓励;每个人遇到你时,都问你是否需要帮助;每个人都告诉你:前面不远,你走过去就战胜了自己。你会发现:在这里,人性最单纯的部分被激发出来,被呈现出来。那样一个荒芜的大漠里,满目看到的都是慈善的光辉。

这是一个特别能让你感知善的场景,这是一个特别能让你看到人与人之间单纯而又纯粹的关系的场景。我很希望大家能保有这样的善心,保有这样的纯净,保有这样内在的、人性的光辉。这善的美好不断地积累在你的内心时,我相信你就是一个非常善良的人。

在这满是善意的空间里,没有什么困难是你克服不了的,因为你身边所遇到的每一个人都会帮你;那一刻,你一定会知道,你能战胜一切从未战胜过的困难,因为你相信身边一定会有注目你的眼睛,等待伸出支撑你的双手，甚至给你呵护、给你依靠的肩膀。

这些恰恰就是在戈壁挑战赛上能够感受到的最美好的东西。我总是想说，这场景下的善，如果可以回到熙熙攘攘的街市当中该多好啊！这是对每个人更巨大的一个挑战，因为大漠之中，少了利益的纷争，而在街市中会有利益冲突。但我更相信，如果每个人保有这样的善意，回到利益场景当中，你比别人也会更纯净一些，你也会获取更多一些的支持。

用前行的步伐、关注的目光，让自己一次又一次地净化，人与人变得单纯，除了认真做好自己之外，就是尽可能发出善心。

我希望大家能像星云大师为《玄奘》这部剧作写的这句话一样："愿大家都能时常思忆玄奘法师那因一念之慈悲，改变自己人生与世界的'重要的一步'，皆能法喜盈满。"

迈开这一步，走向赛道时，你我内心也会法喜盈满。

▶ 06 信念力

如果这样做，我们就会得到一个巨大的力量，这个力量就叫信念的力量。

走过戈壁的人会看到风车阵，这个地方被称为"绝望的快乐"或者"绝望的痛苦"。我在戈10时犯了一个错误，走到这个地方之后走错了，直到后来有人通过对讲机问我走到哪里去了，我才知道自己走错了，对讲机中的同学告诉我："还好你没有走太远，大概多了3公里。"多走3公里在戈壁上就是挺可怕的事情。

当时，只有陈戈同学陪着我，我们俩就说："也许我们这个走法远了一点，但很可能是最不累的走法。"两个人就这么互相鼓励，加快走了回去。结果距离并不是问题，那反而是我跑得最快的一天。就是因为走错了3公里，内心怀有一个信念，然后以更快的速度前行，结果更早到达大帐。是的，你相信自己的信念力时，很多奇迹就会发生。

来到戈壁，正是在亲身体验玄奘法师确信前行的信念力。这需要我们真正把自己交给大漠，交给酷暑，交给伙伴，确信自己能够达成所愿，确信无论出现任何情况，总会有解决之门，这样你就具有了达成内在力量的沉淀。

▶ 07 超乎想象

在大漠中你会不断地去感受，感受你内在那个力量带给你的这一切，它让你看到戈壁上很多场景，这一切真的超乎想象。我不知道"超乎想象"这个概念怎样解释，也许上过戈壁赛道的人更能够告诉初次上赛道的人"你的能量真的超乎你的想象"意味着什么。

我并不知道戈12会给我带来什么，也不知道与北京大学国家发展研究院的戈友们一起上赛道时我会有什么样的体验，但是我知道，我可以满心期待，满心欢喜，只要与大家在一起，总是可以超乎想象。

这就像每次看到夜空下的帐篷所感受到的那样，戈壁最美的景致，是搭完帐篷的营地。那一大片营地帐篷给你很奇特的感觉，在毫无城市的地方建一个城，而且是瞬间建起来，这种力量令人震撼，这种力量真是非常奇特。这种情景，在城市里，是你无法去想象、去设计的，你必须去现场体验。你能够去体验它时，你就会理解，在戈壁，一切真的超乎你的想象。

我相信从亚沙赛回来的同学已经有这种感受，期待大家有一个属于自己的戈壁挑战赛。这是一场奇特的旅行，走在未知的路上，未知的外部世界，未知的内在力量，以及发现未知所带来的一切美好。

因此，我决定与戈12的同学做一件我自己很想做的事情，为北京大学国家发展研究院写一首戈壁挑战赛的队歌。金勇同学鼓励我说："春花老师你写词，我就给你谱曲。"于是就有了我们自己的戈壁战歌《这条路》。

戈壁，这就是你与我将要携手完成的一条路，我想这条路可以给各位非常非常独特的帮助。这个独特的帮助，在我内心当中，就应该是认知自己。如果通过这条路，可以认知自己，你就可以成为勇者，就可以成为智者；就可以用朗润情怀[1]，唤起西去东归弘扬大道的力量；就可以用朗润情怀，用我们自己的行动，去证明推动社会进步的力量。更重要的是，通过这条路看到真正的"自己"。

---

[1] 北大国家发展研究院自1995年起一直在北大朗润园办公、教学和科研，这里是一个昔日的皇家园林，国家发展研究院师生群体的情怀有时被简称为朗润情怀。2021年9月起，北大国家发展研究院又新增承泽园院区，也是一个昔日的皇家园林。

优秀者一定是自我成长的

"我们最大的悲剧不是任何毁灭性的灾难，而是从未意识到自身巨大的潜力和信仰。"

当我们为成长做准备时，有一个重要的问题是，你怎么认识你自己？

1. 自我

你能否处理好与别人、与外界的关系？新冠疫情期间我观察到，那些能够在逆境中发展得非常好的企业，快速调整了自己与市场、与顾客、与疫情的关系。它们没有等待，没有祈祷，没有惊慌，没有措手不及，只是很认真地接受了疫情的存在，接受了这个环境与以往不同。

2. 事实

"我们依照自己信仰的真理，但信仰的真理与真理永远有差距。"

我第一次接受这句话是因为索罗斯。亚洲金融危机，为什么索罗斯用一个对冲基金，就可以让整个亚洲经济环境产生巨大的震荡？他说："因为认识机会和机会本身之间有一个差距，如果你理解这个差距，那就是你的机会。"我一开始不能完全理解这句话，但当我不断反观自己和所有外界的变化时，我突然意识到，这才是认识自我最重要的一个维度。

3. 经验

当经验不变而事物改变时，经验就成了绊脚石。

企业文化改造的难题不在于学习新东西，而是不愿意放弃自我和过去。好企业最大的特点不是学了多少新东西，而是能够不断地把旧东西丢掉。不丢掉旧东西，是学不了新东西的。

在认识自我当中，这个道理也是一样的。事物是一定会变的，如果你有经验，就意味着它会成为绊脚石，因为经验一定是过去的。

大部分人的潜力都非常大，可为什么最后得到的结果却不尽如人意？你的习惯、态度、观念和愿望，就像一堵墙或者一面折射镜，经过它之后，你得到的结果可能变得比潜力更小，也有可能比潜力更大。

我常常引用一句话："我们最大的悲剧不是任何毁灭性的灾难，而是从未意识到自身巨大的潜力和信仰。"如果你能意识到你有潜力和信仰，那么对你来讲，外部所有的变化都会变成机会，而不会成为障碍。

一个人的成长，与四件事有关

> 任何人的成功与成长，一定是集合了更多人对他的支持，而绝不仅仅是因为能力强。一定是因为有更多的人信任他，选择信任就是因为你能够利他和融合。

一个人的自我成长，要经过四项最重要的训练。

1. 独立面对挑战

2020年的新冠疫情中，我们看到有的人变得更好，有的则更加颓废。有的企业变得更强大，有的却被淘汰。

造成这种差异很重要的一个原因，就是你可不可以独立地面对挑战。

赫拉克利特说过一句非常有名的话："人不能两次踏入同一条河流。"

为了追寻人类智慧的起源，2019年，我用了一个暑假的时间去了土耳其和希腊。

当我真正到了那里，我感到十分震撼。因为你看到的，是一个巨大的、堆满石头的、荒芜的城市，这个曾经极尽繁华、有几十万人口的地方，今天剩下的只是石头。

可是你会发现有一个东西它永远都在，那就是人类的智慧。

所以我想引用赫拉克利特的另外一句话："妄图在人群中找寻存在价值是注定要失望的。你会发现，人性那个原本该有的闪光点早已被自身的愚钝与轻信所掩盖。"赫拉克利特的思想之所以能留存下来，影响人类几千年的文明，就是因为它能够独立面对在那个时间里出现的所有挑战。

环境可以变，城市可以消失，那个时代的人也会消失，但独立面对挑战的思想存续了下来，帮助我们面对未来的几千年。

2. 近观与远看同一个课题

很多时候你不能自由，是因为你只能近看一件事情，比如疫情。近看你会觉得，这是一个巨大的挑战。但如果你具备远观的能力，你会发现，巨大变化下必有新的机会。

比如，大家都喜欢的苏东坡。苏东坡在被远放黄州的时候，远离朝廷。在困境中，苏东坡却写出了被誉为行书第三的《寒食帖》。

一个人遇到不同的境遇，尤其是遇到不如意的时候，在苦难中生出花来，也是一种美。这是一种美，也是一种力量，更是站在高处从近处看到远处的活法。

如果不能近观远看，你一定不会成长，也一定不会自由。

3. 利他与融合

任何人的成功与成长，一定是集合了更多人对他的支持，而绝不仅仅是因为能力强。一定是因为有更多的人信任他，选择信任就是因为你能够利他和融合。

疫情期间，我们遇到了前所未有的挑战，病毒初到时，没有人认识它。但我们还是能够打赢疫情这场仗，原因是什么？是因为有非常多的医护人员将他们自己的生命与那些素不相识的人的生命紧紧结合在一起。

数以万计的医护人员、逆行者与坚守者告诉我们两件最重要的事情：我们所有的行动和愿望与其他人息息相关，人类的发展与其他物种息息相关。懂得这两件事情，融合进去，共同成长，你就有生存的可能性，就有成长的空间和机会。

4. 纯粹地创造

当我去到戈壁挑战赛时，我最大的感受就是理解了玄奘。

一个人用十九年的努力，把智慧带回来，再花二十年的时间把它转化成人们可以学习的文本。以他一个人的力量能够完成这件事情，因为他只是单纯地创造。所以当你走戈壁赛、走亚沙赛时，你只要单纯地走，一定可以走到终点，这就是玄奘给我的帮助。

在讨论这件事情时，我想告诉各位，你的成功和机遇，一定要单纯创造才能得到。

当你能够纯粹地学习，纯粹地创造，纯粹地帮助自己拥有更强的知识准备时，我相信无论是运气还是考验，你都可以接纳，可以找到自己的方向，创造出属于你的真正的成长。

从"丝绸之路"到那些伟大的公司，都做对了一件事

> 很多时候不是你拥有的东西不够，而是你没有珍惜拥有的东西。当你能够珍惜它时，你就一定是富有的，所以这个答案是非常肯定的。

我们虽然在一个商业的环境中，但我们每个人其实都在一个生活的场景里。这个生活的场景会使我们在各种各样的环境中体会生活本身的含义是什么。所以，有人问我：你最想写的一本书是什么？在你经历过中国改革开放四十多年来的波折和企业的生死，从事了这么久的管理研究，见证了这么多企业的成长，你最想写的那本书是什么？我说，二十年前我就想好了书名，可是到现在我还是写不出来，这本书的书名就叫《什么是生意？生意就是生活的意义》。

▶ 01 "丝绸之路"源自对未知美好生活的向往

为什么我会说，这是我最想写的一本书？我们可以从最早的，对我们整个商业产生影响、对中国产生很重要影响的一条商业之路或者

说商业之旅讲起，我们称之为"丝绸之路"。

可能很多人对"丝绸之路"会有不同的解释。我最早理解"丝绸之路"实际上是因为一个故事。那个故事是我们学习辉煌灿烂的西方文明时，讲古希腊、古罗马所有的文明传承，其中有一个阶段就是宗教要为一件事情立规矩：你不可以在街上穿一种非常柔软的衣服。因为当你穿这个柔软的衣服时，你可能已经对社会的风俗产生了影响，那个柔软的衣服是什么？其实是丝绸。

一件衣服竟然影响到宗教，影响到生活，而这件衣服是从遥远的异乡他国而来。

为什么西方遥远的国度会对我们中国的丝绸如此向往？就是因为它代表了一种对完全未知生活的向往，就像我们今天也很想去看世界，我们也很想知道世界是什么样子的一样。实际上，这就是一个商业起源的地方。

我们今天重启"丝绸之路"，如果退回到几千年前，我们来讨论"丝绸之路"时，你会发现它的起点其实是对柔美、柔软、未知并美好生活的一种向往，而这种向往，就使得这个商业从几千年前一直发展到今天，甚至会影响到我们的未来。

▶ 02 人生的两个终极追问

这恰恰是我们要讨论的另外一个话题，人这一生中一定有两个问题会被问到。

一个问题是：你富有吗？

生长最美：做法

我们有些时候会看到很多人很紧张，原因是他们发现自己没有别人富有。我们有些时候之所以不安定，原因也是认为自己心中不富有。

很多人非常的焦虑，我觉得真正焦虑的原因不在于物质不丰富，而在于内心贫瘠。之所以内心贫瘠，是因为不知道自己的定力来源于什么，不知道拥有的东西是什么。

当我们觉得不安全、无法拥有，甚至不可能时，我们的确会非常焦虑。

这样的问题不管我问不问你，你内心都是会问自己的，你不会经常问，但是你总有那么一瞬间会问："我富有吗？"但不知有多少人能肯定地回答："是的，我是富有的。"

为什么有些人可以很肯定地给出这个答案，原因很简单：因为如果你用合适的标准来生活，你就会富有。我们如果愿意去看那些真正富有的人，才会明白，并不是他拥有了什么，而是他很清楚地知道他珍惜所拥有的东西。

很多时候不是你拥有的东西不够，而是你没有珍惜拥有的东西。当你能够珍惜它时，你就一定是富有的，所以这个答案是非常肯定的。

另外一个问题是：你幸福吗？

我记得某电视台的节目主持人有一段时间非常喜欢问这个问题，非常幽默的大众给出了无数的答案。可是今天我们想想这个问题为什么会被广泛地提问，需要被广泛地回答？因为追求幸福是人的本性。那么，当这是你的本性时，我们就会看到，很多人会说，我不幸福或者我没有别人那么幸福，甚至很多人会说，我们不快乐。

因此，我们就会讨论，到底什么会让你快乐？

更多的情况下，很多人会说，我的不幸福或者不快乐似乎是更通常的状态，我的快乐或者我的幸福并不是我真正能够感受到的那个状态。我想这个答案本来也是很明确的。是的，我们一定会幸福。

那么，幸福需要很多人给它下定义。我们知道最著名的定义大概是讲家庭的幸福与不幸福，托尔斯泰给了各位一个非常好的答案，但是我很喜欢的答案是这样的："什么叫作幸福？幸福实际上是你自己的目标在你力所能及可以实现的地方。"

很多时候，我们的不幸是在于我们定了一个力所不能及的目标。但是，我们并不知道这个目标跟我们之间的关系到底是什么。

比如说，我们大部分同学或者大部分朋友并不知道，他们的生活当中其实有多种多样的目标，并不仅仅是不可达成的那个部分。就像我自己一样，很多人问我，你怎么能写那么多书？我就跟他们说，我每天写。然后，他们就想不通，你为什么要写那么多？你写那么多到底为了什么？反复问我。我被问得最多的一个问题，就是你为什么写那么多书。

后来我实在没办法了，就跟我的编辑讲，你别管我写多少，反正我写完你就出，可能有一天我不想写了，我那么多书就写完了。如果我按照大家习惯的逻辑来讲，说不可能写那么多书，而我非要写那么多书时，我一定会很痛苦。反过来的意思就是说，我们在讲幸福这个逻辑时它很简单，就是你的目标在你力所能及的范围内。

我们在讲真正的人生含义时，无外乎就是寻找这两个问题的答案。一个问题是你怎么理解富有，另一个问题是你怎么理解幸福。

如果你对这两个问题的答案有很清晰的认知，我倒是认为你的人生或者你个人所有的东西其实都是可以很简单、很确定的，甚至你也

099

可以很稳定。

我们之所以在一个剧变的环境下焦虑，其实很大的原因就在于我们不太清楚我们已经非常富有，我们也不太清楚我们的幸福与我们力所能及相关。

所以，我们在讨论人生最重要的问题时，答案实际上是很明确的，一个是适合，另一个就是力所能及。

有些人说，这算不算是哲学问题？我一般不太从这个角度去想，我想这是生活的问题。我们在生活当中没办法判断我们的未来。但是我们可以判断一件事情，就是珍惜你每一次拥有的东西，完成你力所能及的事。如果你能够不断地积累这两件事情，你的生活一定会变得非常好。

▶ 03 这个世界上最真实的东西是眼睛看不见的

我从生活本身这两件事情来延展出我今天要讲的东西。那就是我们怎么理解生意。我觉得在人类现代生活中，最大的一个催化生意逻辑的框架就是圣诞节。

圣诞节表现在整个生活场景当中，而且已经集合了不同的文化。我们很多的节日可能都没有像这个节日有那么广泛的影响力，因为这个节日含有一些很特殊的元素，因为它是个梦想，是一个跟确信、跟孩子、跟我们讲的惊喜完全组合在一起的节日，我们很少有一个节日是可以连接这么多东西的，圣诞节恰恰可以做到。

一个 8 岁的小女孩 Virginia（弗吉尼亚）在 1897 年提出：圣诞老

人真的存在吗？当时的纽约太阳报编辑 Francis（弗朗西斯）回复了她：是的，圣诞老人确实存在。这个世界上最真实的东西，是眼睛看不见的。

在这个环节中，有一个爱传递的故事。真正的爱是看不见的，真正的爱是感同身受。

有的人会说，世界上根本没有圣诞老人。圣诞老人只是一个传说，一个约定俗成——爱你的人，用圣诞老人来表达传递对你的爱。

这也是为什么这么多年来，我们每个人都希望圣诞老人代替关爱我们的人，送上圣诞节礼物，这是爱的礼物。

当你真的理解这件事情时，你就可以理解为什么圣诞节会让这么多人接受这种欢喜，原因就在于我们内心相信会有礼物、会有惊喜，这是一个广泛的传播爱的时间。

我们相信这一点时，我们就会让它发生，我们不断地让它发生。当它不断地被发生、被印证时，这个节日也就这样传递下来了。

▶ 04 这六个词成就了那些伟大的公司

远见与野心，决心与执着，活力与创新。这六个词就是我很想告诉各位的，我们是否真的理解一个公司的影响力到底源自哪里？是源自它的规模吗？是源自它在行业中的地位吗？是源自它的话语权吗？

让我们了解一下这些真正具有影响力的公司，我们来看看它们的影响力到底源自哪里。

生长最美：做法

图 1 超大型企业的影响

看这些超大型公司的成功，一定会看到这六个关键词，它们一定会有远见和野心，没有远见和野心是没有办法成为这种超大型的具有影响力的公司的。它们也一定会有决心和执着，它们会非常坚持地去做。同样，它们也一定会有另外叫作活力与创新的东西。这些是它们共同的属性。

这些超大型的公司具有影响力，不是因为它们大，而是因为它们能影响我们的生活，影响整个世界，甚至影响人类，这是这些公司能够真正成为具有影响力的公司的根本原因。前面是它们成为超大型公司的一些条件或它们形成的能力。但是，真正使它们具有影响力的不是这些能力，而是它们深入人们的生活，推动了人类的进步，让我们能够知道未来，这是它们产生持久影响力的根本原因。

所以，看到这些企业时，我们会感受到另外一点，其实这也是为什么我特别慎重地没有写出《什么是生意？生意就是生活的意义》的原因。因为我要更深地去理解生活，才可以更深地去理解这些有影响力的公司为什么真正有影响。

然后，你会发现它们真正的共同点是什么？那就是它们一定可以给你带来我们对整个人类的价值向往，甚至你都没有发现，你会具有这样一种能力。因为它们，你的某种能力被唤醒出来。同时它们也有更重要的一点，即帮助我们实现无论是近距离还是远距离的价值分享。照今天来讲，各位享受到的所有服务和产品已经没有距离的障碍，恰恰就是因为这些公司。

▶ 05 中国企业已经和全球企业在同一起跑线

图 2 新生活领域中的新机会

我们可以看到，这些我们称之为在新的生活和新的领域中给大家带来机会的中国企业的新机会。当我们站在这个时间点去想中国改革开放四十多年之后中国企业的机会时，我实际上是比之前更有信心的，原因就在于：在技术的引领下，在我们更加去理解体验和价值时，我们会跟全世界的企业站在同一个起跑线上。

我看企业其实不是看它的大或小，而是看一些全新的机会，它们跟全球的企业在同一个起跑线上，它们开始面向全球。比如，我们看到微信对生活的改变，滴滴打车对便捷出行的改变。

▶ 06 人们开始追求个体满足感和过程体验感

曾经看到一张图，左边是满街骑自行车的人，右边是开小轿车的人。我相信这张图能够代表中国非同寻常的进步。

很多年轻人也许不太知道满街都是骑自行车的人是什么样的感受，这是一个时代的缩影。那个时代有自行车其实已经算是进步了。今天你看到的则是另外一种生活的体验，这恰恰是改革开放四十多年来最具有标志性的对比图之一。

这个变化意味着什么？意味着我们已经喜欢技术进步带来的丰富生活，而不是固化的、同质化的生活。

21世纪是人类迄今最佳的时代，这个时代最大的特点是什么？是自由、个性化与责任组合在一起。当这三样东西组合时，你就会有无限的创造价值的机会。只要满足这三样东西，市场和商业的机会就会被呈现出来。我们不再去寻求同质化时，就会追求个体的满足感和过程的体验感，而这种追求在技术的推动下会更容易被实现。

PART 3

持续行动

成功的人就是做事的人，他真的去做，直到完成为止。平庸的人就是不做事的人，他会找借口拖延，直到最后证明这件事情"不应该做"为止。

生 长 最 美 ： 做 法

行动是改变命运的根本途径

我自然相信能力非常重要，但是行动更为重要。

如果我告诉你，人人都可以成功，但确实有人没有成功，那么原因是什么？其中一个关键原因就是缺少行动，行动是决定成功的重要因素。

在与年轻人朝夕相处的过程中，在长期教学的过程中，确实有一种非常痛的感触，就是很多学生不太喜欢行动，而比较喜欢去设想和梦想，甚至幻想。我以前开过玩笑说现在的年轻人比较多在白天做梦，然后晚上睡不着觉。但是，成功的关键要素是你的行动，也就是说，不行动，你一定不会成功。

有愿望、希望成功的人是非常多的，可是最终成功的人并不多，所以除了拥有成功的意愿，接下来就是为实现成功的意愿而身体力行，只有真实地行动，才会取得成功。

有一年年初，我和一个朋友聊天，他告诉我他终于想通了中国企业在管理上存在的根本性问题是什么。我们聊了两天，我被他几年来思考所得出的结论所震撼，很认同他的一些结论和研究的思路。

当听说他准备把这些想法写出来结集成书时，我很为他高兴，也

生长最美：做法

兴奋地期待着，可是两年过去了，我还是没有等到他的书出版。与他相同看法的新书在今年出版后，我打电话问他，他告诉我他还在思考，甚至很得意自己能够在两年前判断出两年后的市场状态。

可是我知道在他得意的语气背后是无奈的神情，因为本来这是他的成功，可能除了我没有人知道，我问他原因，他说他总是没有时间写。

在对管理实践做研究时，我觉得有一件事情很不可思议，我发现在企业内部不断得到提升的人并不是最聪明的，也不是最有能力的，而是最不计较付出行动的人。

我曾经观察过两个新入职的年轻人，小张是名牌大学的优秀毕业生，专业对口，学习成绩优异，同时还具有很好的管理能力；小李毕业于一所普通的高校，在任何一方面看起来都比小张要逊色一些，所以在入职培训之后，明显是小张得到了重用，而小李却不怎么被看重。

过了半年，我发现小李总是第一个到公司，总是抢着做事情，每一次交代给他的事情，他总是答应并很快去做，甚至很多大家不愿意做的事情他也毫无怨言地去做。虽然小张表现出了比小李强的工作能力，但是大家开始关注小李而忽略小张，再过一段时间小李开始被提拔。

我自然相信能力非常重要，但是行动更为重要。对拥有知识的年轻人，在这一点上我更是担心。我常常听到很多人告诉我，他们有这样那样的想法，但是苦于没有机会实现；也有很多人不断强调，不是他不愿意做，而是没有条件做。

其实，所有机会都是在行动中获得的。我在一次飞行中看播放的录像，一个段落是介绍"飞人"乔丹的纪录片，很多细节我不记得了，但是我深深地记得一个内容：在中学选拔篮球队员时，因为乔丹不够高，所以被安排在二队。教练要在一队训练完之后才能给二队训练，乔丹提出帮助一队服务，所以乔丹每天都比二队其他队员多出两个小时的训练，多年之后我们知道乔丹成为"飞人"。

因为常常到企业去做调研，所以常常听到企业的主管抱怨缺少人才。我是在大学从事教学工作的，所以清楚地知道，每一年都会有大量的毕业生找不到工作。前几天我去招聘会做调研，一个早上竟然有七万人来找工作，看着人头涌动的广场，内心非常震惊。一方面企业找不到合适的人，另一方面大量的人找不到工作。原因是什么？我为此咨询过很多从事人力资源管理的经理人，他们告诉我，资历很好的人很多，但都缺乏一个非常重要的因素，就是行动的能力。

下面是一个在网络上流行的故事：

A 在合资公司做白领，觉得自己满腔抱负没有得到上级的赏识，经常想：如果有一天能见到老总，有机会展示一下自己的才干就好了！

A 的同事 B 也有同样的想法，他更进一步，去打听老总上下班的时间，算好他大概会在何时进电梯，他也在这个时候去坐电梯，希望能遇到老总，有机会可以打个招呼。

他们的同事 C 更进一步。他详细了解了老总的奋斗历程，弄清老总毕业的学校、人际风格、关心的问题，精心设计了几句简单却有分量的开场白，在算好的时间去乘坐电梯。跟老总打过几次招呼后，终

生长最美：做法

于有一天跟老总长谈了一次，不久就争取到更好的职位。

成功者创造机会，机会只给准备好的人，只给不断付出行动的人。

每份工作，不论是在什么样的行业、什么职业、什么职位，都需要脚踏实地的人。企业在选择人时，都会先考虑以下这些问题，之后才会决定是否录用，这些问题是：

"他愿不愿意做？"

"他会不会坚持到底，把事情做完？"

"他能不能独当一面，自己设法解决困难？"

"他是不是个光会说不会做的人？"

所以，行动才是最根本的能力。

如果你细心观察成功人士和平庸之辈的区别，你会发现，他们分别属于两种类型，成功的人主动去做事情；平庸的人却常常是被动去做事情，如果不借助外力的推动，他们甚至想不到要做事情，每一天得过且过。

人们很容易发现：成功的人就是做事的人，他真的去做，直到完成为止。平庸的人就是不做事的人，他会找借口拖延，直到最后证明这件事情"不应该做"为止。

所以成功的原因就是不断地行动。

人生是旅行，工作是修行

> 工作就是要持续完善，在每一天的工作中，努力、认真地去做事。

我觉得人应该这样来对待自己：把人生看成是一场旅行，把工作看成是一种修行。

以前很多人都认为人生是修行，我觉得不要这样认为，人生是修行太苦，修行一定是很苦的。怎么修炼自己呢？工作就是修行的场所，不要把人生变成修行的场所，我觉得人生应该是旅行。想一下你去旅行时，一定是很快乐的，那才应该是人生。你遇到的每一个人都应该是风景，你遇到每一件事情都应该美好，这就叫人生。

修行会得到几个好处：

第一个好处是让你的心比较安静。人心安静是比较重要的，人心安静时，人会变得比较好看，因为人的面貌是由心定的，所以相由心生。

第二个好处是你会发现你在为自己做事。你不是在为别人做事，修行都是内求，就是你在为自己做。

第三个好处是快速进入状态，有效率。这个好处就是我一直重复的话，你会很快去做，你不会有太多的纠结。

所以人们问我"你怎么可以处理那么多的事情"时，我总是会说："没关系啊，你一个小时就做一件事情，这样你会发现一天能做八件事情。如果你一天去做八件事情，你一定做不到，但是你每个小时做一件事情，你肯定能做到一天做八件事情，只是你必须保证那一小时只做这一件事情。这就叫'吃饭时吃饭，睡觉时睡觉'，只有禅定的人才做得到，你的转换速度要非常快。"

其实禅修并不需要跑到深山老林，也不需要断食，不需要苦思冥想，工作就是修行的场所。按照这个逻辑来讲，你就会知道工作有多大好处，更重要的是人会更健康。

工作为什么是修行的场所呢？因为工作要的一些东西跟修行一模一样。我可以从三个方面来诠释给大家听。

工作就是要持续完善，在每一天的工作中，努力、认真地去做事。

释迦牟尼开示说"精进"是达到开悟的办法之一。联系到我们的日常工作，就是持续改善，这不就是"精进"吗？比如说这次做报告的同事，一个月后又来做报告，要问自己这次报告比前一次报告进步在哪里，进步一点点也行，"持续改善"就是"精进"。

工作之所以成为我们修行的场所，第一点就是因为工作要求持续改善，如果你能这样要求自己，你就已经开始禅修了。

工作可以帮助我们战胜欲望、磨炼心性、培养人格。

在工作当中，最重要的就是管理目标。我为什么对预算这么紧张，因为预算就是目标的一种表达方式，那么管理目标就是管理欲望,所以承诺目标实现,是一种修炼。工作当中我们必须合规,如果一定要打破流程、打破制度时,其实就是你没管理好你的欲望,所以合规、遵守流程,又能够去实现目标,这本身就是修行。而能够在工作中接受挑战、接受变化,调整自己、战胜欲望、超越自己,就达成修行的目的。

工作品质就是人格完善的表现。

在修行当中,非常在意人格的完善,修行就是实现自我人格完善的过程。在人格完善当中,最简单的一件事情是什么?就是有品质地去做工作。**你做的工作每次都有品质输出,都有价值贡献,你的人格就很高尚。人格是什么?在我看来,人格就是品质的厚度。**在工作中,如果你做的每一项工作都有价值、有品质,你的人格一定很高尚。

所以,我才说工作就是修行。如果你这么去想,就会觉得工作真的很好,你发现你每做一件事情都是一个修炼的过程,有助于完善自己。所以当人们问我"为什么你可以在研究和实践中跳来跳去,做了这个又做回那个"时,我说:"这是因为我在尝试不同的修炼场所。你这样理解工作就会很好,你也不会觉得太累,遇到难题时你就会知道,这是修行对你的要求、对你的挑战,战胜它你就会成功。"

我想说的另外一句话,就是人生是旅行。我们要用旅行的态度来对待遇到的每一个人、每一件事。也就是说,你看到身边的同事时,应该去欣赏他;你看到他们所做的事情时,也应该欣赏。

旅行的心态就是欣赏。你有没有发现,去旅行的人都比较开心,回到家的人都比较痛苦,来到工作场所的人会更加痛苦,就是因为在工作场所有约束、要修行，所以确实很难；回到家里有责任，所以会比较辛苦；只有旅行是短期的享受。

这三个不同的境界会使你的心态有所不同：享受的境界、责任的境界、约束的境界，你会发现三个境界的要求是不一样的。

我建议把整个人生都按照享受的角度去看，哪怕困难也是享受，就没有关系了。

战胜自己，做一个和自己赛跑的人

人群中有一位 80 岁的参赛者，他说自己是第四次来参加雅典马拉松了，希望自己明年还可以再来。

从博物馆出来，我们来到泛雅典体育场。我对这里有一种特殊的情感，因为我的首场马拉松比赛就是在这里完成的，我还记得跑入旗门时的开心与疲惫。

如今风靡世界的马拉松赛事发源于这里。在希腊—波斯战争中，波斯王大流士在距雅典城东北的马拉松海湾登陆，雅典军奋勇应战，在马拉松平原打败波斯军队，史称马拉松之战。这一战非常凶险，雅典的兵力只有波斯的一半，但雅典军队运用"诱敌深入，围而歼之"的战术，抓住波斯军队刚登陆马拉松还晕船的时机，以 192 人伤亡的代价一举歼灭了 6400 名波斯入侵者，大获全胜。

为了把胜利的消息迅速传达出去，希腊派遣传令兵菲迪皮茨从马拉松跑至雅典中央广场，全程约 40 千米，他跑到广场时只说了一句"我们胜利了"便体力衰竭而亡。马拉松运动就是对菲迪皮茨事迹的一种纪念。

现在雅典马拉松比赛的起点就是马拉松小镇，终点在泛雅典体育场，完全按照菲迪皮茨当年的路线规划。

对我而言，到雅典参加马拉松比赛，是一次朝圣之旅，为了完成首次全马的挑战，陈刚带着我训练了一段时间，秀美、陈宁、文文也一同陪伴我训练。报名参加赛事之后，雪芹担心我的身体，专程邀请刘医生从英国飞到雅典做队医保障，还有另外一位巴黎的朋友陪同，一切准备就绪，我也终于站在了马拉松小镇的起跑点。

雅典马拉松全程42.195千米，分为三段路程，前12千米是一段平稳的道路，之后的19千米是一段长长的上坡山路，最后的11多千米是一段下山路。关门时间是七个小时，但因为赛程起伏大、弯道多，所以它也是世界上最艰苦的马拉松赛事之一。

我们组建了一个小分队，队友举着一面"花开雅典"的旗子，就这样带着美好心情步入赛道。雅典市民对马拉松的热爱和敬重令人感动，也许在他们心中这更是一个节日，很多市民都站在路边，为每个参赛者加油、点赞、鼓掌；很多志愿者沿途服务，欢呼声、加油声、激昂的音乐，伴随着脚步，也伴随着痛与坚持。

人群中有一位80岁的参赛者，他说自己是第四次来参加雅典马拉松了，希望自己明年还可以再来。

我虽然做了相应的准备，但是也绝没有想到艰辛程度如此之大，上坡之多甚至让人绝望，我也没有想到接近32千米处，才开始下坡。还记得到30千米处时自己崩溃的心情以及崩溃的体力，如果没有陈刚和陈宁的鼓励与陪伴，我自己一定无法完成马拉松赛事。一场传达胜利信息的赛跑，转变为一个人战胜自己的赛跑，或许这也是更多人参与马拉松赛事的缘由吧！

我又一次站在这座呈马蹄铁形状的体育场，此时没有旗门前的旌旗招展，没有抵达终点的鼓点声和欢呼声，更没有涌动的人群。偌大的体育场，空无一人，在白色的光照之下，大理石铺砌的座席更显得肃静。

这座始建于公元前 331 年的体育场，以其巨大的空间，包容着一代又一代人的自我超越。

伙伴们把我从回忆中唤回，一起去看雅典国家公园。这里起初是皇家公园，现在改成国立城市公园，对所有市民开放。它位于雅典城市中央，是市中心的一片占地面积非常大的绿地。导游特别介绍了花园中的一座黄色的宫殿——扎皮翁宫，名称取自其赞助人——希腊富豪、慈善家埃万杰洛斯·扎帕斯和他的堂弟康斯坦丁诺·扎帕斯。在这座雄伟的建筑门前，两位赞助人的雕像分立在左右。

这座宫殿的名字听上去似乎很陌生，但它的主人为现代奥运会的创建立下了汗马功劳。扎帕斯热衷于希腊的复兴，希望能恢复早在公元前 776 年古希腊青年就已开始举行的奥林匹克运动会，终于在 1859 年达成了心愿：在雅典市的中心广场上举办了扎帕斯奥林匹克运动会，并设立了奥林匹克信托基金。

埃万杰洛斯·扎帕斯去世时留下了巨额财富，他在遗嘱中指定将其用于兴建雅典的体育设施，包括恢复泛雅典体育场，以举办未来的奥林匹克运动会，也包括恢复以他的名字命名的扎皮翁宫。

恢复奥林匹克运动会，也是为恢复人类和平所做的努力。早在公元前 1000 年，凡持圣火的火炬手抵达的城邦必须休战，参加运动会竞技比赛。火炬手会一边跑一边喊："停止一切战争，参加运动会！"

生长最美：做法

火炬到哪里，哪里的战火就熄灭，即使是正在激烈厮杀的城邦，人们也都纷纷放下武器，"神圣休战"。火炬所到之处便恢复了和平的生活，人们忘记仇恨，忘记战争，都奔向奥林匹亚参加奥林匹克运动会。因此奥运会和火炬象征了和平、光明、团结与友谊。

深刻理解奥林匹克这一精神的还有一个人，他就是现代奥运会的创始人顾拜旦。他认为应该尽快地延续古代奥林匹克精神，把现代奥林匹克运动会创办起来，用"团结、友好、和平"的精神来指导比赛，他认为"体育就是和平"。在他的不懈努力和创造性地推动下，终于在1894年6月成立了国际奥林匹克委员会，并于1896年在雅典召开了第一届奥林匹克运动会。

导游特别介绍说，在扎皮翁宫内庭的一面墙上还埋藏着顾拜旦的心，因错过了宫殿的开放时间，我们只能隔着门柱望向内墙，的确看到墙面有一个凸出的、被特别镶嵌的部分，导游说就是那里了。

导游的说法无从检验，而顾拜旦本人的确生前立下遗愿：死后遗体安葬在瑞士洛桑，而心脏则安葬在古希腊奥林匹克的发源地——奥林匹亚。他希望即使自己长眠于地下，其心脏仍能与奥林匹克运动的脉搏一起跳动。忽然间，我竟然相信导游说的是真的，顾拜旦的一部分，一定是留位，行注目礼。

如何与自己共处？

> 全新世界下的浮躁、不确定与惶恐。颠覆、迭代无法形成沉淀与内化，人们可以很好地理解技术，相反却无法理解"自己"。

这是一个忙碌的世界，纷繁的事务占满了我们所有的时间，即使有一点点被称之为"碎片化"的时间，也会被便捷的资讯、短视频平台内容占据，甚至稍微空闲下来的感觉都会让一些人感觉到"浪费"。

我在想，这样"过度充实"的生活，真的是因为忙碌，还是因为我们想逃避，而不愿意面对自己。

最近几年，很多人开始热衷禅修、辟谷，也许人们开始想与自己对话，想给自己一段安静的时间，想理解"空"，从而让自己可以从容面对浮躁的世事，我非常乐见这种现象的出现。

但是我更知道，如果真正想与自己对话，是随时随处可以达成的，这就是对自己与外在世界的一个最根本的"理解"：理解外界，理解变化，理解自己。

因为工作的缘故，我有很多机会与企业界的朋友在一起，有更多的机会与工商管理课程的学生们在一起。开心的是，从事管理工作的

生长最美：做法

朋友们对变化与机会的理解极为敏锐，而且有着极强的学习能力和创新能力。每每看到他们取得的成就以及创造的价值，内心都充满着喜悦，知道他们可以与环境相处得很好，可以因变化而获得新的发展，正是这份"理解"的能力，巨变的环境成为获得新机会的浩大源泉。

观察与见证这一切的发生，可以感知到他们与环境之间的相互依存、相互介入，这正是"理解"的本意，理解就是意味着"对宇宙万事万物之间相互依存、互即互入的本性有足够清醒的认识"。所以，因应互联网技术的出现，人们可以更多地创造出前所未有的新体验，甚至更多的年轻人创造出来的价值令人眼花缭乱、应接不暇，他们似乎天生就是"数字化时代的原住民"。

同样的观察，也让我有了另外一种感受，那就是：全新世界下的浮躁、不确定与惶恐。颠覆、迭代无法形成沉淀与内化，人们可以很好地理解技术，相反却无法理解"自己"。

◆ 在一个打破边界的时代，"心界"如何打破？
◆ 在一个重新定义一切的时代，如何重新定义"自己"？
◆ 在一个与变化共处的时代，如何与"自己"共处？

这三个问题时时浮现在我的脑海里，也期待找到答案，而获得答案的唯一途径就是：我们需要清晰地理解"自己"。

但是，问题是我们真的"理解"自己吗？就如我们理解宇宙万物万事那样，与宇宙相互依存、互即互入。我们也要能够与"自己"相互依存，做不到这一点，这三个问题的答案就无从寻找。

有一句话说：社会上的种种痛苦与烦恼，根源在于人类缺乏真正的理解和慈悲。我想，也许一个人的痛苦和烦恼，其根源在于缺乏对自己真正的理解和慈悲。我们几乎用尽时间去理解外在的一切，去感知外在的变化，去获取外在的评价，去与外在相处并获得世人认可的"成功"。但是，我们独独忘记了，没有内在的身心合一性，就无法拥有从心灵深处升起的真正喜悦。缺少这份喜悦，也无法获得真正的成功，从而获得恒久的快乐与幸福。

记得去不丹，看到仁波切自然而然地把落在杯子上的苍蝇小心呵护着，用双手送它飞走，然后拿起杯子喝水。那一刻觉得很美、很温暖，内心的柔美升腾了起来，一瞬间我忽然明白什么是"慈悲"，明白一切都在于自己如何理解与判断，本就该无分别心。

其实，这也是我喜欢参加戈壁挑战赛的原因。走在戈壁之上，可以展开一段"理解与慈悲"的历程，因为这路是玄奘之路，是玄奘的"理解与慈悲"之路。你只要走上赛道，与自我的对话也会随之开启，你会与大漠、酷暑、风暴相遇；与疲惫、痛苦、孤独相处；与妥协、放弃、极限挑战相伴。这一路，正可以观照自己，一步一步走过去，就可以让自己理解自己内在的一切，从而把这一切转化为清净的慈悲力量，你也因此发现，"你的能量超乎你的想象"。这路，就是你自己与生命相约，你的每一步都是典礼，你本身就是传奇。

为什么你做的决策无法执行到位

决策是要解决问题而不是简单做出选择。

▶ 01 决策的目的是为了执行

首先我们要明确的一点是,决策是为了能够执行,而不是追求正确性,或者说,决策正确性指的不是决策本身,而是决策得到执行的结果。

我们在判断一家企业的决策是否正确时,其实并不是看这个决策本身,而是看这个决策是否能够最后获得执行并取得决策的效果。

其实对决策来说,主要是看决策者做出决策时,能不能让决策执行到位,而且是否可以坚持到获得决策结果。

所以常常有人说,经理人到最后其实是意志力的比拼,并不是对错的比拼。就是谁能挺到最后,谁能活到最后,谁就是对的。

今天我来讲解决策,重点是在于:做出决策之后,能不能确保决策获得真正执行。

▶ 02 我们在决策中常常犯一个错误

我们来看下图：

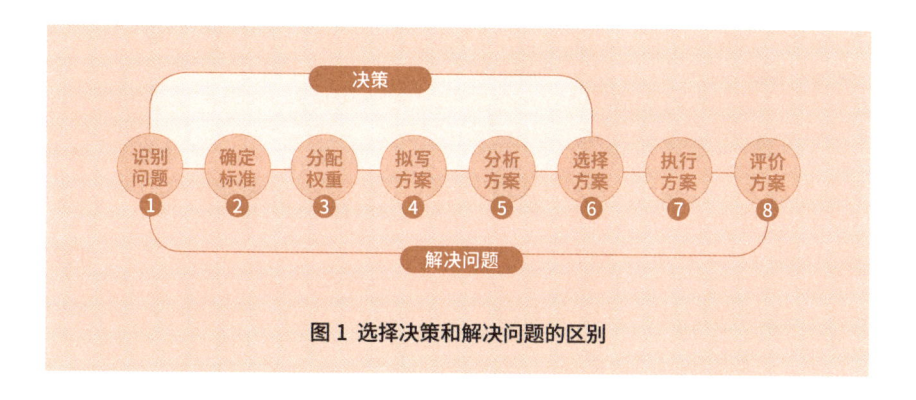

图 1 选择决策和解决问题的区别

从步骤 1"识别问题"开始，到步骤 6"选择方案"，这个过程是决策过程。决策本身就是选择（步骤 6）。但是如果我们把决策落地执行的话，就要解决问题，而不是做出选择。

也就是说，决策是要解决问题而不是简单做出选择。如果简单做出选择，只是完成了决策的过程，而决策本身是要解决问题的，**只有把问题解决了，决策才会获得结果并被检验。**

这张图想要表达的是什么呢？如果要获得决策结果，必须保证执行决策的人从步骤 1 就开始参与决策，也许他们没有决策的选择权，但是必须在决策的全过程中。只有这样，决策才会获得落实，也才会获得结果。

也就是说，如果我们确保决策是可以执行到位的，那么执行决策的人从步骤 1"识别问题"开始就要参与。我们绝大部分犯错误的地方，就是做出决策选择的是一组人，执行决策的是另外一组人，因此决策就无法获得实施。

▶ 03 英特尔退出 DRAM 事业：执行者的参与，保证决策得以成功

我们来看看英特尔公司的例子。

1984 年，外部环境的变化以及英特尔公司内部遭遇的种种挫折使得 DRAM 这一产品面临着巨大的危机，英特尔公司发现它们很难对外部环境的变化做出有效的回应。

1984 年 11 月，英特尔公司的管理层清楚地预见到，公司应该依靠生产微处理器来实现其未来的发展，因此决定放弃 DRAM 这一产品。

对英特尔公司来说，做出这一决定是非常艰难的，因为 DRAM 是公司十五年前发明的具有绝对竞争力的产品。即便是在 1984 年，这个产品依然是公司的技术驱动器。但是，当公司发现该产品将无法应对市场变化时，毅然决然放弃，并将这一市场让给为数不多的日本企业和美国的竞争者。

在接下来的 10 个月的时间里，大量的中层经理人员参与制订并实施退市的决定引发了一系列决策，包括保持客户对公司信任的同时，重新部署公司资源（包括技术、工艺和制造能力）。

在英特尔公司的内部分析会上，安迪·格鲁夫将 DRAM 描述成英特尔公司的一个完全成功的产品，他认为 DRAM 业务支撑了英特尔公司十多年，为公司开发了很多资源，必要时可以在英特尔公司内

重新进行资源配置。

更重要的是，DRAM 是英特尔公司在正确的时间选择的退出产品。正是这个选择，让英特尔公司明确了和变化市场的关系，也学会了如何创新地整合外部资源。

英特尔公司的例子说明，决策需要执行的人全员参与，这样决策才会获得成功。

杰克·韦尔奇在带领 GE 高速成长时，很大一部分的增长是通过购并方式获得的，GE 也是购并成功率最高的企业之一，而其成功的关键因素是：找到实施购并的经理人，并让这个经理人从了解情况开始就参与购并的全过程。

PART 4

重视方法

如果不肯花费专门的时间去做重要的事情,就不会得到重大的价值。当确定在某个时间需要做某件事情时,马上去做,结果就会很好。

生 长 最 美：做 法

实现成长的四大战略

我们做战略就是滑向球要去的地方，而不是球已经在的地方。

▶ 01 成长战略之一：打破惯例

我一直很喜欢成长战略，也就是公司级别的战略。为什么成长战略能让企业很快离开竞争？因为它的逻辑是跑得最快的企业通常会打破惯例。行业惯例通常发生在行业将操作规范或约束条件强加在顾客身上时，如飞机航班上必定提供餐点（此项成本已计入票价）。实际上现在互联网、新兴企业所谓颠覆的概念就是打破惯例，比较常用的说法叫从顾客痛点出发，只要从顾客痛点出发往往都能有很好的成长性。

一般来说，打破惯例的机会出现在以下几个方面，企业可以持续关注：

◆ 按照消费者购物的方式购物。

◆ 关注消费者实际使用产品和服务的方式。

◆ 找出顾客潜在的不满。

- ◆ 寻找不同寻常的分母。
- ◆ 密切关注异常情况。
- ◆ 寻找行业价值链上的不经济点。
- ◆ 寻找打破行业内惯例的相似方法。

▶ 02 成长战略之二：价值创新

关于战略首先和大家分享一张重要的PPT内容（见图1）：

战略的五个维度	传统战略逻辑	价值创新战略逻辑
产业假设	产业条件已经给定	产业条件可以改变
战略重点	一个公司应该培养竞争优势，其目标是在竞争中获胜	竞争不是基准。一个公司应该在价值上追求领先于主导市场的发展
顾客	一个公司应该通过进一步的市场分割和营销手段来保持和扩大其顾客群。它应该关注顾客评价的差异	一个价值创新者的目标是赢得大多数顾客，并愿意为此放弃一些原有的顾客。它注重顾客评价的基本共同点
资产与能力	一个公司应该调节其现有的资产和负债	一个公司一定不能受其过去的约束。它必须问自己，如果要开始创新应该怎么办
提供的产品与服务	产业的传统界限决定了一个公司提供的产品和服务。公司的目标是使其提供的产品和服务的价值最大化	一个价值创新者根据顾客的要求来考虑其提供的产品服务。即使这样做可能会使公司超越其产业的传统界限

图 1 两种战略冷逻辑

思考战略时最重要的维度是什么？一般思考战略时要讨论五个维度。

1. 产业假设，就是行业的游戏规则，只要是讨论战略问题都是要回到行业游戏规则。

2. 战略重点，就是你选什么。

3. 顾客，所有的运营都是要回到顾客。

4. 资产与能力，即内部的资源和能力。

5. 提供的产品与服务。

战略基本上就是这五个维度，在传统的战略逻辑中游戏规则不可改，所以产业条件是给定的。比如做零售就要开店，做汽车发动机就要优质，做餐饮菜品就要好，做广告传播就应该有创意，这是传统逻辑。

在传统的战略逻辑里，游戏规则不能改，即产业条件是确定的。

产业条件定了之后就应该培养竞争优势，我们称之为相对优势。这里关键就是关注顾客的需求，特别是关注顾客需求的差异，这会让所有的资源和能力都配上去，企业对这个差异的判断和选择最后得到一个东西，就是让企业的产品和服务价值最大化，这是传统战略逻辑。

价值创新的战略逻辑告诉我们游戏规则可以改变。竞争不是基准，只做重新的价值定位，选择就会改变。所以它对顾客的理解也变了，它更关心顾客共同的需求。资源和能力也都不受约束，最后要求价值创新者能够满足顾客的需求。

这个战略方法论对我的帮助很大，我在不同的地方试了之后发现是可用的，在实际中运行得非常好。

生长最美：做法

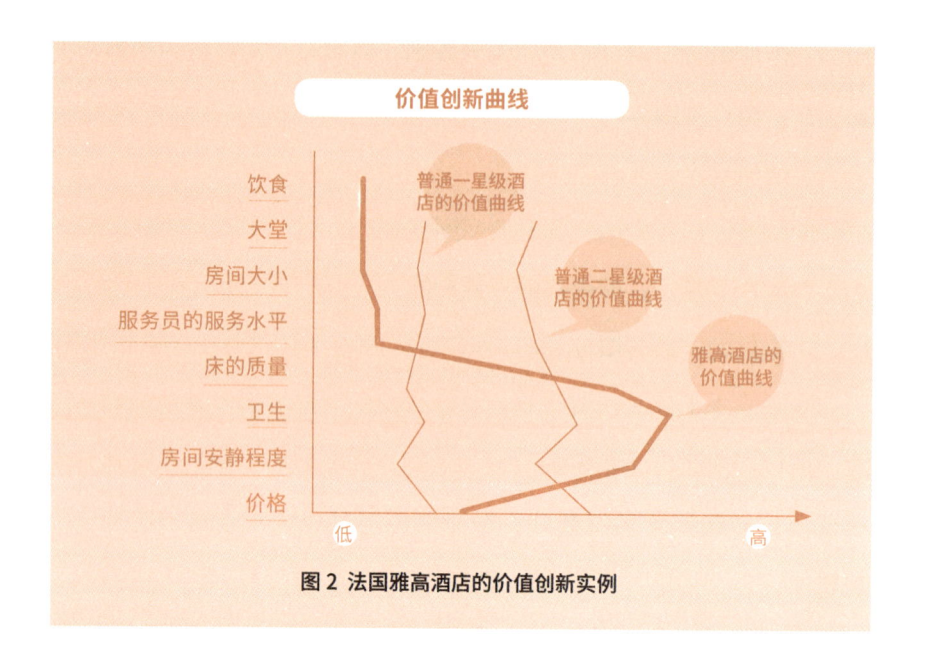

价值创新曲线

饮食
大堂
房间大小
服务员的服务水平
床的质量
卫生
房间安静程度
价格

低　　　　　　　　　　　高

普通一星级酒店的价值曲线
普通二星级酒店的价值曲线
雅高酒店的价值曲线

图2 法国雅高酒店的价值创新实例

我特别喜欢这张战略创新的图（图2），如果你看懂了，也就明白了战略创新。在图中，纵向是产业游戏规则，横向是附加价值的高低。雅高酒店已经进入中国，主要是五星级酒店。

酒店的产业游戏规则就是酒店必须考虑以下的要素：饮食、大堂、房间大小、服务员的服务水平、床的质量、卫生、房间安静程度和价格，这是酒店的游戏规则。一星级酒店没有饮食，大堂很小，房间很小，没有提供客房服务，给了一般的床、一般的卫生、一般的安静程度，最后价格很低。二星酒店设备一般，有饮食与客房服务，还有一些商品售卖、理发、快递收发等服务，收费低廉、经济实惠。星级越高，各项要素越好。不同星级的酒店就去找对应的顾客，然后让顾客群变得越大越好，这是传统的逻辑。

但雅高酒店没有这样做，它决定改变游戏规则。不会花太多钱住酒店的客人最想要的东西是什么？这不就是顾客的最基本需求吗？它发现花不了太多钱的人住酒店最想要的是床、卫生和安静程度，因为顾客就是来睡觉的。

所以它的方法是把所有的资源集中在给顾客一个接近三星级酒店的床，一个接近四星级酒店的卫生，一个超过三星级酒店的安静程度，但是给了顾客一个只超过一星级酒店一点的价格，这就是它的方法。其他都没有，没有饮食，大堂几乎没有，房间非常小，不提供客房服务，所有这些节省的资源都投到床的质量、卫生和房间安静程度上去，最后给出一个只超过一星级酒店一点的价格，所以顾客特别喜欢它。

它如何解决餐饮问题？它把酒店开在麦当劳旁边，旅客出去就可以吃饭。正因为它创造了新的经济型酒店的商业模式，当时整个法国经济型连锁酒店市场都被雅高一家公司占领。

如果它来中国，中国很多传统的三星级以下的酒店都没有机会，还好它没先来，如家、7天连锁用这个方式占领了这个市场。这就是战略上的价值创新曲线。纵向是产业游戏规则，横向是附加价值的高低，你也可以尝试画出自己公司的价值创新曲线图。

我做过很多企业的战略创新，都用这个方法来画图，我和他们一起讨论把行业的游戏要素写完，然后讨论顾客最需要的价值到底是什么？这里的核心点就在于找到顾客共同需求的价值，给顾客最高的附加价值，它不满足顾客的差异，要满足共同的需求，然后把它给到最高就可以了。

这就是成长战略的第二个战略，叫价值创新。

生长最美：做法

▶ 03 成长战略之三：并购

第三个战略是并购，公司要有一个大的成长时就要用到并购，企业用自己的钱还是用别人的钱去做并购，由企业自己决定。在今天企业是可以同步成长的。

举个例子：我认识一位连续创业者，他在第二次创业时，一次性让二十几家公司交给他，他承诺回报、承诺运行、承诺市场的增长，大家也相信他。他就直接进入地区前两名，在全国也进入前三十名了。他做的不是用钱并购，而是用他管理的能力来做并购。

并购有三种方式：钱、品牌和运行能力。大家通常谈并购是从钱的角度，但另外两个东西也可以做。

这个方法就是运行能力，资本、品牌、运行能力都是战略资源。

▶ 04 成长战略之四：共享价值链——价值网络（聚合成长）

第四个是价值网络（生态网络），这也是今天用得最多的。这里要注意三件事情：

1. 做任何价值概念时一定注意要有利润，这是核心。如果不能用利润来设计是没办法建价值网的，价值网是由利润来设计的。

2. 增值服务在今天是一个很好的机会。

3. 商业平台的开放成长。

这是我们讲的三种竞争模式。

第一种是 4p 理论，叫公司导向。分别是产品（product）、价格（price）、渠道（place）和促销（promotion）。

第二种是 4c 理论，叫顾客导向。分别是顾客（consumer）、成本（cost）、便利（convenience）和沟通（communication）。

第三种是 4r 理论，叫利益导向。分别是关联（relevancy）、反应（reaction）、关系（relationship）和回报（reward）。

图 3 竞争性平台的差异决定我们战略的行动

在战略和经营上做的最根本的东西是附加价值的产生，不是成本和利润的关系。拿价格和成本获取利润是内部的运行，而不是战略。

在战略上，定价与顾客认知、消费者剩余有关，与成本无关。

真正学过战略的人就会知道房地产价格不会大幅下跌，特别是中心城市。因为在中心城市里，顾客对房子的认知已经很有共识了，这是一个。另一个是大家有余钱的话第一件想做的事可能就是买房子。

在做战略时，要把整个公司的平台上升到利益导向，即价值导向，不要停在公司导向和市场导向上，要想办法获得顾客对价值的认知和消费者剩余价值的认同，不要把企业退回到最基本的成本与价格关系中，否则就无法形成价值网。

很多企业做生态网络和价值网络没有做好或做不到，一定是价值和利益分配的设计出了问题，一定要留足利润空间，才可以谈价值网络。

现在独立成长的公司已经没有了，只要企业在行业里，要么在别人的价值网里，要么自己建价值网。企业一定是要在这样一种广泛的互动、服务和协作的模式中发展。

▶ 05 成为战略领袖

战略领袖必须具备如下能力：

1. 预测、想象、维持弹性和对其他人放权进行战略变革的能力。
2. 与其他人在多种功能下工作。
3. 考虑整个企业的大局而不是个别下属单位；需要管理概念的框架作为行动参考。
4. 最重要的是让不同的产业成员与你合作。

今天腾讯、阿里巴巴比较厉害的地方就在于，在不同产业领域都有人跟它们合作，现在大家几乎都认为如果能和腾讯、阿里巴巴合作，就会有更多机会，它们现在把自己变成了合作平台。

这实际上就是战略领袖的概念，与其他人在多种功能下能工作，这是它的特点。

06 做战略就是滑向球要去的地方，而不是球已经在的地方

战略的核心是回答如何思考增长。从经营上来讲机会不一定很多，但从战略的逻辑上来讲机会是无限多的。因为战略一直在回答增长的问题，增长又是一个不断淘汰的过程。

按照这样的逻辑，一定要设计产业价值，不要困在企业里面，要不断走出企业，回到产业价值，不断与别人合作，这是价值创新的基本逻辑。

在技术创新程度比较低、价值创造复杂程度也比较低时，做产品价值就好。如果技术程度变高，价值创造程度也变高，就必须做产业链。

因为今天技术变化的复杂程度和价值创造的复杂程度都很高，所以必须在一个平台的概念下做，要么在别人的价值网里，要么自己建价值网，反正不能独立发展，因为两个维度的复杂程度都非常高。

行业竞争要素和增长逻辑都变了，这是今天战略中遇到的比较大的挑战。从行业的本质竞争要素看，工业时代、互联 1.0 时代和互联 2.0 时代的要素是不一样的。增长逻辑也从工业时代的线性增长变成了现在的非线性增长。所谓非线性增长，就是增长主要来源于创新和变化，所以今天的战略机会比以前要多。

每一个时代价值的创新不同，但有一点不变，就是顾客价值。

有一句话我最喜欢，非常适合所有做战略的从业者，这句话来自美国著名冰球运动员克瑞斯汀。只要有他的比赛所有的年票都会提前

卖光，很多美国人都愿意去看他的比赛，因为他的比赛一定会赢，而且他的动作非常优美。冰球是一个力量、速度和美相结合的运动，他都做到了。别人问他为什么每场比赛都能赢，还从来不受伤，并且比赛还非常优美，他只回答了一句话："我滑向球要去的地方，而不是球已经在的地方。"

这就是战略，战略是朝着趋势的方向走。

我们做战略一定要知道行业的趋势、变化的趋势和企业未来发展的趋势。如果不能判断趋势，就没办法做战略。朝着趋势发展的方向先走过去，那个机会就是你的。

最后把这句话送给大家：我们做战略就是滑向球要去的地方，而不是球已经在的地方。

学会有效的沟通

> 无论你是谁，也无论做什么，你在对待每一个人时，都要展示良好的一面，好好地对待每一个人，并在别人需要帮助时帮他一把。

人际沟通的核心就是强调以和谐为最高原则来处理各种人际关系。无论是组织还是个人，都有和谐的人际关系的需求。

忽视人际关系的重要性，甚至将各种关系置之度外，都可能成为管理工作和人生发展的巨大障碍。

人际关系其实是每个人一生中重要的课题之一，良好的人际关系是成功的必要条件。

▶ 01 沟通的行为准则

沟通的行为准则最为重要的功能是减少可能导致关系破裂的消极因素，旨在维持关系的过程中达到个人的目标。

社会交换理论的创始者乔治·霍曼斯认为，人与人之间的交往基本上是一种利益交换的过程。

虽然这种理论有"斤斤计较"的嫌疑，但是不可否认它有一定的合理性，而协调这种利益关系的方法就是沟通的基本行为原则：互惠互利。

当然，不应该将这个原则仅仅看成是物质的等价交易，高尚的道德观和人情、友谊同样是交往中重要的交换砝码。

人际沟通的"互惠互利"原则有三个特点：

首先，这种互酬常常是不同步的，不能要求你在物质上帮了我，我就马上给予酬谢，而常常是铭记情义，在适当时给予答谢。

其次，这种互酬常常是不等量的，你给我几分好处，我也不能马上就还你几分好处。

最后，交往中不仅仅存在作为一般等价物的货币形式，现实生活中其他的报偿形式也同样存在。

实际上，人们会根据不同的对象用不同的报偿形式。按照一般的规律，人们总是希望在精神上得到朋友的支持和鼓励，而把需要在生活环境与工作环境得到实际帮助的愿望寄托在邻居关系与同事关系上。

对于同事、邻居、职业与服务等非亲密关系，其报偿行为可以表现在以下几方面：

◆ 在对方需要时，主动提供帮助。

◆ 在对方患病时，帮助照看病人和孩子。

◆ 即使对方不在场，也应考虑到他的利益。

◆ 提供感情上和精神上的帮助。

◆ 提供建议、鼓励和指导，也愿意听取对方的意见。

- 对对方的友好与帮助应回以报酬行为。
- 必要时为对方的利益而努力。
- 关心、重视对方的个人问题。

至于婚姻、家庭、朋友等亲密关系，其报偿行为表现在以下几方面：

- 对对方的活动表现出关心和兴趣。
- 为对方的成功感到高兴。
- 信任。
- 注意节日和特殊日子的问候。
- 在相互接触中力图使对方愉快。
- 邀请对方参加家庭聚会和其他亲密的活动。
- 力图使对方让别人喜欢。
- 向对方表露自己爱慕的情感。
- 与对方交流隐没在心灵深处的思想。

除了互惠互利，人际交往还应遵守：诚信原则、相容原则、发展原则。

1. 诚信原则主要有两层含义：一是沟通中要讲真话，不说假话，做到"言必信"；二是遵守诺言，说到做到。行失于言将有损形象，要尽量避免。

2. 相容原则就是交往者要有一颗包容的心。要有一颗爱心，有一颗尊重别人的心。爱人者必被人所爱，人与人之间就会产生一种"亲和力"。有了爱心，就有了理解。爱心越大，就越具有忍耐性和宽容性。

3. 发展原则就是沟通双方要意识到世界在变动发展之中。

因此在人际沟通的过程中，切不可以不变的观点看待对方，对人的思想、行为的变化都应持客观、公正的态度。

同学时期建立起的关系，可以看作亲人或者朋友的关系，因为在这个时期没有利益冲突，有足够的时间和空间来交流，如果大家珍惜这段时间，保持有效的沟通，一定可以获得稳固的人际关系基础。

▶ 02 沟通的策略和技巧

每个人感情的交流都是通过沟通才能达到的，通过了解别人，让别人了解你，你就会知道每个人的爱好、特点、习惯，这样你就很容易和他们相处。

以下是人际沟通的一些策略。

1. 加强自身修养

要做好人际沟通，首先要不断地检视自我，加强自身的修养。这包括以下四个方面：

- ◆ 要有责任心和上进心。
- ◆ 要以平常心对待利益关系。
- ◆ 学会换位思考。
- ◆ 要学会尊重别人。

2. 注意沟通的方式

态度要诚恳，要积极主动地与人沟通。

诚信是人际沟通的重要原则，它是基础，也是关键。此外应积极主动地与人沟通。在与别人谈话时，不能一个劲儿地谈"我如何如何"，这只会使对方反感和厌烦。最明智的做法就是提一些对方感兴趣的问题，多让对方谈谈自己。

总而言之，要营造一种积极的气氛，让人感觉沟通是必要的、迫切的、友好的。

3. 真诚地赞美别人

恰到好处的赞扬是一种赢得人心的有效方法，它可以提高别人的自尊，从而获得别人善意的协助。

很多成功人士都是使用这一策略的高手。美国总统罗斯福便是一例。他有一种本领，对任何人都能使用恰当的称誉。

人不分男女，无论贵贱，都喜欢合其心意的赞美。学会使用赞美，是一种博得好意与维系好意的最有效的方法。所有人都有优点，如果你能够发现这些优点并加以赞美，有时会起到金石为开的效果。

4. 有效的倾听

有效的倾听是建立和谐人际关系的关键之一。人都需要被倾听，无论是出于对自己的情感考虑还是为了达成人与人之间的理解。相互理解才能建立信任的关系，而要理解对方意图必须要认真地倾听。

5. 重视每一个人

我们在众多人的谈话中，常常只会跟自己谈得来的人说话，而有少数人却搭不上几句话，被无情地冷落。这种冷落别人的举动是极不明智的做法，如同宴会上赶走客人一样荒唐和不礼貌。

假如被你冷落的恰巧是以后对你事业前途起关键作用的人，那么你就可能要为你现在的举动付出代价。因此，在谈话时，千万不要冷落了任何人，留心每一个人的面部表情及他们对你谈话的反应，让每个人都有被重视和尊重的感觉，无论他的言谈举止是多么令人生厌。

6. 注意拒绝的艺术

拒绝别人或被人拒绝，在日常生活中已经成为家常便饭了。但有些人不知道该如何拒绝别人，因而结下许多怨，原本是比较要好的朋友，却从此不相往来。

那么到底该怎么拒绝才能不伤和气？

对于拒绝别人者来说，首先应该注意拒绝的语言艺术，拒绝别人必然会给对方的心理上造成不快和失望，语言的艺术就是把这种给别人造成的失望和不快控制到最小。

除了注意语言的艺术之外，另外一件十分关键的事情就是要注意善后，跟被拒绝者重建意见交流的管道，这一点必须要立刻着手进行。我们若站在一个被拒绝者的立场上，想想自己受到"拒绝"后的滋味，就应该在拒绝别人之后为对方做点什么。

比较理想的办法是打电话、写信或者找个时间登门拜访一下，以诚挚的态度来弥补前期交涉的不快经验。如果双方在分别时仍然保持良好的关系，彼此期待将来尚有相会握手的机会时，那么，这次成功的拒绝就算是为将来的事业播下了一颗种子。

7. 注意批评的方式

学术上的进步，大多都依靠批评，"批评"二字，在学术研究上是极有价值的。可是，在人际沟通的过程中，批评就容易引起人家的不满，甚至闯出乱子。所以我们必须用一种方法，明明是说着不易入耳的话，但是听者却可以甘心地领受。

批评他人最关键的是：

第一，让对方认识到自己的错误。

第二，尽量不要伤害对方的自尊。

如果要将这两点付诸实践，就要在批评别人时采取一定的策略。比较委婉的批评方式有：先甜后苦、旁敲侧击和鼓励。

批评别人要讲究方法，而面对批评也应该泰然处之。不管批评是多么刺耳，最好能够保持冷静并做出乐意倾听的样子，不管你是否赞同，都要听完后再做分辨。听到批评就激动起来或和对方争执起来，其结果可能是灾难性的。

▶ 03 主动关心别人

1. 助人者助己

有一个小男孩，他出于一时的气愤对他的母亲喊道他恨她。然后，也许是害怕受到惩罚，他就跑出房屋，走到山边，并对山谷喊道："我恨你、我恨你！"

接着，从山谷传来回音："我恨你、我恨你！"

小男孩有点吃惊，他跑回屋去对他母亲说："山谷里有个卑鄙的家伙说他恨我。"

他母亲把他带回山边，并要他喊"我爱你、我爱你"。这个小男孩照他母亲的话做了，而这次他却发现，有一个小孩在山谷里说："我爱你、我爱你。"

生命就像山谷里的回音，你送出去什么，你就得到什么。

因此无论你是谁，也无论做什么，你在对待每一个人时，都要展示良好的一面，好好地对待每一个人，并在别人需要帮助时帮他一把。

你帮助的人越多，你以后得到的帮助也就越多。因为曾经得到过你帮助的人，说不定就是你危难中的救星。

2. 主动发现别人的需求

我们能够主动发现他人的需求并想办法满足它，这便是得人善待的秘诀。当然，人与人的个性、背景各不相同，需求也必然不一样，但是有些需求却具有普遍性，很容易被发现。对大多数人来说，这些需求包括欣赏、理解、指导和进步，等等。

3. 关心别人从小事做起

有时做一些不起眼的小事，也能够体现你对别人的关心，帮你赢得人心。

◆ 记住对方说过的话，然后向对方表示："您曾经说过……接受您的建议……"

◆ 记住对方的兴趣、爱好。

◆ 分别后，打个电话询问一下是否安全到家。

◆ 指出对方在服饰上的变化：你的发型变了、这条领带配你的西装还不错。

◆ 记住对方特别的日子，并送些小礼物、写张贺卡、打个电话表示问候。

◆ 每个人都希望被人关心，并且对关心他的人自然地产生好感。有时不起眼的小事，做出来却能让对方高兴，使你得到意想不到的效果。

和谐的人际关系是一个人成功的必要条件。有效的沟通是构建和谐人际关系的关键。在沟通过程中我们要注重自身的修养，同时要注意采取适当的沟通方式以及学会关心别人，尽量化解冲突。

▶ 04 沟通的小故事

1. 盲人打灯笼的故事

从前，有一个盲人，每到傍晚，都要出门散步。散步的时候，他都要提一盏灯。

刚开始，遇见他的人都很疑惑，好奇地问他，既然看不见，何必还要提一盏灯。

盲人说，他提一盏灯，一方面可以提醒路人不要撞到他，另一方面也可以给路人照亮路。

这个故事告诉我们：沟通不仅仅让彼此了解理解彼此，更要设身处地，为别人思考。

2. 修禅的故事

甲乙两人跟师父修禅，两个人都很刻苦，但是两个人都觉得很辛苦，因为这两个人有烟瘾。

由于师父很严格，所以两个人一直熬着，终于有一天两个人都熬不住了，就约定分别向师父请求准许吸烟。

甲先去向师父申请吸烟，结果被师父棒打了一顿，乙后去向师父申请吸烟，结果师父批准了。

甲觉得奇怪，为什么师父会偏向乙？乙就问甲："你是怎样问师父的？"

甲说："我问师父，修禅时是否可以吸烟？"

乙说："你这样问师父当然要打你了。我问师父：'吸烟时，是否可以修禅？'师父说：'当然可以！'"

这就是沟通的奥妙，沟通时，一定不要以自己的目的为目的，一定要以对方的目的为目的，这样才能达成你的目的。

3. 扫阳光的故事

有兄弟二人，年龄不过四五岁，由于卧室的窗户整天都密闭着，他们认为屋内太阴暗，看见外面灿烂的阳光，觉得十分羡慕。兄弟俩就商量说："我们可以一起把外面的阳光扫一点进来。"

于是，兄弟俩拿着扫帚和畚箕，到阳台上去扫阳光。等到他们把畚箕搬到房间里时，里面的阳光就没有了。这样来来回回扫了许多次，屋内还是一点阳光都没有。

正在厨房忙碌的妈妈看见他们奇怪的举动，问道："你们在做什么？"

他们回答说："房间太暗了，我们要扫点阳光进来。"

妈妈笑道："只要把窗户打开，阳光自然会进来，何必去扫呢？"

的确，只要我们自己敞开心扉，朋友自然就会进来。

上面这些小故事，都是我在读大学时看过的深受启发的故事，我把它们记录下来，呈现在这里与大家分享。

快速有效决策的五种方法

我们需要知道决策效果的评价标准是什么。评判一个决策的效果最关键的是决策方案的品质和成员的接受程度。

经常有很多人问我,怎样保证决策是正确的?我无法回答这个问题。如果我们的目的是寻求决策的正确性,我们其实已经偏离了决策的方向。

选择决策和解决问题的区别,是大部分决策最后没有落实的主要原因:选择决策和解决问题的区别,解决问题源于一个决策确定,并且坚决执行到位的过程。

因此,做出决策选择之前,要先确定谁来执行这个决策,之后才开始展开决策的过程。

相反,如果我们先把决策确定下来,再考虑谁去做合适,安排去执行决策的人就要花很多时间来理解和消化这个政策,更多的人也许会去评价这个决策而不是去执行。一旦实施得不理想,就开始更换执行人或者更换决策。这恰恰就是决策不到位的主要原因,其根本性的错误是把决策和解决问题区分开来,而决策本身就是要解决问题。

在决策中，最重要的是快速决策以保证效率。下面五种决策的方法都是我们日常管理中可以运用的方法，关键是要在什么场合下使用。

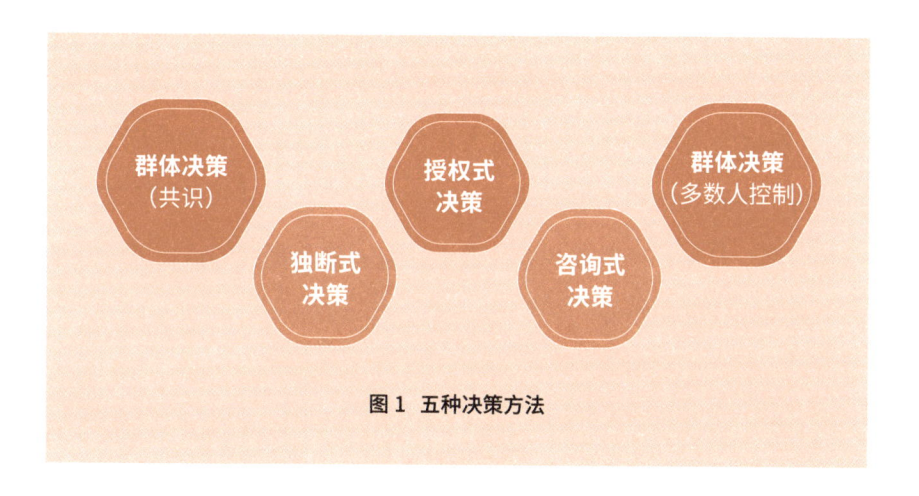

图1　五种决策方法

因此，我们需要知道决策效果的评价标准是什么。评判一个决策的效果最关键的是决策方案的品质和成员的接受程度。

◆ 决策方案的品质（合理性）：客观因素、盈亏性（以利润计算）。

◆ 成员接受与支持程度。

▶ 01　独断式决策

很多人以为独断的决策是错误的，因为个人会有很多局限性，这些局限性是有效决策的障碍，而且可能导致异议、反感以及缺乏承诺。

生长最美：做法

但是我们也要看到独断式决策的优点，也就是效率高、责任明确，在紧急时反应迅速。譬如企业创业的初期，可以个人做决策。因为这个时候，控制风险不是主要的任务，获得机会才是更重要的。

假设一家公司刚刚开发了一种新产品，希望借以提高公司的利润。因为公司其他产品的销售面临滑坡（虽然情势还未到很危急的阶段），所以公司对此产品寄予很大希望。项目已经完成预测的产品财务分析，负责人也很清楚公司的最新财务报表。当品质要求比成员接受程度高，且在一个需要快速决策而信息有完全把握的情况下，就可以考虑采用独断式决策。

图 2 独断式决策应用场景

拥有足够的资料　　众人期盼你决策
出现紧急情况　　他人不能决策

▶ 02 群体决策（共识）

群体决策（共识）需要得到领导人的支持，有利于产出高质量、创造性的决策，可以避免小组决策的缺点，同时也更花费时间和资源，不适用于紧急情况。譬如办公室的分配，大多数办公室大小一样，只有少部分形状奇特的大一些，大约一半的办公室朝南。假设每间办公室有相同的设备，办公室的设备并不严重影响生产力的高低。这类成员能接受程度比品质重要的情况，就可以采用群体共识式决策。

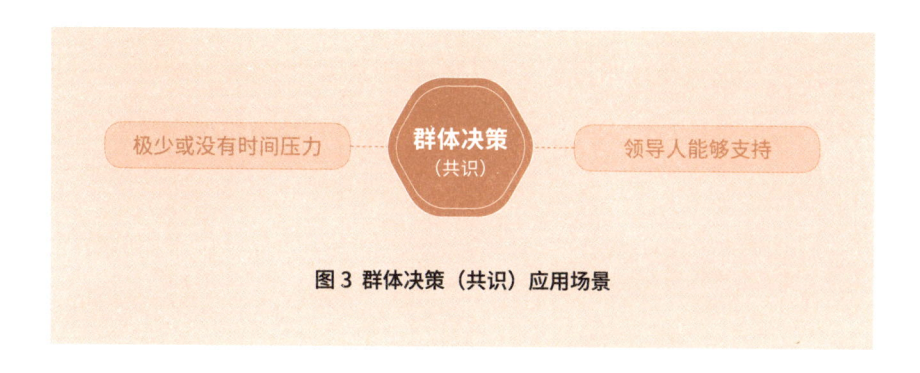

图 3 群体决策（共识）应用场景

案例思考：

一家公司决定为销售部门举办一个庆功会以示嘉奖，计划两个月后举行。为了给员工惊喜，这项活动必须保密。两家最好的酒店以差不多的价格争取，主办者应该以何种决策方式来决定？

分析：

如果品质和成员接受程度都不重要或相差不多时，决策就来自手头最方便的方法。

▶ 03 群体决策（多数人控制）

重大决策一定要理性决策，因为要控制风险，而理性决策的主要方式就是群体决策（多数人控制）。因为这是汇集集体的智慧，相互碰撞和选择迁就的结果。多数人控制的群体决策相对群体共识式决策效率较高，适合成员能够支持小组决策的情况下采用。

责任问题一直是管理的基本问题，群体决策的实现需要个人负责来保证。所以管理者要告诉每一位参与决策的人，我们能做什么样、我们行为的边界是什么以及相配套的奖惩制度，只有这样，人们才会真正尽自己的责任，才会有将工作做好的动力。

图 4 群体决策（多数人控制）应用场景

▶ 04 咨询式决策

咨询式决策比独断式决策耗时，但有利于建立关系、扩大资源的运用，是有效的辅导工具。

举个例子，一家专门负责进出口的公司，由于进出口业务的特性，有个很大的法律部。这个部门必须熟悉不同国家的法律，特别是关于贸易合同、关税等方面的。随着国际市场上国家保护主义的逐渐抬头，公司必须重新评估它的定位，特别是能否通过在不同国家建立仓储、供销，甚至设厂而得益。这种对决策品质和成员接受程度都有较高要求的情况，更适合采用咨询式决策。

图 5 咨询式决策应用场景

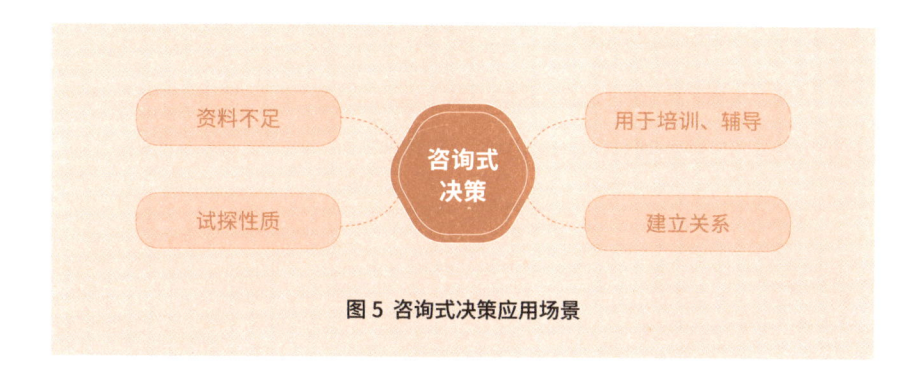

▶ 05 授权式决策

在管理中，授权已经成为人们的共识。因为**授权可以腾出时间做你要做的事情，可以让下属真正成长起来，能够充分发挥人们的积极性**。当然，很多人也经历了授权的痛苦，最常见的情况就是授权无法达成目标，甚至授权后出现失控的情况。其实问题的关键不在于下属是否成熟，而在于我们如何授权。

授权的关键是不对目标设定进行授权。管理者在这一点上常常犯错误，很多管理者把资源、人事以及工作方式的选择权看得很重，把目标设定的权力看得很轻，因为觉得目标需要下属根据实际情况来确定。但是这样授权时，目标就无法成为组织管理的目标，而是下属向组织寻求资源的理由。一旦形成这样的状态，管理就无法达成目标，很多人认为授权会出问题，其实问题就出在这里。

为了保证授权的有效性，我们需要注意五种情况：

1. 机构越大越要授权。
2. 任务和决策越重要越不能授权。

3. 任务越复杂越要授权。

4. 部属之间互相不信任不能授权，也就是大家彼此拆台、投机分子很多的地方不能授权。

5. 部属的责任心不够不能授权。

图 6 授权的前提

▶ 06 特别说明：群体决策不一定是最好的决策

对群体决策而言，常遇到的问题是：是否能够得到最好的决策？如果你是从这个目标出发来进行群体决策的话，就会有很大的偏差，因为群体决策一定不是最好的决策，它是一个折中的、考虑了多方面的选择，所以要求群体决策获得最佳的效果是不可能的，群体决策最大的功效是控制风险而非得出最佳决策。

我们在实践中需要关注影响群体决策的六个关键点：

1. 参与的人数不要太多。五至八个人最好，如果人数太多，很难形成一个有共识的决策。

2. 每一个参与的人必须全程投入、认真负责。有些人参与决策时，喜欢"马后炮"，当时没什么意见，但是等决策确定、执行出问题时，他开始讲话了，"你看我当时就没表态，觉得就是有问题"。这种人对决策是有伤害的，应该剔除掉。

3. 责任要分开。群体成员的背景一定要不一致，如年龄、专业等，更重要的是责任要分开。

4. 避免一些心态。例如不是真正响应，而是虚假的响应，"顺我者昌、逆我者亡"，压制意见，因人废言等。

5. 要让所有人充分表达意见。不批评、不评价、不打断，发挥自己的作用。**每一个人都要大声地表达，因为群体的答案永远都跟讲话声音特别大的人的认识靠近。**尽量说服别人，而不是命令别人。

6. 不要在意流程，而要在意责任。我最担心的也是这一点，很多时候我们在意了流程，一个一个地签字，但是没有很认真地履行责任，往往后面签字的人都认为前面签字的人已经承担了责任，所以他只需要跟之前签字的人一致就可以了。这样就会导致一个非常可怕的结果：公司的决定往往是最基层的人所做的判断。

在经济危机中成功的四个关键

任何行业、任何企业、任何人都会遇到危机，第一个发现危机的人，往往有机会创造出属于自己的增长并开拓一个全新的市场。

很多人问我"该如何应对危机"时，我只能这样回答：我不认为危机是可以用有准备的概念来理解的，当危机来临时，更重要的是我们如何正确地认识危机。如何处理根植于企业价值体系中的危机，根植于我们的价值判断中的危机。危机既给人们带来危险，也给人们带来机会。

也许你会认为不受危机影响的企业很少，我也认同这样的看法，没有人可以脱离市场环境来谈论经营。但是，我们需要更认真地思考：在环境无法调整时，是什么力量在发挥作用，使得在经济大萧条时也有优胜者？

历年来在全球经济大危机的一系列挑战和冲击下仍然能获得成功的企业，正是源于它们对危机和增长的正确认识，这种认识包含了四个具有决定意义的关键点。这些关键点隐含在所有成功企业的发展历程中，这些关键点能让你真正明白这些企业是如何成功的。

▶ 01 危机只是经营条件而非借口

当危机成为经营环境时，危机已经是经营的条件而非制约因素。**企业要把以危机作为借口的习惯彻底改掉，在任何危机中都有企业获得巨大的成功。当危机成为基本条件时，危机就是环境，而对于环境我们只能面对。**

在技术蓬勃兴起的世界里，在我们称之为"知识经济"的信息革命中，管理层越来越多地面临巨大的考验，也将面对更加复杂的情形。很多时候，变化的剧烈程度和复杂性交织在一起，导致我们已经无法预测将会面对什么变化，这就要求管理者要更谨慎地理解环境并做好应对变化的准备。唯有企业首先在危机环境中调整，企业才会有出路。

▶ 02 危机并不都是有害的

对任何人来说，环境都是双刃剑，很多人认为不好的因素，可能在另外一些人看来却是好的因素。虽然从客观的角度来说，大部分危机的确是危机，但是也可以看到这样一种情况，危机使得市场格局重新被界定。

小时候，我总是遇到钢笔写不出字的情况，因为那是寒冷的冬天，上学的路途太远。为了摆脱这种困境，我想到了把钢笔放在胸口。怀里揣着一支钢笔，总是觉得很神圣，结果让自己对学习产生了神圣的感觉。因为用钢笔的危机，让我更尊重知识、更爱学习。可见，有的困难并没有害处，因为危机可以引发自身的转变。

当市场环境很好时，企业对自身的要求都普遍放松，人们也会很浮躁，而当危机来临时，人们开始愿意认真探讨，解决市场风险，思考回归顾客价值。

我们所要做的就是时刻关注危机的来临，因为对有准备的人而言危机意味着机会。即使危机对你而言可能带来极大的挑战甚至伤害，你也要明白，某种程度的危机是必然要发生的。任何行业、任何企业、任何人都会遇到危机，第一个发现危机的人，往往有机会创造出属于自己的增长并开拓一个全新的市场。

▶ 03 危机中的增长并不是神话

能否增长，在一些保持增长的企业看来是一个常识性的话题，因为它们认为，增长是首要选择。但是对另外一些企业来说，增长却是一个困难的话题，因为它们经常认为不可控因素会产生影响，它们会把问题归咎于所有的事情：宏观经济、金融危机、原材料变化，甚至行业调整以及竞争者的变化等。也有一部分企业把问题归咎于它们处在一个传统的行业、成熟的行业甚至萧条行业，已经没有增长的空间。

拉姆·查兰明确地告诫我们："世界上根本不存在成熟行业这回事。"他要求企业永远摒弃成熟行业这个念头，在他看来，"在任何行业中任何规模的公司，无论其所处的行业有多么'成熟'，都能增长，只要公司的领导者学会让自己的视野超越对行业和市场的传统定义"。

我非常认同他的观点。

已经有太多的企业用实际业绩证明了这一点，如果增长是从内心激发出来的，它就不受危机的影响，不受环境的制约。所以领导者只要能够激发出增长的信念，并和成员达成共识，增长就可以成为必然，特别是渡过危机之后的企业其增长将更为迅速。

▶ 04 危机中信念是获得增长的动力之源

"将领的作用就是要在黑暗中，用自己发出的微光，带领队伍前进。"这句话被我珍藏在笔记本中，我很认同这句话，正是领导者的韧性与坚持，他们才能带领团队团结一致地走到胜利的终点。

当我决定为危机中的企业写一本书时，我脑海中首先浮现出的是铁人王进喜。对我来说，铁人王进喜的故事深植于心，小时候上美术课，我画得最好的就是铁人王进喜的头像。在我的心目中，正是铁人王进喜钢铁般的意志和信念鼓舞着中国人，才使中国创造出近代史上无数的奇迹，摆脱了贫穷落后的生活。

曾经，外国人普遍认为咱们国家是一个缺乏石油的国家。新中国成立后，虽然李四光等地质专家，根据理论推测出中国实际上有较多的石油蕴含量，但是，当时物质技术条件都匮乏落后，钻探和开采都很难。

20世纪50年代，当美国石油年产量已经达到三亿吨，我国的石油年产量才一百万吨。

王进喜就是在这种情况下，来到了大庆油田。那时候，大庆荒原

生长最美：做法

一片，寒风刺骨，冰天雪地。吃的是玉米炒面，住的是马棚。

这里没有公路，来了设备，在火车上也卸不下来，因为吊车、拖拉机等设备不足。

王进喜当时说过一句话，这句话全中国家喻户晓，那就是：有条件要上，没有条件创造条件也要上！

王进喜这样说，也是这样做的！

他带领三十多个人，采用最原始的方法，用绳子拉，撬杠撬，木块垫，硬是把六十多吨的钻井机一点一点拉到井场。

大井需要水，当时没有水管，他和工友们用脸盆一盆一盆端到井场，就这样端了几十吨水。

他与工友们日夜兼程，奋战在井场。他带领的1205钻井队被称为"硬骨头钻井队"。

有一段时期，很多钻机因为没有钻头而停钻。当时还没有国产钻头，靠进口来不及，王进喜便组织青年突击队从废料堆里找出许多旧钻头，架起大锅，煮去油污和泥沙，擦去锈，拼装成可用的钻头。这些钻头用了半年，打了5口井，既给国家节省了开支又促进了生产，他的经验在全油田推广。

至今，我仍然记得王进喜说过的话。

◆ 石油工人一声吼，地球也要抖三抖；石油工人干劲大，天大困难也不怕。

◆ 北风是电扇，大雪当炒面，天南海北来会战，誓夺头号大油田。干！干！干！

◆ 有条件要上，没有条件创造条件也要上。

◆ 宁可少活二十年，拼命也要拿下大油田。

就是凭着"有条件要上，没有条件创造条件也要上"的坚定信念，王进喜率领的 1205 钻井队在 1953—1959 年，共完成钻井进尺 71000 米，等于 1907—1949 年共 42 年钻井进尺的总和。

从 1960 年 6 月 1 日大庆运出第一批原油，到 3 年之后大庆油田会战结束，中国结束了用"洋油"的时代，实现基本自给。主席非常高兴，于 1964 年发出"工业学大庆"的号召。

虽然今天我们面对的环境不再用艰苦而是用复杂来描述（特别是需要面对有可能的经济衰退时），但是和当时的艰苦环境一样，坚定增长的信念很关键。

人类遭遇过无数危机和困难，经历过很多挫折和失败，但是所有的数据都显示，在人类的长河中，所有危机和挫折都是推动社会进步的动力。

今天和以往任何一个时期一样，正处在一个非凡的时代，经济状况和技术力量深远地改变了过去的世界。

当然，以往的工业革命没有一次能摆脱危机的影响，不过它们都创造了我们不曾想到的、前所未有的机遇：蒸汽机对 18 世纪的影响，电力革命对 19 世纪的影响，计算机技术对 20 世纪的影响，网络技术对 21 世纪的影响，这些我们无法用笔墨表达出来。人类因此而进入了增长旺盛期。

每一个时代的增长都有某些共同的特征。它们都是在危机中诞生，创造出新的行业并摧毁某些旧的东西，都会促进全球经济的增长。危机给那些有能力把握时机的人带来了机遇，而且新环境中不断发生的变化也给人们提供了无限多的机会。

以上就是企业在危机中需要坚持的四个关键，我期望这四个关键点转变成领导者自己的观点，然后领导者把这些观点融入企业成员的行动中，因为只有领导者认同这些关键点，企业才能具有直面危机并获得成功的前提条件。

我所坚持的这些理念，对任何规模的企业、任何行业的企业来说，都具有可借鉴的意义，无论你的企业是否有条件、有能力，也无论你是期望成为行业的领袖，还是选择做一个"隐形冠军"，抑或你的企业处在初创阶段。

我最想告诉大家的是：危机和增长是一对孪生兄弟，危机让市场富有变化，而变化正是增长的机遇。

年轻管理者需要完成的基本修炼

中层的核心责任是两件事情：人力资源和内部效率。

▶ 01 如何判断一个人是否具有管理能力？

人人都要成为管理者，不管他有没有这个能力。

为什么这么说？因为只要我们在社会上担任角色，就得承担责任；一旦承担责任，就涉及管理。所谓管理，在某种程度下就是要取得结果的。你承担这个责任，就需要取得结果。

首先，你必须得管自己。

其次，你必须承担责任。

当然，通常我们所说的"管理者"，是指组织中的管理者。从这方面来讲，我们怎么判断一个人是不是具有管理者的素质呢？

总体来讲，有三个维度。

第一个维度，对责任、对目标承诺的能力。

有时候我们会发现，有些人是具备管理能力的，但是他不能对目标或对责任做承诺。有时候他遇到压力就跑了，他不是没有能力解决，而是觉得没有必要。

第二个维度，能不能发现别人的优点。

作为管理者，很大程度上是要去集合大家的优势。德鲁克对管理者的定义我很喜欢，他说：**"管理者其实自己是没有绩效的，他的绩效取决于他的上司和他的下属。"**

很多人没有成为好的管理者，很大的原因就是他看到的总是别人的缺点。

第三个维度，耐受压力能力和思维方式，也就是个人的基本素质。

一个特别能耐受压力的人，往往很有可能成为一个好的管理者。同时他不能只是耐受压力，他还要有一种比较好的思维训练，就是始终相信问题能解决。只要有问题，就能有解决方案。

要判断一个人是否具有管理能力，基本上从这三个维度来看就可以了。

▶ 02 新手管理者需要加强哪些能力训练？

不同层级的管理者需要具备的能力是不同的。对基层的管理者来说，以下几点会比较重要：

第一项，计划管理能力。

你能不能做计划来实施和部署工作，这一项是比较重要的能力，因为"计划"就是解决你每一个目标怎么去匹配资源、怎么去安排动作、怎么能让大家不要离散到离这个目标很远的地方。

第二项，沟通能力。

管理者要能把意思讲清楚。有些时候，我们看管理者不好，是因为他讲不清楚事情，表达不清。这实际上是很重要的，因为所有人都要听你的指令。

很多管理者没有意识到这是一个重要的问题。其实管理者最重要的能力就是沟通，你的指令要清楚，别人才能执行。

第三项，复杂问题简单化。

这一项对基层管理者的要求没有像前面两项要求那么高。你能不能做计划来实施和部署？你能不能沟通清楚，让大家明白做什么？这两个占比会更高。

但是它一样是一个很重要的要求，管理者必须能够把复杂问题简单化，因为复杂的问题很难解决，也无法出绩效。

所以，基本上管理者的能力训练就是这三项。理论上来讲，可以称之为技术能力、人际能力、概念能力。只是从基层到高层，它的占比会变，对更高级的管理者来讲，概念能力要更强，对基层管理者来讲，技术能力要更强。这三项的共同点是你要让大家跟随你去做事，这就是沟通能力。

▶ 03 新手管理者要做好哪些心态准备？

对管理者来说，有一个梯队训练：

第一步，要先学会管理自己，最主要的是学会跟别人合作；

第二步，要学会管理别人，管理团队；

第三步，要学会管理组织；

第四步，要学会当领袖。

学会管团队，你就要知道团队的特点。团队的特点基本上就是：人数不多，能力互补，不希望有层级和结构。

团队是不希望有层级和结构的，这就为什么大家都喜欢在团队里而不喜欢在组织里，所以团队里面的人不能多，人多就必须得有结构。

如果你知道团队的这些特点，就知道新晋的管理者要做什么了。

第一，要学会服务于别人。

以前自己一个人时，完全可以不管别人，把自己的业绩完成就好了，现在第一个转变就是要帮别人完成业绩，这是一个比较大的挑战。

第二，要能协同大家。

让不同能力、不同风格的人在一起工作。

第三，要解决问题。

以前你搞定自己的事情就可以，现在别人搞不定的事情你也得去解决，但是解决问题又不能用原来的方法。比如，你不能说"这些你都别做了，给我做吧"，如果这样，你又退回成基层员工了。所以必须要解决问题，但不能都是自己去解决，必须安排大家一起解决。

第四，要学会按照规章制度来做事情。

因为要带一组人，就不得不学会按章程和规定来做事情，也就是所做的事情都要有依据，要按章行事。因为即使问题都解决了，但是不合规还是不行。

当然，还有一个对新手管理者的要求与对高级管理者不太一样的地方：新手管理者"就事论事"就可以了，也就是讲清楚这件事该怎么解决；但是高级管理者要"就事论理"，得把背后的逻辑讲清楚。也就是说，你不仅要会做，还要会教。

▶ 04 中层管理者要搞清自己对什么负责

我会收到很多类似这样的提问：作为中层管理者，觉得自己没法左右老板的决策；觉得自己身处一线，明白有些东西是错的，但在和老板沟通时，如何才能更好地获得信任和授权？

要回答这个问题，我们首先需要知道中层的管理职责是什么。

中层的核心责任是两件事情：人力资源和内部效率。

中层决定了整个公司的人力资源状态，因为中层面对的是所有人，所以就等于说，如果中层不强的话，整个公司员工的状态都不会太强。因为我们在管理学上有一个基本逻辑就是，绩效的 70% 左右是由你的直接上司决定，而不是由这个公司决定的。

中层的第二个职责就是公司的整个内部效率。中层实际上是决定公司所有流程、沟通、信息传递的效率，还有部门之间的协同效率。所以整个公司人力资源的水平以及效率是由中层决定的。

按照这个标准来看，回到前面说的问题。如果中层那样去考虑，就说明这个中层的定位是错的，因为那些问题不应该是他考虑的。

他身处这个公司，第一，他必须得接受老板确定的决策并高效执行；第二，他要做的是让组织内部效率最高、沟通成本最低；第三，他要支撑基层，获取基层的绩效。

但在现实中我们会发现，绝大多数企业的中层可能根本没有这方面的训练。

很多训练是朝着成为总经理的方向做的，但是没有训练如何做一个基层管理者，也没有训练如何做中层管理者。很多人担心的问题是老板的问题，但他又没有机会当老板，这是管理训练里一个比较大的缺失。

如何面对与自己期望不一致的上司？

调整上下级的关系来配合领导者的风格才是关键。

管理实践中一直都有关于什么样的领导方式对工作比较有效的讨论，大家对这个问题有着各式各样的解答。

更多的讨论不是领导理论本身，而是很多人都认为理论上所描述的各种领导方式没有问题，问题是，在现实管理中往往是多种模式合在一起才能发挥作用。

这种观点我也同意，但是我知道如果让一个管理者具有多种领导方式的能力是非常困难的，因此我们需要换个角度来认识领导理论。

美国当代著名心理学家和管理专家弗雷德·菲德勒所提出的"有效领导的权变模式"开创了西方领导学理论的一个新阶段，使以往盛行的领导形态学理论研究转向了领导动态学研究的新轨道。他本人被西方管理学界称为"权变管理的创始人"。

他提出了领导方式取决于环境条件的著名论断。他认为领导效果是完全视环境条件是否有利来决定的，简单地概括如下：

在环境条件非常有利或者非常不利的情况下，工作导向型的领导者容易取得成效。

如果环境条件处于中等有利的情况下，员工导向型的领导者容易取得成效。

领导效果取决于环境条件，而影响环境条件的根本因素有三个，他据此得出三个最为重要的结论：

第一，领导者与成员的关系。

这是指下属对其领导人的信任、喜爱、忠诚和愿意追随的程度，以及领导者对下属的吸引力。如果用我们通俗的说法，就是上下级之间的关系，这是最为重要的影响因素，起决定作用。

第二，职位权力。

这是指领导者所处职位的固有权力，其所处的职位能提供的权力和权威是否明确充分，在上级和整个组织中所得到的支持是否有力，对雇用、解雇、晋升和加薪的影响程度大小。

这一地位是由领导者对其下属的实有权力决定的。假定一位部门经理有权聘用或开除本部门的员工，那么他在这个部门中就比上级经理的地位、权力还要大，因为上级经理一般并不直接聘用或开除一个部门的员工。

第三，任务结构。

这是指下属担任的工作任务的明确程度，指工作团体要完成的任务是否明确，有无含混不清之处，其规范和程序化程度如何，是否能够让下属明确他所承担的任务的上下所属的关系。

菲德勒还认为改变领导风格比改变环境条件要困难得多。这个启示我觉得更具有现实意义，因为我们很多人都期望自己的上司是一个

"平易近人"的人，或者是"通情达理"的人，或者是"雷厉风行"的人，或者是每一个下属心目中的人。但是实际情况是上司很难与你期望的领导者风格相一致，大多数的情况是上司都是具有明显风格特性的人。

因此，下属会失望和有怨言，或者下属认为自己运气不够好，无法遇到一个与自己期望相一致的领导者。如果你也是这样想的，那么你就真的错了。

菲德勒明确地告诉我们，领导风格是很难改变的，这是一个基本的事实。当然即便是这样，你仍然会取得成效，因为你可以调整环境条件，使其适合领导者的风格。

理解领导者成效，既可以处理好与上司的关系，也可以处理好与下属的关系。对每一个人来说，需要明确自己所处的环境条件，特别是明确上下级的关系。

如果上下级关系非常融洽或者非常不融洽，作为领导者需要以工作任务为中心，这个时候领导成效高。如果你是下属，在这种情况下，你也应该是以任务为中心，而不需要在调整与上司的关系上花脑筋。

如果上下级关系状态是中等情况，那么作为领导者就需要以关心员工为中心，这个时候领导成效高。

所以调整上下级的关系来配合领导者的风格才是关键。

没有什么固定的最优领导方式，任何领导形态均可能有效，关键是要与环境情景相适应，即应当根据领导者的个性及其面临的组织环境的不同，采取不同的领导方式。适用于任何环境的"独一无二"的最佳领导风格是不存在的，某种领导风格只能在一定的环境中才能获得最好的效果。任何领导形态均可能有效，其有效性完全取决于所处的环境是否适合。

我们应该知道，领导风格或者领导方式并不是最重要的，因为任何领导形态均可能有效，最为重要的是领导方式或者领导风格与所处的环境条件适合，而不是领导方式或领导风格本身。

所以不要简单地寄希望于领导者做出改变，事实上他们是很难做出改变的。**菲德勒的理论给了我们一个很好的建议，就是要尊重领导者的风格，尝试着调整你跟他的关系就可以了。**

高效能人士的秘诀——管理好自己的时间

找出什么是你更重要的，用 80% 的时间去做。

一个人真正的价值是体现在时间上的。人的客观时间不会有根本性的区别，可是每个时间的价值却相距甚远，所以评定一个人的价值并不是他生命的时间，而是在有限的生命时间里所创造价值的大小，从这个意义上讲，时间才是衡量人生价值的根本因素。

记住，时间就是金钱。假如说，一个每天能挣 10 个先令的人，玩了半天，或者躺在床上消磨了半天，他以为他在娱乐上仅仅花了 6 个便士而已。不对！他还失掉了他本可以赚到的 5 个先令。

这是美国著名的思想家本杰明·富兰克林的一段名言，它通俗地阐明了一个道理：如果想获得成功，必须重视时间的价值。是的，利用好时间真的是非常重要的，一天的时间，如果不好好利用，就会白白浪费掉。时间会消失得无影无踪，我们就会变得一事无成。

经验表明，成功者和失败者的界限在于怎样分配时间，安排时间。你也许在日常生活中不太在意这么几分钟几小时，可这几分钟几小时的作用是非常巨大的，也许这样的差别你当时无法察觉，但是过了一定的时间之后，人与人的距离就会拉开，但是到这个时候，你已经没有机会了。

▶ 01 年轻的唯一资本就是时间

我们先来看看一个人的一生当中，时间是如何度过的，这是关于美国人一生的时间分布：

睡觉 21年	找东西 1年	开会 3年
吃饭 6年	工作 21年	其他 3年
学习 4年	旅行 6年	个人卫生 7年
排队 5年		打电话 2年

图1 美国人一生的时间分布

这个时间表虽然与我们的实际生活会有些出入，但是也可以从这个表上感受到一些东西，人的一生中可以创造价值的时间是非常有限的，所以必须学会管理时间。

可惜很多人并不知道这一点，反而浪费了很多时间。无论是多么伟大的人，都会惊叹年轻的魅力，都会认为世界最终是属于年轻人的。年轻人是否理解为什么这些伟人会这样看？因为年轻人最大的财富就是拥有时间，如果大家不懂得这一点，那么成功离大家就非常远。

我很认真地告诉大家：年轻的唯一资本就是时间。年轻人没有经验，没有资源，更没有成熟的能力，人们之所以愿意把事情交给年轻人去做，是因为年轻人有足够的时间来完成这件事情，这样既可以做成事情，又可以让年轻人积累经验和能力，为未来奠定基础。

时间最大的特点就是它的"一维性"，也就是说时间是不可逆转、不可补偿、不可储存、不可再生的。因此，当你年轻时，时间就是你最大的财富，所有比你年长的人在时间上都处于劣势，所谓的"时光倒流"只是一种幻想，对一个个体来说，时间无法倒流，只要好好地珍惜眼前，发挥拥有的时间价值，你就会感受到时间带给你的美好。

可是如果年轻人不珍惜时间，就等于放弃了自己唯一的资本，也就等于没有机会获得成功了，所以理解时间以及时间的价值是至关重要的。

▶ 02 合理安排时间

任何事情都可以被分成两类：一类是"次要的多数"，占总数的80%，但对总体效果只有20%的影响程度；另外的20%属于"关键的少数"，却能产生80%的成效。

引申含义：在"次要的多数"中投入20%，可以获得80%的产出；但若想获得剩下20%的产出，则必须再投入80%。

这是著名的"20 / 80定律"。

大部分人成功的原因就是他们掌握了"20 / 80定律"。这些人很清楚时间的价值，知道时间与成功之间的关系。他们总是把时间留给那些关键因素，不会在无谓的事情上多浪费一分钟时间；他们明确地判断影响成功的关键事件，并为此规划时间，让关键事情有足够的时间去完成。

因此大家也应该按照该定律来评价自己的生活，那就是集中精力在能获得最大回报的 20% 的事情上，别花费时间在对成功无益的事情上。

举例来说，有人把歌厅看成是练歌的好地方，会觉得生活非常畅快，然后花很多时间去唱，但是时间就这样很快浪费了。对大多数人来说唱歌不是最重要的事情，还有很多更重要的事情等待大家去做。

找出什么是你更重要的，用 80% 的时间去做。

▶ 03 重要而不紧急的事

柯维的两本书对我有着特别的意义，一本是《与成功有约》，一本是《与时间有约》，这两本书给了我非常大的启发和帮助。在《与时间有约》这本书里，柯维强调了时间四象限的观点，我非常认同。

这本书认为，一个人所面对的事情，按照重要性和紧迫程度可划分为四个象限：

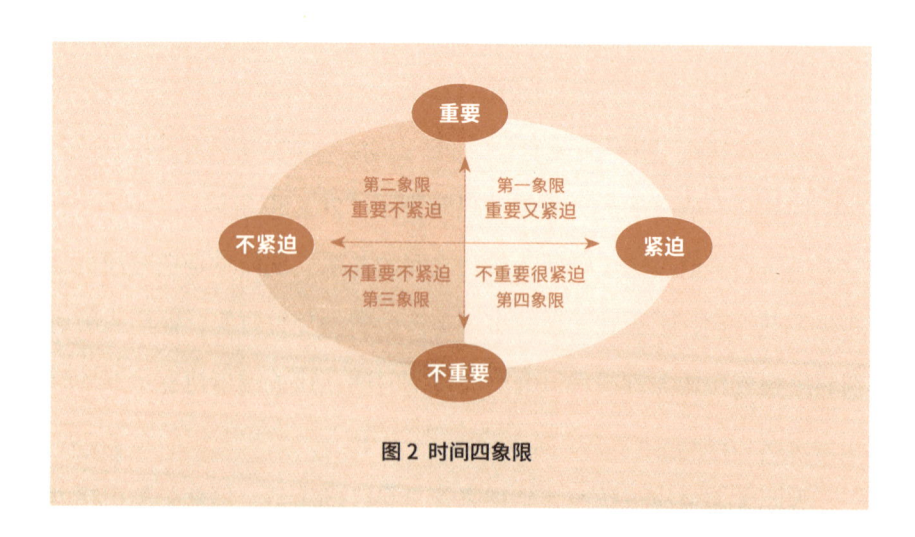

图 2 时间四象限

普通人会把第一象限和第四象限紧迫的事情做了，不管它是否重要，但是成功人士却安排出时间把重要但不紧迫的事先做了。所以当有一天这件事变得很重要很紧迫时，做好准备的人就可以脱颖而出，这就是时间管理的办法。所以如果想在人群中突出出来，最有效的方法是一定要花时间做重要而不紧迫的事情。

举个例子，有规律的锻炼是很重要的，但是不紧迫。

有的人心血来潮，去绕湖跑步，第二天下雨了没去，第三天说好像风大了一点也没去，第四天说今天想多睡一会儿……可是没有规律的锻炼其实是没有用的，虽然接下来你好像也没有什么不妥，只是因为现在你身体上的反应足以让你承受工作，所以这样懒散的锻炼好像也没有什么不好。

但是要知道健康对你的未来是很重要的，只是因为身体目前对年轻人来说还是不紧迫的事情，所以被忽略了。唯有到你躺在病床上的那一天，它就紧迫了，但是那时就来不及了。

还有很多类似于锻炼身体这样重要但不紧迫的事情，比如不断地学习、养成良好的生活习惯、留出时间与家人交流，等等。这类事情都是需要大家一定要安排时间做到的，可能在这些事情还不紧迫时你忽略了它们，甚至用透支的方式在伤害这些重要的事情，但等到了紧迫时，结果可想而知。

▶ 04 重要的事情先做

时间管理的技巧很多，成功的人几乎都有自己的一套管理时间的方法，我可能无法全部找到，但是可以整理出一些共同的技巧来。

第一个管理时间的技巧就是重要的事情要先做，而且要集中时间做。

在我接触过的很多人中，我发现大家有一个坏习惯，就是做一件事情，不压到最后那一刻，就是不做。如果事情总是压到最后才做，就会做得很匆忙，无法保证质量，也无法发挥出你真正的实力来。如果你掌握了重要的事情先做，那么你就会发现会有充足的时间来进行筹划，最终一定会得到最好的效果。

第二个不好的习惯是不在约定的时间内完成任务，总是寻找借口推托。虽然这并不是时间管理的问题，但是这样的思维方式会影响时间的价值，一些人并不以事情的约定时间为标准，反而以别人是否在约定时间完成作为标准，如果别人在约定的时间都没做，他也可以不做。

这是一个非常糟糕的习惯，因为这样不仅无法做成事情，而且长此以往，你会成为没有准则的人，也就无法承担任何责任了，一个无法承担责任的人也就无法成功。

真心希望每一个人，接受任务后，不要关心别人如何做，只要关心自己如何安排时间来规划就好了，不要等，也不要观察，更加不要压到最后的时间，一定要从容地完成任务。这种习惯一旦养成，你就会发现时间很充裕，做事能够从容，更令人高兴的是你因此可以保证做事的品质。请记住，最重要的事情要集中时间，排在前面做。

▶ 05 一次只做一件事

很多人曾经问我，成功的人好像可以做很多事情，而且都做得很好。其实不是他们有过人的精力或者更聪明，只是他们都掌握了时间管理的又一个技巧，即一个时间段里只做一件事情。没有人可以在一个时间段里做好几件事情，只要把时间做一个分配，你就可以做很多事情了，为每一件事情配上时间是一个非常重要的技巧。

但是很多人忽略了这个道理，他们总是把所有的事情塞在一整天里面，并对自己说："今天我要做四件事情，太可怕了。"可是如果你会分时间段，就会发现其实你总是在做一件事情，根本就不可怕。

我曾经观察过一个经理人，他在一天的工作时间里要处理好几件事情，但是他都做得很好。上午他把自己的时间分为四段，其中两段是开会，一段是和下属沟通，他预留了一段时间给自己。下午时间他同样做了区分，分为三段，这样其实他一天都在有条不紊地工作。

但是我观察到另外一些经理人却没有掌握这一点，他们在一天的时间里非常繁忙，经常手里抓着两部电话大声讲话，常常发现自己要做的事情没有时间做，总是发现时间属于别人，总是在快要下班的时间匆匆忙忙地处理本应该一早上班来就要处理的事情。

所以在时间管理上，一定要记住把每一天的时间分段，在一个时间段内只做一件事情。不要同时做很多事情，因为那样做事的效果不好，而且也可能无法达成目标。重大的事情就用大段的时间，细小的事情就用小段的时间，事情无论大小，都为它分配时间，这样你就会发现每一件事情都能顺心地来处理了。

对于你认为极其重要的事情，你更要辟出专门的时间来进行处理。其实很多人在能力和基本条件上并没有太大的区别，但是一部分人成功而另外一部分人不成功，就是因为不成功的这部分人不能够为重大的事情开辟出专门的时间，不能够集中精力为这件事情全神贯注。但是，如果不肯花费专门的时间去做重要的事情，就不会得到重大的价值。当确定在某个时间需要做某件事情时，马上去做，结果就会很好。

▶ 06 提高单位时间效率

美国麻省理工学院对三千名经理人做了调查研究，发现凡是优秀的经理人都精于安排时间，使时间的浪费减少到最低限度。根据有关专家的研究和许多领导者的实践经验，驾驭时间、提高效率的方法可以概括为以下五个方面：

1. 集中时间

切忌平均分配时间。要把自己有限的时间集中在处理重要的事情上，切忌不可每样工作都抓，要有勇气并机智地拒绝不必要的事。一件事情来了，首先问：这件事情值不值得做？绝不可遇到事情就做，更不能因为反正做了事没有偷懒，就心安理得。

2. 平衡两类时间

任何人都存在着两类时间，一类是属于自己控制的时间，称为

"自由时间"；另一类是属于对他人他事的反应时间，不由自己支配，称为"应对时间"。两类时间都是客观存在的，都是必要的。没有"自由时间"，完全处于被动、应付状态，不能自己支配时间，不是一个有效的经理人。但是，要完全控制自己的时间客观上也是不可能的，只有平衡这两类时间，才会达成目标。

3. 利用零散时间

时间往往很难集中，而零散的时间却到处都是，珍惜和利用零散的时间是提高时间效率的一个重要方面。用零散的时间做零散的事情，就会大大提高做事的效率。

4. 利用闲暇时间

常常听到有人说"等我有空再做"。这句话通常表示目前没有时间做事情，表明没有空余的时间。凡是在事业上有所成就的人，都有一个成功的诀窍：变"闲"为"不闲"。他们会很好地利用"闲暇时间"，也就是不偷清闲、不贪安逸，他们的成功与其说是拥有过人的能力，不如说是不甘悠闲、不求闲情的生活准则在起作用。

5. 不浪费时间

在很多时候我们是自己的奴隶，常常让自己陷入事务中，事实上并不是每一件事情都必须做，如果我们花时间去做不值得做的事情，就会浪费时间。有些人认为，不管怎样总算是做了一些事情，总比什么都没有做好。事实上，这样比什么都不做还要糟糕，因为不值得做的事会让自己误以为完成了某些事情，从而更加陷入没有价值的追求中。

一些人会说："我们不应该让它消失，我们已经做了这么久了。"许多事情或者活动根本就不该存在，其仍能持续存在的原因只是大家已经习惯，有了认同感，如果让它们消失的话，会有罪恶感，可正是这样的缘由，让我们浪费了很多时间。

▶ 07 合并同类项

合并同类项，也就是说，可以合在一起做的事情，你就尽可能地合在一起。

比如去买东西，不要只为买一件东西去一次商店，最好一次去把要买的东西买完。今天很多人成了电话的奴隶，电话其实是工具而已，一定不要让电话打断你的时间，所以你应该合并电话时间，规划一天中有一段时间就是专门接电话的。我曾经在自己的名片上标明开机时间，这个举动令很多人惊讶，却给了我极大的帮助，我因此可以专心地在规定的时间里面教学和研究，能够集中处理电话问题，不会时时被打断。你可以在很多时候合并同类项，合并接收邮件的时间、合并相关的事物，等等，关键是你要这样去做。

▶ 08 养成好的习惯

时间管理关键是要养成好的习惯，这些习惯可以简单概括为以下几个方面：

- ◆ 不要有拖沓的习惯。
- ◆ 不要乱放东西而四处寻找。
- ◆ 不要藏东西。
- ◆ 物归原处。
- ◆ 尽早开始。
- ◆ 不要考验自己的记性。
- ◆ 不要沉湎于过去。
- ◆ 不要让别人浪费你的时间。
- ◆ 懂得说"不"。
- ◆ 找出隐藏的时间。

企业留不住新员工是没有未来的

> 最重要的是双方真的愿意在一起，可以共同成长。

现实管理中，大部分人可能更关心核心管理者和中层管理者，其实新入职的员工同样需要被用心对待。新员工如果持续在公司发展，这个公司就会有持续性。

在今天，组织和员工之间的关系发生了改变。面对环境的变化，组织怎样才能留住新员工？我的建议是，要跟新员工谈一场轰轰烈烈的"恋爱"。

▶ 01 为什么要和新员工谈一场轰轰烈烈的"恋爱"

我们为什么要跟新员工谈一场轰轰烈烈的"恋爱"？因为环境发生了四个大的变化。

第一，有一个数字我希望大家都重视起来，以大学毕业生为主的新员工三年内的离职率超过67%。很多企业很认真地到校园去招聘，也投入大量时间、精力来培训新员工，但如此高的离职率意味着之前所做的所有努力都白费了。

第二，美国有一个数据让我非常惊讶，最近5年，超过50%的毕业生选择去一百人以下的公司，也就是说很多人喜欢去创业公司和新兴公司，因为他们觉得小公司有非常多的锻炼和成长的机会。50%这个数字的确值得关注了，这是巨头企业需要注意的一个趋势。

第三，雇佣关系会妨碍创造力，也就是说雇佣社会有可能消失。没有人再愿意当雇员和下属，每个人都希望成为独立个体，所以海尔才有"人人是创客"这样的理念，这是我们要接受的一个最重要的现实。

第四，大家要关注个体价值的崛起。技术和知识使得个体拥有非常大的创造力，这样的创造力会帮助企业成长，如果你不能与具有创造力的个体融入，你就没有办法让这个企业具有创造力。

因此，和新员工谈一场"恋爱"，可以让他们通过这样的一个过程了解到公司和自己，通过这样的一个过程知道这个帮助他成长的平台和平台的价值，也通过这样的一个过程让公司成为具有吸引力和影响力的企业组织。

▶ 02 新希望六和案例分享：让新员工和企业共同成长

2014年我到一所大学为新希望六和招聘大学生，结果一些大学生直接就跟我讲："陈老师，我们没有人愿意帮你养猪养鸡，估计你招不到人。"我当时最大的感慨，就是怎么能够让这些年轻人知道，其实在这个最传统、最"土"的行业里，可能拥有最多的机会和最大的成长性，因为我们会把人才发展变成公司最重要的战略。

生长最美：做法

我决定给人力资源部一个命题，跟新员工谈一场轰轰烈烈的"恋爱"。同事们非常棒，把这件事真的做到了，随后新入职的员工，都深深记得这场"恋爱"，也都因此得到成长并很好地融入了公司。

在这样的理念下，我们设计了一套完整的人才成长路径，帮助员工可以在这个企业成长起来。2013年开始，我们开设了另外一个比较特殊的系列，叫作"首席科学家系列"，帮助公司打造多元化模型，也让我们的员工有一个多元化发展的路径。

我研究组织管理的时间非常长，其实中国在过去三十年的企业管理当中，对人才的浪费非常巨大。**最大的浪费就是让专业的人去做了管理者，实际上走管理线路对他反而是有伤害的**。所以我就特别希望公司能保持每个人才独立的成长空间。当这套路径设计出来时，我们发现员工果然能够很安心地按照他的专业路径去发展。

我很喜欢新希望六和的这种人才发展体系，这是我们花了二十多年的时间慢慢固化沉淀下来的，如果这个行业的人才素质能够整体提升，这个行业才会真正具有竞争力。后来我们把六和商学院改名为新希望六和商学院，聚焦农牧行业。这十年当中，我们内部培养的人才占比49%，而51%是行业和跨行业的管理者，这真的很棒。

公司是用了一个平台再加上一个体系，构建了一个非常好的人才输入和输出系统，这个系统我们用四个"英"来概括：新英、精英、雄英、领英。

新英就是指新入职的员工，培养目标是从零经验到胜任岗位。所有经过这个培训的员工都非常感恩公司这样的一个帮助，如果他们在之后的工作中出现犹豫，只要想到在"新英"阶段的感受，就会坚定下来。

精英面对的是进入公司三至五年的年轻人，储备经营层继任者，我们称之为优秀经理人。

雄英主要是针对关键岗位的经理人和管理者，帮助他们成为变革型领导者和经营者。

领英则是事业的领导者，也就是我们的核心领导层这个部分，帮助他们成为战略型领导者。

这样的人才发展计划让公司人才有梯队、有层次，整个队伍的能力不断得到提升。

▶ 03 让员工认同组织，和组织共成长

对人力资源来讲，今天有一个挑战比以往更大，就是让合适的人在合适的岗位上。因为今天的大部分人并不希望通过被你管理而取得绩效，他希望通过激发自己得到绩效。想激发他的话，最重要的就是他要在合适的岗位上。

我不认为有谁是天生就能胜任，最重要的是在岗位上的培训和成长。

怎么跟新员工谈一场轰轰烈烈的"恋爱"？最重要的是双方真的愿意在一起，可以共同成长。**有一句话我非常认同：真正的爱情不仅仅是互相凝望，而是共同望向相同的远方。**我觉得这句话恰恰是新员工培训的一个核心点。

有些时候我们为新员工所考虑的、所设计的东西不见得是他考虑

和看重的,所以我们在培训当中会及时收集需求,据此结合我们的培训进行新的组合与调整,这个过程实际上增加了很强的认同感,也让我们彼此有了更深的认识。

所以总体来讲,我们做培训的目的其实是让员工认同组织、转换角色、树立信念,最重要的是要告诉新员工,我们要共同成长,这样才容易彼此"相爱"。

核心人才的管理方式

凡事往好处想、往好处做，必会得到好结果。

▶ 01 沟通使命愿景和价值观

核心人才需要施加的是影响力而非管理，领袖就具有这样的特征，因此领导者面对核心人才时，需要释放领袖的魅力。

面对核心人才，作为领导者需要做的是和核心人才达成价值观和使命的认同，而不是上下级关系的认同。这就要求领导者和核心人才能够沟通价值观和使命，而不是沟通工作内容。

如果领导者仅仅是和核心人才沟通他的工作，领导者取得的效果反而不够好，为什么？因为他是核心人才，在专业能力或者管理能力上他比你强，而且他天天在做事情，你的意见或者建议不见得对他有帮助。为什么他要接受你的影响呢？就是因为你能在价值和使命上和他形成认同，对核心人才来说，这些才是真正重要的东西。

我曾经做了一段时间的总裁，应该说是公司的核心人才，其实我之所以愿意空降到这个公司做总裁，是被这个公司的理念和价值观所

生长最美：做法

吸引，公司的创始人有着非常明确的价值判断，而且很多价值取向我非常认同。

他有一句话我一直记在笔记本上，他说："凡事往好处想、往好处做，必会得到好结果。"这句话说得非常好。我后来自己去体验和践行这句话时，发现真的是这样。任何事情往好处想、往好处做，一定会得到好的结果。

他还有一个理论就是"馒头理论"：你有一个馒头，你一定要给自己吃，你不要给别人，你得先让你自己活得很好；你有十个馒头时，你要给全家人吃，这样的话全家人都活得很好；你有一千个馒头时，一定要给所有人吃。如果十个和一千个馒头都留给自己，你肯定会被撑死。这些价值判断也同样获得我的认同，所以我们一起为这个公司创造了良好的成绩。

▶ 02 真正的个人关心

对于核心人才，需要关注他们的个人需求和成长，必须是以独立的、个体的认知来处理与核心人才的关系。很多管理者并没有很好地做到这一点，但是如果没有个人的真切关心，很难达成核心人才和组织目标的一致，处理不好会使得这些人才偏离组织的目标，带来更困难的管理问题。

在管理的实践中，很多管理者对下属并没有真切的个体认识，对组织的标准和目标可以清晰地理解，但是对个人的标准和目标理解得就不够。企业的人力资源部门所关注的是组织绩效和个人行为的关系，并没有更多地关注到组织绩效与个人目标之间的关系，这样就导致了组织目标凌驾于个人目标之上的情况出现。

如果个人目标和组织目标没有冲突，当然没有什么问题，但是一旦个人目标和组织目标有差异，管理者很有可能会忽略个人目标，从而导致核心人才的流失。

因此，领导者需要特别关注每一个核心人才自身的需求，而不是人们的共性需求。同时，实践告诉我们，如果被称之为核心人才，这些员工会具有自我实现目标的能力，也具有多种而不是单一的需求，这就更加需要领导者理解其个性而非共性需求。

▶ 03 心智激励

欣赏身边的人，真正向先进学习，调整自己的心智是极其重要的。

人的心智决定行为的选择，决定了人们在做决策前的逻辑判断习惯。心智的不同，直接导致行为结果不同，因此对核心人才而言，进行心智激励是必须的选择。

中国人在心智上，我认为有两个地方是有先天缺陷的。第一是当身边的人比自己好时，很多人不能接受。这是非常糟糕的心智。因为我们可以合作的人基本上是我们身边的人，如果身边的人比我们好我们不能接受，我们也就失去了合作的人。俗语说"住在隔壁的诗人就不是诗人"，因为他和你一样地作息，一样地去商店购物，你就觉得他的诗没有什么特别，甚至诗人生活得一塌糊涂。但是当我们没和诗人住在一个单元里时，我们不知道他什么样时，就觉得他的诗美得不得了。

第二个心智是"枪打出头鸟"。当有一个人做得特别优秀时，他身边的人不是聚在一起商量如何向他学习，而是商量如何用有效的方法让他不再优秀，回到跟大家一样的平庸。这是特别可怕的心智，因为这样的心智导致人们不欣赏、不宽容，甚至会让优秀的人只能选择平庸。

心智激励在目前激烈的竞争环境中更加重要，一方面是人们本身在竞争中就感受到压力和心态上的冲击，加上资源和环境的残酷，更会导致人们急功近利甚至不择手段，如果不能在心智激励上做出努力，就有可能让具有专业能力的人无法获得团队的支持，甚至被孤立起来。

因此，欣赏身边的人，真正向先进学习，调整自己的心智是极其重要的。

深入理解人工作的原因，让激励更有效

> 所有人都不在乎你给他多少，他比较在乎别人拿多少。这是激励的基本特征。

人为什么要工作？有关这个问题的回答是激励的关键。其实人要工作的理由非常多，有人为了糊口，有人为了实现理想，有人为了获得成就。如果我们不受时间的限制，不受人数的限制，你会得到无数个答案，结果发现人要工作的理由是非常丰富多样的，这也表明，激励是一个很复杂而且困难的工作。

▶ 01 需要工作的五大理由

如果我们把人们需要工作的理由归类整理，大致分为五类：

1. 为了赚钱

这是一个非常明确的工作原因，也是最直接的一个原因。很多人忽略了对于这个根本性问题的认识，总是觉得并不是所有人都是为了钱去工作的。

现实当中的确也存在这样的现象，一些人并不是为了钱工作，但是从普遍的意义上看，赚钱的确是大多数人工作的原因。所以会有人仅仅是因为一点点收入的变化就会换工作，或者要求换岗位。

2. 消耗能量

人需要消耗能量，这是人的生理需求，工作正是消耗能量最好的方式。在这一点上，很多人也忽略了，没有关心工作量的设计，忽略了人们可以承受的体力，忽略了人们需要消耗的能量。

有些地方工作量不足，人们的能量无法消耗，也因为能量无法消耗又必须消耗，结果导致内耗和不团结；有些地方工作量太大，超出了人们可以承受的限度，人们虽然很喜欢这份工作，但是巨大的工作量让他们无法持续付出，最终导致人才流失。

3. 进行社交

工作可以帮助人们生活在社会中，不再孤独，可以通过职业与他人进行交流。人在本质上是群居动物，天性中就需要交流和沟通。如果仅仅是血缘的关系，我们可以交往的范围有限，但是对普通人而言，似乎彼此之间又太疏远，所以职业所形成的人际交往应该是人际关系中最为普遍和有效的交往关系。人们通过职业接触社会、拥有信息。

小企业在人力成本中的支付要高一些，就是因为小企业的人际关系窄，而大企业因为有着广泛的社会交往平台，从而对于人力资源更具吸引力。

4. 获得成就感

只有工作才会真正获得成就感，帮助一个人、实现一个目标、完成一个作品等，这些都可以给人带来成就感。

工作和成就感之间是互为主体的，因为工作会获得成就感，成就感会让工作具有价值。成就感无法在自己的行为中获得，一定是在工作成果中体现。

5. 获得社会地位

人的社会地位是在工作中获得的，只有被社会认可的人，才会获得社会地位。

在新中国成立初期，为了能够投身到社会主义建设当中，不管什么行业，不管什么领域，只要是为社会主义建设添砖加瓦的，青年人都会去选择。国家领导人亲自接见环卫工人，把这些普通岗位的工人提升到全国人民尊重的地位，提升到全国人民学习榜样的地位上。结果，很多年轻人都争相去当环卫工人、普通工人，"万般皆下品，唯有读书高"，以及"学而优则仕"的传统很快被打破。

这五大类理由就是人要工作的理由，虽然激励的理论很多，也有很多方法，但是所有的激励都是解决这五大类问题的。只有深刻了解人们工作的原因，激励才会有效。

生长最美：做法

▶ 02 涨工资并不会带来满足感

很多人认为涨工资一定会带来满足感，从而获得更高的工作绩效，但是赫茨伯格的双因素理论给了我们相反的结论。赫茨伯格最大的贡献就是把提供给人们的所有工作条件细分为激励因素和保健因素。

在他之前，我们给员工的所有工作条件都认为是激励因素，但是赫茨伯格发现事实并不是这样。工资、工作岗位、福利、奖金、晋升、尊重等所发挥的作用并不一样。

在赫茨伯格提出双因素理论之前所有人都认为，提供这些工作条件给大家，大家就会好好地工作。后来赫茨伯格发现一部分工作条件起作用，他把这些称为激励因素；一部分工作条件不起作用，他把这些称为保健因素。

所谓保健因素，就是一个人展开工作所必需的条件，如工资、岗位、培训、福利、工作设备等；所谓激励因素，就是一个人取得工作成果所需要的条件，如晋升、奖金、价值的肯定、荣誉、额外的工作条件等。

保健因素不会有激励的作用，当保健因素缺乏时，人们会不满；当保健因素存在时，人们的不满只是降低，但是不会带来满足感。

激励因素具有激励作用，当激励因素高时，人们会有满足感；当激励因素缺乏时，人们满足感降低，但是不会不满。

所以，作为管理者一定要明白，涨工资不会带来激励的效用，因为工资是保健因素，涨工资只会让不满降低，但不会带来满足感。

同样的情况是，很多企业家告诉我他们能够给员工提供好的福利待遇、好的工作环境以及较高的工资，但是他们不明白为什么员工们没有产出非常好的绩效。其实道理很简单，企业家所提供的都是保健因素，这些是工作的必需条件。员工获得这些因素时，只是降低不满，但是不会有满足感，自然不会产生好的绩效。

▶ 03 与大家分享我的理解

如果使用保健因素，就要大部分人得到。只有大部分人获得，才会让不满的人减少。所以，需要涨工资就要使多数员工获得机会，否则涨工资的结果就是，得到的员工没有满足感，只是降低了不满；得不到的员工会非常的不满。

1. 保健因素只能升，不能降，要多数人获得

这个道理放在实践中就是，工资只能涨不能降，一降就是负激励，除非你本就打算做负激励。但是总体上来讲就是只能升不能降，尤其是福利。福利是保健因素，所以在福利设计和调整时，一定要非常谨慎，哪怕只是几元钱的午餐补助，都不要随意取消，只要取消就会形成不满，有可能会丧失掉你的整个管理基础。

所以福利轻易不要动，如果一定要调整，只能增加，不能减少。一旦降下来，员工们或者外部的人就会认为企业出问题了。所以在调整工资、福利方面，一定要慎之又慎。

2. 激励因素要少数人获得

如果使用激励因素，就要确保获得激励因素的员工是很少的一部分人。理由大家也知道，如果激励因素是多数人获得，激励因素就降为保健因素。这也就是中国最近十年来奖金不好用的原因。

改革开放初期时奖金是很好用的，因为在那之前我们从来没有奖金，突然间有奖金，对大家有很强的激励作用。后来奖金变成所有人都得有，好像不发奖金就不对。当所有人都有奖金时，就变成保健因素，不会再有激励作用，只是降低不满而已，不会再有满足感。

激励因素除了有少数人得到以外，还有一点很重要：激励因素必须是可以变动的，不能固定，一旦固定下来又要变为保健因素。

3. 把保健因素变为激励因素

还有一种情况需要我们注意，就是我们所动用的因素同时是激励因素和保健因素的，比如薪酬，一方面可以是保健因素，另一方面也可以是激励因素。在这种情况下，最好的选择是把保健因素变为激励因素，千万不要把激励因素下降为保健因素。高薪、好的工作环境、福利这三项因素都是保健因素，人们在获得时认为理所当然，所以不要对这三件事情看得太重，它们并没有我们想象得那样有效。

我讲个很多年前银行的案例。银行给员工提供了非常多的福利，包括看牙的、体验的、休假的、度假的。我印象中他们最好的一个福利就是你可以有一年的时间带薪去学习，而且可以脱产。当把福利都固定下来时，这些福利其实就变成了我们所说的保健因素。

我觉得这家银行做得比较漂亮的地方，是把刚才列的这些福利都打上分。比如说带薪一年去脱产学习是一千分，看牙是四百分，自我健康管理是一百分，父母健康管理是两百分，在这些福利上都打好分。

打分的目的是什么呢？跟你的绩效打分挂钩。就是年底你会有一个绩效分，比如你得了一千八百分，你就可以在这些福利里面选。只要分数够高，这些福利都是你的。

这是我看过的能把保健因素变为激励因素的非常漂亮的一个案例。所以我们在谈激励因素时，请大家注意三个对应的东西：

（1）一定是少数人得到。

（2）不能制度化来做奖金，必须跟着绩效波动。

（3）要求你的人员能流动。你通过人员流动让你整个奖励奖金部分的获取变得动态，不断被调整。如果它能够不断被调整，就不会是保健因素。

▶ 04 空降经理人的难题

可是你们会有一个难题，难题是如何激励空降经理人？因为空降经理人，你是用市场价格来付薪，第一个就是怎么让工资和激励相关，这是一个难题；第二个是你会打破内部工资不满的状态。

我给两个建议：

第一个建议，你在内部应该有一些新岗位，和空降经理人要同责同酬，给内部的人竞争或者竞聘的机会。这个动作是要同步做的，当

生长最美：做法

你能够同步做时，原有的工资体系的人就不会不满，因为你也给了他们一次选择的机会。

第二个建议，我们在做空降经理人薪资结构时，要按市场给，一般会比内部高，所以我们要给内部加大绩效奖金。让内部优秀员工的总收入和空降经理人的差异不要太大，这样基本上能解决这个问题。这样做的目的是，不要因为内部员工的不满使你的空降经理人活不下来。

举个小例子，华为在工资逻辑上做得非常好。一直以来用的都是任职资格制加绩效管理。

你知道这样做的好处是什么吗？这就叫保健因素的好处，不会因为比较和差异而滋生不满。因为只要是同一等级的，不管你在什么岗位，工资都一样。这就是华为做得好的地方，用任职资格的方式，在满足和不满之间做了一个调整，然后就使得所有人的流动变得非常容易。

华为的另外一边是绩效的部分，这个绩效的部分就跟你的岗位、付出、最终的工作结果相关。它就把任职资格和绩效管理这两层组合得非常好。

我之所以给大家举这个例子，是因为我想让大家清楚，工资拿来到底是干什么用的。**所谓的保密性工资，我建议你不要自欺欺人，这是不太可能成立的。**我们在激励里有一句特别好玩的话：所有人都不在乎你给他多少，他比较在乎别人拿多少。这是激励的基本特征。

如何拥有管理"不确定性"的能力？

> 给管理者的建议是：要对变的东西、新的东西敏感，要热爱变化，不要保守和自信，更不要认为所有的东西你都了解。

管理者需要具备的最重要的能力是什么？管理不确定性。我个人从来没有判断过中国的经济是好还是坏。如果经济环境好，能提供机会，我就做判断；如果经济环境对我来说没有机会，我可能就不判断，因为这就是不确定性本身了。

如果你要经营一家企业，最重要的是判断机会，宏观环境有机会就运用它，没有机会就把它当背景，这是正确的态度。

所以，在我看来，没有悲观或者乐观，我从来不认为有传统企业或者非传统企业，从来不认为有朝阳产业或者夕阳产业，**只是有一个观点：任何情况下都有优秀的企业。最重要的是你要不要成为优秀的那个？**

如果想成为一家优秀的企业，必须拥有应对不确定性的能力，把不确定性转化为机会。这需要管理者做到以下三个方面的工作。

生长最美：做法

▶ 01 识别不确定性

拉姆·查兰在《求胜于未知》一书中界定了不同类型的不确定性，他把不确定性分为两种。

第一种叫经营性不确定性，在一定程度上是在预知范围之内的，并且不对原本的格局产生根本性影响。经营的不确定性不会改变大的格局，但是它会影响盈亏。

第二种叫结构性不确定性，它会改变产业格局，带来根本性影响。因此，识别结构性的不确定性才是关键。

正如拉姆·查兰在书中介绍的那样，经营性不确定性并不可怕，现有的方法足以应对。真正可怕的是结构性不确定性。因为这是源于外部环境的根本性变革，如果没有及早觉察、提前布局，等到变化真的发生时，原有业务只有死路一条。

戴尔电脑的衰落就是发生在我们身边的实例。在过去三十年里，戴尔曾是全球最为成功的企业之一。当年，迈克尔·戴尔开创了"定制化"业务模式，一举奠定了其划时代的伟业，凭借这一业务创新，鼎盛时期，戴尔每季度的现金流入高达数十亿美元。此外，公司还采取了薄利多销的定价策略，促成了其市场份额的节节上升，使其很快成长为个人电脑行业的领头羊。

但三十年辉煌之后，戴尔遭遇了双重打击。一是经营性的，即2004年联想公司收购了IBM的个人电脑业务，收购完成后，经过一系列的创新，联想成功赶超戴尔和惠普，夺得了全球市场份额第一的宝座。联想更为低廉的产品售价进一步压低了戴尔的毛利及现金流，导致戴尔的股价大幅下跌。

面对这样的经营性问题，戴尔或许还能化解，但与此同时发生的结构性挑战，对戴尔来说无疑是雪上加霜。这就是智能手机及平板电脑的出现，比如苹果公司的 iPad 以及基于安卓系统的平板电脑，与其他电脑企业一样，戴尔对此也没有给予足够的重视，然而其带来的变化却是根本性的，整个市场对台式机及笔记本的需求受到了极大的冲击。

似乎一夜之间，戴尔的好日子到头了，过去赖以安身立命的核心竞争力似乎已经变得无足轻重。戴尔的例子的确令人震撼。

坦白来讲，大家对经营不确定性多少敏感一点，因为人们对盈亏很敏感，但是对结构性不确定性很多人不敏感。值得注意的是，今天，企业所面临的正是结构性不确定性。

这种不确定性颠覆原有的市场环境及行业格局，使原有的市场空间和行业规模急剧缩小，甚至完全消失；这些不确定性因素具有长期性，是不可抗拒的；对那些缺乏准备的人，巨变的到来犹如晴天霹雳，似乎之前完全没有任何征兆。

这种极具颠覆性的结构性不确定性是全球性的，而且会像原子裂变般势不可当。由于有了低成本的互联网及无线通信，从理论上说，全球七十亿人口中的每个人都可能成为变革的创始者，也都能感受时代带来的改变。

来自印度贾巴尔普尔市的十七岁少年阿莫尔·巴韦，就是这样的幸运儿。麻省理工学院与哈佛大学联合资助的在线教育平台，让全球有八十万人学习 edX 的在线课程，阿莫尔也是其中之一。2013 年 3

月，阿莫尔收到了麻省理工学院的录取通知书，因为他在电子电路课程中成绩优异，排名前 3%。

阿莫尔在接受《金融时报》采访时说："我从没想过有一天能离开家乡。在线教育开启了我新的人生，让我有机会进入像麻省理工学院这样的世界一流学府深造。"

阿里巴巴认识到结构性不确定性，这家公司最快意识到消费会从线下移到线上，当线上消费人群更快速地增长时，阿里巴巴就得到了大机会，成就了蚂蚁集团。

一个可见的人群，符合市场规律的商业模型，再加上企业有自我革命的文化根基，这种估值一定会被明晰的，所以你要了解这些东西的改变。

诺基亚、戴尔、柯达这些曾经的行业巨头，因为没有认识到结构性不确定性而惨遭淘汰。诺基亚无键盘的研究技术与苹果不相上下，有可能还更好，但是它太信赖自己的键盘技术，不去理解根本性的改变，不去理解手机变成终端是结构性的，因此诺基亚失去了在整个行业的霸主地位。

但是值得注意的是，通常当结构性不确定性初现端倪时，很多人会将之误判为这只是对现有业务的挑战，甚至会单纯地认为，是销售队伍或是一线员工不努力造成的结果。比如，面对业绩连续下滑的情况，企业领导人很可能将之归咎于团队执行不到位或是竞争对手太强劲，很容易忽略另外一种可能，即这是整个行业及相关生态体系正在发生结构性变化的前兆。

在这样的情形下，管理层最应该想到的是：也许顾客需求已经变了，结构性不确定性已经出现了。请大家一定要注意，如果不敏感于变化，即便是 IBM、三星、苹果这样的业界巨人，拥有超强的技术人才、坚实的顾客基础以及强大的创新能力，其前景依然是堪忧的。

如果想要识别不确定性，管理者一定要对变化敏感。对管理者来讲，最重要的是求胜于未知，要意识到不确定性，而且一定要意识到结构性不确定性。给管理者的建议是：要对变的东西、新的东西敏感，要热爱变化，不要保守和自信，更不要认为所有的东西你都了解。

举个例子，我曾经被一个营销领域专业人士问了一个问题，他在 PPT 上打出一张任正非的照片，再打出一张雷军的照片，然后问我："华为和小米，三年后手机谁胜出？"我说："一切皆有可能。"坦白讲我的回答不是狡猾，我真的认为一切皆有可能。

这就像董明珠与雷军对赌，当时媒体来问我："你认为董明珠和雷军谁会赢？"我说："如果是我就不赌，董明珠与雷军出一个格力小米空调不更好吗？"

大家注意，要用变化去看所有的东西，你不能笃定地认为什么是确定的，一定要接受所有的变化，而且你也要变化地看待问题和思考问题。

▶ 02 与不确定性共处

如上文所言，绝大部分人是无法找到结构性不确定性的，因此，对大多数管理者而言，学会与不确定性共处是首先需要拥有的能力。

如果不能识别，可以与它相处，这样才不至于被动。要与不确定性相处，同样也不容易。

怎么拥有与不确定性相处的能力？我给管理者四个建议。

第一个建议，先改变自己。

这不是讲口号，而必须是真实的行动。改变自己最需要做的一件事情是什么呢？就是在内部进行自我革命，这是最重要的。比如说管理者常常在企业里面提出"改变自己"的理念，但是调整一个组织，大家都会紧张。管理者一直说"改变自己"，可是原有的任何结构都不愿意动。

2016年华为销售收入达到5200多亿元，并设定一个三年达到1000亿美元的目标。2018年华为销售收入7212亿元，突破千亿美元大关，提前完成了2016年设定的目标。

华为能够做到这一点，就是由于这家企业倡导"自我批判"的文化，有着不断超越自己的习惯，这家公司一直用极强的"危机意识"推动自己成长。

第二个建议，拥有双业务模式。

需要驾驭双业务模式：现有主营业务与新的业务。应对不确定性需要有新业务，所以大部分企业需要转型。

有人问我，怎么保证转型能成功，或者怎么保证投资人会持续支持转型？我说只能用两个保证：

第一，现有主营业务不能因为转型业绩出现下滑。

第二，必须全力以赴保证新业务成功。

一定要有能力做双业务模式，你不能把转型当借口，告诉大家因为转型，所以要亏损一段时间。这个理由不成立，因为资本和市场都不会给你这个机会。仅仅发展现有业务是不可能让企业面对不确定性的，但是如果因为发展了新业务而影响了现有业务，那么企业已经无法存活。

所以，必须维持现有业务的稳健经营，同时布局新业务，通俗的说法是长期与短期结合。管理者的难度是双业务并存会带来巨大的压力，但这是对管理者的要求，你必须成为驾驭双业务组织的高手，必须能够驾驭长期发展与短期目标之间的动态互动。

第三个建议，打破平衡。

打破平衡同样从内部开始，其核心是不要担心"出现问题"，不要怕"出现冲突"，有问题就可能有机会，有冲突就可能有创新。所有"变"的发生，都可能是一个机会，所以不要怕变化，变化中才会有机会。更重要的是，通过打破平衡，让更多人脱颖而出，发现新人才，会带来更大创新的可能。

企业管理者需要不断打破内部的平衡，不断挑战企业的高度和界限，让企业处在自我改变和动态之中。

第四个建议，顾客体验。

让企业面对不确定性的核心是与顾客在一起。保有对顾客体验的忠诚，能够以顾客体验作为评价标准的企业，才会是一个可持续的企业。然而令人遗憾的是，很多管理者对顾客的知觉和敏感度不够，习惯于企业自己的评价标准。

特别是在稳定的组织结构系统中，高层管理者离顾客非常远，对顾客需求的理解、对顾客体验的把握、对新顾客群体，都已经有相当远的距离了。这需要引起管理者特别的注意，也需要管理者找到解决方案来增进和强化与顾客之间的关联，使管理者保持对顾客体验的敏感性。

做到这四件事情，在一个不确定性成为常态的环境里，你并不需要焦虑，只要你很好地与不确定性相处，把自己做好，所有的变化对你来讲其实都是机会。

▶ 03 有定力

不确定性对每个人都是一种考验，这需要内心的定力。无论采用什么方式和途径，获得内心的定力的确是非常重要的，因为这直接影响到组织能否管理不确定性。

定力来源于四个最重要的心态：积极的心态、归零的心态、开放的心态以及确信的心态。

1. 积极的心态

山东六和集团创始人张唐之先生说过一句很好的话："凡事往好处想、往好处做，必有好结果。"这句话给我很大的帮助，也让我借此可以积极面对很多挑战和压力。很多时候人们没有解决问题或者是出现很多冲突，其根本原因可能是把事情想复杂了，甚至把人也想坏了。但是如果持有"凡事往好处想，往好处做"的心态，这一切都可以转化。

我自己的感受是，对任何要做的事情单纯去做，结果自然而成。

并不是外在环境不提供机会与条件，更大的原因是我们没有单纯去做事情，反而因为困扰而无法做成事情，所以问题的关键是在我们自己的心态。

不确定环境下，对模糊性和风险的承受能力是关键，同时控制风险也是一个基本的要求，所以 Facebook 创始人说："最大的风险是你根本不去冒险。"这种积极的心态是极为关键的，如果没有积极的心态，很难去迎接不确定性。

2. 归零的心态

心态归零是帮助人们面向未来的一种心态。要学会归零，因为纠结于过去，对将要发生的事情而言都是没有意义的。每一个未来都需要面对新的挑战，需要新的成功来佐证；每一个未来都会产生新的问题，需要新的解决方案。

在对知识学习的理解方面，我也希望能够运用所学的知识看未来，而不是用所学的知识总结过去。

我曾和很多同学交流，有些学生说学完了课程之后，发现自己很多东西都不懂，这是真学到了；有些学生发现原来老师讲的东西自己都做过，这些同学令人担心，因为他只是在验证自己已经成功的东西；最怕的是第三种情况，学完了之后才发现原来老师讲的都没用，还是自己最厉害。

后两种情况，都说明学生们心态没有归零，第三种不仅仅是没有归零的心态，连学习的心态也没有了。

所以听到一些企业家说教授没什么用时，虽然我不认同，但是我觉得这里面有一个道理大家要懂：如果我们学的知识只是为了证明过去的话，这个知识确实没用。要知道，心态归零不仅仅是一种训练，也应该成为一种习惯。

3. 开放的心态

你一定要打开自己，真正、彻底地打开。"打开"这个词是非常有意思的，它是要由内往外推开，不是拉开，拉开是从外往里。只有打开才能包容、接纳，才能真正理解这个变化。包容变化，接纳挑战，学习未知，做到这些需要一个开放的心态。

包容、接纳也是对自己的要求，包容自己、接纳自己，这样才能在遇到挑战和冲击时，不至于为了保护自己而做出抵触。所以具有开放心态的人，才能够包容变化、接纳所有，也因此可以获得成长。

4. 确信的心态

确信的心态很重要，因为这也是一种信仰的力量。信仰就是一种相信的力量，只要你相信，其实你就有了信仰的力量。

中国文化有一个很有意思的现象，那就是很难建立陌生人的信任。如果无法建立陌生人的信任，更大范围的合作也就无从谈起，所以一个需要整合资源、持续发展的企业，就必须与陌生人建立关联。

很多人之所以认为关系很重要，不是大家想拉关系，很大的原因是陌生人不能信任，必须借助各种关系来辅助建立信任，这种无法建立陌生人信任的原因，是缺少确信的心态。

管理中非常需要有确信的心态，需要有相信的力量，这个力量真的是无穷的。

在我自己的成长过程中有三点极为重要：

（1）相信梦想与目标的牵引力量，这份力量不受环境变化的影响。

（2）相信伙伴的团队力量，尤其是要相信自己的上司，这份力量能够集结而成，并陪伴你一直前行、冲破阻碍。

（3）相信自己的力量，这份力量有着无限的可能，你的能力超乎你的想象。

这三点要同时存在，要相信目标、相信团队和上司、相信你自己，拥有这份确信的心态，会带给你无限的可能，所以我特别喜欢泰戈尔关于爱情的一句话："因为相信，所以看见。"

以上就是获得管理者定力的四个心态，对面对不确定性而言，是非常重要的。

成为卓越领导者的两个关键要素

成为英雄领袖有两个必要前提:"发展自己、发展他人"和"企业长期发展的使命感"。

你一定看到过排成 V 字形的雁群从头上飞过,留下渐渐远去的鸣叫声,那正是你所看到的卓越的领导模式。

大雁的这种行为蕴含着科学道理:V 字形构成挡风墙减少雁群总体花费的力气,领头雁正面迎风,而飞在它后面的雁受到的气流冲击将减弱,因此飞行起来非常省力。

但是,领头雁也不能长时间处在风口的位置上,这就是为什么飞在后面的大雁频繁而有秩序地换位的原因。最终,每只雁都有机会成为领头者。而雁群用鸣叫声来鼓励头雁:"我们仍然在你后面,继续飞翔吧!"

研究人员已得出结论:雁群的声音越持久洪亮,头雁就越能够顶着迎面吹来的风耐久地飞行。

过去四十年,中国商界英雄领袖辈出,这些商界领袖不但具备企业领导人的素质和能力,更能站在行业的前端部署战略。他们善于改变,不仅如此,他们更注重引导组织共同创造财富和价值。我曾经把他们称为"英雄领袖",而他们正是中国企业发展的"领头雁"。

▶ 01 领袖的魅力源于领导力

领导者对企业文化的传递有着决定性的作用,这种作用既体现在运营活动中,也体现在员工的行为示范中。我敬仰领袖们的魅力,更敬仰领袖们对历史的创造。

也许正是缘于这样的敬仰,我开始探究这些领袖的气质。如果这些气质被称为"领导力",那么领导力又是怎样展示的呢?

我并不反对领袖具有天赋的说法,但是否具有了天赋就具备了领导力进而成为领袖?我并不这样认为。

我曾经花了十年的时间关注中国成功的企业领导者的特质,并把他们称为"英雄领袖"。我发现,成为英雄领袖有两个必要前提:"发展自己、发展他人"和"企业长期发展的使命感"。

天赋并不是衡量英雄领袖的客观依据,英雄领袖也并不是那些总能给人冲击感和责任感的煽情人物;相反,英雄领袖不刻意表现自己的为人本质,他们善于通过自己的组织潜移默化地传递气质,并给企业成长带来深远影响。

▶ 02 领导力要素一:发展自己,发展他人

过去,我做了一个长达三十年的研究:跟踪中国本土企业,研究它们持续成长的模式。

在研究中国领先企业的领导者时,我发现他们有一个最大的特点,就是一直关注人的成长。

今天你让我评价一个公司能不能有未来,方法很简单,就看领导者愿不愿意培养人,一个愿意培养人的公司一定有未来。

当公司的领导者们能把自己和组织、企业及整个合作伙伴都带到成长的位置上时,这些企业就成了领先的企业。

卓越的领导者一直专注于人的成长,他一定能做到两件事:

1. 发展自己

成长其实是最重要的,优秀的人一定是不停地自我生长、不断地发展自己。如果我们没有生长的可能,就没有机会。生长不是来自外部,而是主要靠自己,只有真正自我成长,才能发展自己,成为真正优秀的人,进而成为卓越的领导者。

卓越领导者通过不断学习和持续改进提高组织能力,他们的出发点基于:

(1)为将来培养技能和人才。

◆ 介绍人与人之间可相互学习的途径,鼓励相互指导、相互帮助和学习。

◆ 投入时间及精力为未来的经营培养技能,而不只局限于达到目前的目标。

(2)创造一个不断学习的组织。

◆ 不断努力提高组织内成员的能力,善于学习他人(或竞争对手)的经验,寻求对完善自我有利的外部挑战。

◆ 推进创新精神以求发展，激发个人好奇心和不断学习的欲望。

2. 发展他人

成功的领袖并没有什么魔法可言，他们的经验就在于能够发现和培育人，再让这些人发展他们自己；建立自己的团队并教给他们工作的技巧和知识；激发员工的工作热情，让员工从不必要的限制和束缚中解放出来，即便这些限制和束缚都是他们自愿承担的。

比如，腾讯就很关注人，我以前特别喜欢他们的"活水计划"，即让人在一个组织体系当中找到不同的发展机会。

比如，华为总裁任正非从创业伊始就有很强的人才资源意识。华为是深圳企业中最早将人才作为战略性资源的企业，很早就提出：人才是第一资源，是企业最重要的资本，人力资本优先于财务资本增长。而很多企业当时乃至现在还停留在人力成本控制的概念上。

在人才使用上，任正非特别注重员工内在素质与潜能的培育和开发。从1996年开始，华为就凭借高薪积聚了大量来自著名高校的毕业生，一年招聘进几百、上千名大学生，甚至一次性招聘5000人。

为确保企业形成良好的学习型组织，任正非最早在企业内部建立起适合企业业务需求与人才成长特点的分层分类的人力资源开发、培训体系，如在各业务系统分别建立管理者培训中心、营销培训中心、研发培训中心、客户培训中心等。

可以说，在中国本土企业中，任正非引领的华为是屈指可数的能在人力资源培训开发方面倾注大量热情和资金的公司。

综上所述，对于"发展自己、发展他人"的优势，我们可以这样理解，即带领组织形成一个不断改进的环境，发展自己以激励他人，发展他人以激励自己。

这种能力包括：

（1）要求他人表现。

◆ 创造、寻求、期待有竞争力的工作进度，不容忍低标准、差表现。

◆ 通过给予他人更大的经营自主权和机会增强其责任感。

◆ 处理人事问题时干脆果断。

（2）创造不断改进的环境。

◆ 创造团队自身不断提高标准及表现得高效、高成就的工作环境。

◆ 洞察他人的能力并激励他们设立更高的目标。

◆ 预见及正视有关人事的复杂决定，果断且公正地处理人际关系和经营效果。

▶ 03 领导力要素二：长期发展的使命感

更多的案例告诉我们，中国大部分企业的领导者缺少的不是热情、能力，而是境界、使命感。

很多企业领导者在创业初期展现出了自己企业家的创业热情和能力，而当他们踏上成功之路不久，就不由自主地向公关专家、行政专家、政治家的角色转型。他们在整体上还没有形成摆脱世俗文化的能力，同时由于处于资本积累阶段，利益和前途还是他们的首要或者唯一目标。

但恰恰由于不自觉地强调个人荣誉和个人成就感，使企业没能再进一步发展，反而走向了衰竭。

很显然，立足企业长期发展，是成为英雄领袖的起点。在做"领先之道"的研究中，我们针对这个问题做了调查，发现了英雄领袖立足企业长期发展的方式：

（1）他们能将个体吸引过来，与他们树立共同目标，包括鼓励积极参与及提出建议，帮助人们扩大视野及认识自身职位的重要性；在不同技能、态度、类型的人之间建立高度信任和有效的协作精神；使员工感受自身价值，帮助他们将个人目标和成就与组织的目标和成就相联系。

（2）他们能将人与经营紧密相连，包括创造对未来远景的热情以及兴奋感，使人们渴望成为其中一员；视人们的文化差异为财富，充分利用这些差异，使公司取得最优成果；激发个人及团队高度的自我尊重，提高其自豪感及对经营成功的认同。

英雄领袖的使命感里渗透更多的是理性和文化，涵盖了精神境界、商业品质和价值取向，英雄领袖在创业伊始就以长期的发展使命为起点。

当一个企业领导者立志使自己的企业长期发展时，他无论如何不会用牺牲事业的代价来贪图眼前的局部利益。这样的长期使命奠定了成为英雄领袖的根本特质。

如何成为"无我"领导？

> 把每天的努力付诸工作，把远大的目标留在心中。只有在设定远大目标的同时坚持一步一个脚印地努力，才能最终迈向成功，实现梦想。

在充满不确定性的市场中，单一企业成长的可能性越来越小，组织都在各色的生态系统之中。因此，将一家企业的命运与其他共生型组织成员联系在一起，从而形成命运共同体，是一个必须要做的选择。

共生时代已然来临，拉姆·查兰曾经表示："面对当今时代的结构性不确定性，要想引领企业走向成功，需要全新的领导力。"

"无我"领导在共生时代是领导力的新内涵。

▶ 01 牵引陪伴

玛丽·帕克·福列特曾说："**最优秀的领导者并不要求别人为他服务，而是为共同的目标服务。**"最优秀的领导者没有追随者，而是与大家一起奋斗。我们发现如果领导者不常发号施令，那么下属，包括经理和员工会对领导力做出不同反应。

我们鼓励合作的态度，而不是服从的态度，只有当我们在为一个如此理解并定义的共同目标奋斗时，才能达到这种效果。

这是对领导者定义的重新诠释，"无我"领导者摒弃了固化的权力带来的既有概念的桎梏，与员工成为协同共进的伙伴。

1. 激发梦想

2010年，在日本航空公司亏损1.5235万亿日元宣布破产之际，稻盛和夫临危受命，以零薪水出任日本航空公司CEO。

仅用一年的时间，稻盛和夫带领日本航空公司做到了三个世界第一：利润世界第一，准点率世界第一，服务水平世界第一；仅用424天的时间就帮助日本航空公司扭亏为盈，创造了日本航空公司史上空前的利润——1884亿日元。2012年，日本航空公司再度在东京证券交易所上市，成为奇迹。

这个奇迹背后便是稻盛和夫的经营哲学。

在创建京都陶瓷之初，稻盛和夫就一直在向员工传递"我们生产的特殊陶瓷，对全世界电子产业发展不可或缺，让我们向全世界供货吧，我们要变成京都第一，日本第一，世界第一"的使命。

虽然这在当时看来仅仅是缥缈的幻想，但是稻盛和夫反复向员工描述这个梦想，并努力获得员工的一致认同，从而使其成为全体员工的梦想。在梦想的召唤下，全体成员共同努力，最终让梦想开花结果。

如稻盛和夫所言："我在京瓷反复讲'京瓷总有一天会成为世界第一'，这句话听起来像不切实际的空想，但在我头脑中有清醒的认识，我的远大目标发自内心，同时我也直面现实，认真对待每天的工作。"换言之，就是把每天的努力付诸工作，把远大的目标留在心中。只有在设定远大目标的同时坚持一步一个脚印地努力，才能最终迈向成功，实现梦想。

2. 从挑战出发

"无我"的领导者真正的魅力在于不断进行挑战和突破，在人们的质疑和误解中坚持下去并从中探寻机遇，逐渐让机遇的萌芽成长为真正让员工、组织甚至社会变得更好的现实。

日本企业文化研究专家河野丰弘认为：新理念、新构想常常是少数人的意见，大多数人是反对的，因此，允许不苟同的人、特立独行的人存在，强调让有能力的人崭露头角，这种态度实属必要。

领导者真正的创造要和梦想组合在一起，敢于创造和颠覆，为这个社会创造更多的财富。

3. 传达梦想的力量

"无我"的领导者不仅始终坚信梦想的力量，而且会为他的员工、团队、合作伙伴设立一个向上的变化目标，向这些相关成员传达梦想的美好并向他们传递可以实现的信心，通过点燃他们的欲望，让这些成员看到之前不敢想象的可能性，激发创造性。

此外，"无我"的领导者能够通过精神感染，点燃组织成员的激情。

02 协同管理

共生型组织领导者的协调者角色,就是要整合所有成员共同工作,能使各组织成员在协同工作上有所突破,各组织成员通过协同工作所获得的绩效更高。

今天已经不再是产品和产品、企业和企业之间的竞争,而是价值链和价值链之间的竞争,共享价值链已经成为当今战略的基本出发点。

整个价值链的竞争能力,决定了价值链上企业的竞争能力。

价值链的关键环节承载着协作企业间的价值创造等活动,只有对不同价值链环节进行深入分析,才能凸显协同管理的价值取向。

因此"协同管理"的高效价值创造,需要从价值链切入进行研究。

对应于价值预期、价值创造、价值评价和价值分配,协同管理包含四个环节——协同价值预期、协同价值创造、协同价值评价、协同价值分配。

第一,协同管理的价值预期。价值预期是协同开展的前提,具体分为三种策略:价值观统一策略、协同期望管理策略、协同互补策略。

第二,协同管理的价值创造。价值创造是协同的核心,包含四种策略:"以人为中心"策略、价值点衔接策略、目标嵌套策略、集合智慧策略。

第三,协同管理的价值评价。价值评价是承接协同过程,开启协同分配的基础。包含三种策略:协同激励策略、双向价值创造策略、激活个体策略。

第四，协同管理的价值分配。价值分配是协同整个过程的结束，也是下一个协同过程能否持续的关键，包含三种策略：协同价值显性化策略、协同追踪控制策略、协同溢价分配策略。

协同管理的持续研究得出的策略中隐含的最核心部分是协同管理的价值取向，我们结合东方智慧，得出的结论是："诚、利、信、不争"五字箴言。这五个字作为"协同管理"的价值取向，为企业价值观和文化确立及调整提供借鉴。

▶ 03 协助赋能

在某种程度上，"无我"的领导者一定是把帮助成员成长作为自己的首要责任。领导者真正的创造要与成员在一起，帮助成员成长与成功，让成员可以创造出更大的价值。

1. 赋能个体

重视共生组织成员的个体价值是共生型组织改变的基础，其背后是"无我"的领导者带来的"组织下沉"，组织的权力和地位得到沉淀，每个成员都被赋能，价值创造的主角变成了共生组织的每一位成员。

德鲁克曾经讲过，管理就是激发善意。在共生组织中，这一点显得尤为重要。"无我"的领导者不仅仅为共生型组织成员的自我激发提供了理由，而且为其导入了催化剂。

在此过程中，领导者由控制者转变为赋能者，通过激起组织成员自己的动力，激发持续的创造力，让组织成员的自主性、创造性和灵活性更好地与共生型组织进行匹配。

对组织成员而言，他们如同舞者，期望有一个好的舞台，可以尽情发挥，从而让更多人欣赏到他们的舞姿，让更多人为他们鼓掌。

微信的设计者张小龙很清楚这一点，在微信这个产品上，你可以感受到微信对微信平台上的每一个成员的尊重与赋能。微信相信，离顾客最近的人，才是最了解顾客的人，产品只有通过前线人员真正面向顾客才能够做出最正确的判断。

因此，微信的管理层一直赋予前沿的平台开发者很大的自主权，把唯一的评价权留给顾客，微信本身不做评价者。这种以顾客作为核心点的技术平台，正在聚合越来越多的人。

2. 彼此加持

形成命运共同体的协同关系不仅体现在组织之间，而且表现为组织和员工的利益与共。

共生组织成员间以及成员组织和其员工间共同创造价值，彼此加持是关键。

小米提出的利益透明分享，海尔提出的超值分享，都是通过利益共享让员工和合作伙伴体会到自身的付出给组织带来的价值，进而调动成员的创造积极性，使成员的利益和整体组织的发展更加紧密地联系到一起，实现组织的持续发展，分享财富本身成为彼此加持的构成部分。

3. 互助成长

共生型组织管理是一种基于互助成长的新模式,"无我"的领导者帮助组织成员看到未来,强调组织成员的成长,在组织成员心中播种自我超越的"种子",影响组织成员的思想意识和价值观念,让组织成员有能力创造未来。

在这个过程中,领导者会不断鼓励组织成员积累知识和经验,为共生组织成员提供内部分享或外部培养的机会,让组织成员自身不断提高和优化,增强面对环境挑战的主动性。

共生型组织领导者的协助者角色,就是领导者能够赋能给组织成员,以协助每一个组织成员展开工作并取得绩效,协助者就是要帮助各组织成员培养对共生系统的了解能力。

组织管理重在让一个庞大而复杂的合作体系正常运作,体系中的个体不仅代表组织和组织成员本身,更代表了任何与组织有关联的组织和个体。

这就意味着在凸显互通互联的现在,组织的平稳发展需要多个组织与个体的协作和配合,进而完成一系列活动。因此,共生型组织领导者要成为一个协助者,让组织成员能够彼此加持、共同成长。

PART 5

终身学习

你要学会去找问题,也就是界定问题,要做鉴别。要对鉴别后的信息做特定的转化,这就是"知识的形成"。有了知识的形成,就会有一套自己的方法论。有了知识方法论,才可以融会贯通,更好地面对未知问题。

生长最美:做法

我们该如何拥有知识？

拥有知识有三个必要条件：融会贯通、终身学习、突破自我极限。

以前说工业时代、科技时代、信息时代，我们就会知道那个时代的核心价值是工业、是科技、是信息。

但现在这个时代已经不再用信息时代来表述，也不再简单表述为科技时代，甚至也不再称之为互联网时代，而是称之为"知识时代"。人们一直在反复强调"互联网下半场"。为什么叫"下半场"？因为它的核心价值转移了。

当年柯达破产时，德国所有的传媒都惊呼一句话："在科技面前，没有人高高在上，因为时代会淘汰落伍者。"

这句话放在今天，依然很适用。**在科技面前、在知识面前，没有人可以高高在上，时代会淘汰一切落伍者。面对未来，唯有跟知识走在一起。**

在现实当中，大家对知识都充满了期待，但所有人都囿于对知识的认知。我们比历史上任何时候的人都忙，每个人都觉得充满机会，但又惶惶不安。

信息如海，却让人难以鉴别哪些是真正的知识。如果我们不能做知识的甄别，必然会陷入难以选择的境地。

难以选择，就无法创造价值。

德鲁克很早就在他的一本书里面说："无论在西方还是东方，我们早期的知识一直被视之为'道'，推得很高，离现实很远。可是现在，几乎是一夜之间知识突然变为'器'，变成一种资源，一种实用利器。"

德鲁克在研究整个管理学近百年的历史时，对之前知识所起的作用做过三个革命阶段的划分。第一个阶段是当知识运用于生产工具时，称之为"工业革命"；第二个阶段是当知识运用于工作之中时，称之为"生产力革命"；第三个阶段是当知识用于知识自身时，称之为"管理革命"。

这三个革命带来的结果是什么？就是知识应用于生产之后，人类一个世纪创造的财富比此前所有世纪创造的财富的总和还要多。所有在生产流程和工艺中运用知识的国家，其劳动效率都大大提高。

我沿着他的研究思路加了一个阶段——第四个阶段，这个阶段不再是知识应用于流程，不再是知识应用于工具，不再是知识应用于知识本身，而是知识本身就是一个生产要素。当知识成为生产要素时，会使资本和劳动力居于次要的位置，我称之为"知识革命"。

前三个革命淘汰的是工具，是流程，知识革命淘汰的是人。

如果没有知识，一定会被淘汰，所以大家一定要重新建立自己的知识系统。

首先，你必须学会清理。今天很多人喜欢辟谷，目的就是重启。在拥有知识上，也需要"辟谷"，做一次重启，把以前的全部都清掉。

因为你不重启，不加入新的东西进去，这一轮的革命就会把你淘汰，这才是知识革命可怕的地方。

1911年，泰勒发表了《科学管理原理》。自泰勒将其知识运用于工作后的短短几年中，社会生产力便以3.5%~4%的速度持续递增，这就意味着社会生产力每隔十八年左右就会翻一番。自泰勒时代至今，所有发达国家的生产力水平均已提高了50倍左右。这种社会生产力的提高前所未有，因而使发达国家的生活水平与生活质量有了明显改善。

这只是知识运用于工具、运用于工作带来的变化，现在知识变成生产要素，你就可以想象那个变化有多可怕。我们以前常常说涨100%都是很厉害的，今天我们告诉你很多独角兽不是一年营收涨100%，而是指数型增长。

知识在今天变成了非常重要的资源，成为获取社会和经济效益的手段。学习就是非常重要的投入，这是做系统化创新的基石。

Google搜索做了一个知识图谱，你只要坐在计算机面前，它就知道你要干什么，把你的图像和你脑袋里要想的东西组合在一起，显示结果给你。

今天美国所有的零售公司都会被投资者问到，你怎么应对亚马逊？如果没有应对之道，你就会被淘汰掉，从这个行业里消失。

今天GE已经不是一个制造公司，而是数据驱动的公司，它甚至把制造起家的东西都卖掉了。

阿里巴巴和腾讯又到底是什么公司？我们很难再简单定义。

今天的我们必须重新学习、重新认知，每个人都一样，我们整个组织需要转变成知识驱动型的公司。你的基因里面要有知识的概念，不能陷在信息和数据里面。

我们现在很多人都讲数字化、讲大数据，但你是否知道，这些跟你到底有什么关系呢？你的组织结构和合作伙伴系统，包括你可持续的价值创造都需要改变。当 7-11 成为日本业界排名第一的企业，我们必须知道背后的道理——它有最好的知识流和数据协同开放平台，我希望更多的公司朝这个方向走。

今天的组织遇到的最大挑战，就是知识驱动的组织与资源驱动的组织不一样。

知识驱动的组织是什么样，应该注意什么问题？如果要变成这样的公司，组织需要拥有什么？

对日本影响最大的学者之一戴明认为，组织应该有一套深厚的知识系统。未来的组织必须要有能力不断地去获取知识、验证知识，不断地创造和创新。这一轮知识革命淘汰是更可怕的，因为直接淘汰人。知识的生产力会成为经济与系统最重要的决定因素。

拥有知识有三个必要条件：融会贯通、终身学习、突破自我极限。

▶ 01 唯有融会贯通

我一直认为，人的高度不是由身高决定的，而是由手决定的。

学习、鉴别、运用，唯有运用，才会创造价值。如果我们要学习、鉴别和运用它，最关键的有两点。

第一点，不断有目的地"放弃"。把过去的东西扔掉，这是我对很多企业提过的要求，企业最大的障碍就是原有竞争力的障碍、竞争力的陷阱。

第二点，持续地去理解外部环境，因为变的都在外部。不停走出自己的舒适区，真正地放空自己、更新自己，才会有更广阔的未来。忘记过去的一些东西，要学一些全新的东西。要和别人合作，要跟别人组合在一起。今天太多的知识，你不借用不行。我一直说，这个时代，联结大于拥有，从个人英雄变成集合智慧。

有一位英国小说家，他写的小说总是很好，人家问他为什么能写这么好，他说："唯有融会贯通。"什么叫融会贯通？就是不要简单地只是解决问题，你要学会去找问题，也就是界定问题，要做鉴别。要对鉴别后的信息做特定的转化，这就是"知识的形成"。有了知识的形成，就会有一套自己的方法论。有了知识方法论，才可以融会贯通，更好地面对未知问题。

▶ 02 终身学习

我们今天要求三种学习能力，即基本学习能力、过程学习能力和行动运用能力。

基本学习能力就是先把我们现在已经存量的知识拿进来，未来一定是两种知识在身上并存：存量的知识和动态的知识。存量的知识是基本学习能力解决的。

动态的知识就要靠另外两个能力：过程学习能力和行动运用能力。学习要敢于跨界，乐于打开自己，主动做各种了解，使自己的知识动态化。

同时，动态的知识还需要综合运用能力，要在应用中再创造。

因此，唯有终身学习，才能不停地扩大自己的存量知识、训练自己过程学习能力和行动运用能力。

▶ 03 突破自我局限

人在认知上有三个障碍。

第一个障碍就是太过自我，处理自己跟别人、跟社会、跟环境的关系。

第二个障碍就是认为我们相信的东西就是真的，总是相信我们自己相信的东西，但实际上我们自己信仰的真理与真正的真理之间有差距。你相信的东西和真正的东西之间有差距，我们进行学习训练、知识训练和智慧训练，就是要让这个差距变小或者更早地发现这个差距。

第三个障碍就是相信自己的经验。其实事物一定是变的，经验就是陷阱。好的学习会让自己把所有的"我执"都拿掉。

在知识的社会里面，最经不起的是知识潜力的浪费。在以不确定性为主要特征的时代当中，最重要的是对事物的洞见力、远见力和最后的实现力。只要深入地融合和介入到变化当中，就会提高对自己的要求，用比别人更高的标准要求自己，用更宽广的心胸接受变化。

理想和现实之间，就差一个行动的距离。唯有突破自我极限，才会持续拥有知识而不被时代淘汰。

如何真正高效地学习？

真正的领导者把学习当作一个修炼的过程，每日精进，磨炼心性，输出品质。

▶ 01 用修炼的心态来学习

我常常把学习当成一种修炼，因为学习与修炼有三个特征是完全一样的。

第一个特征：每日精进。

如果你想修炼，就一定要每日精进。如果你不能够每日精进，就不是修炼了。为什么一些高僧或者真正的贤人、圣人，最终会走到一个非常高的位置？因为他们每一天对自己都有要求。这种每一天对自己都有要求的状态，会让他们持续地走到更高的位置。学习也是一样。

第二个特征：磨炼心性。

修炼本身是朝向自己的，不是朝向别人的。对自己提要求，才叫修炼。只有不断地磨炼自己的心性，才可以有机会做很多调整。

作为企业家或者企业的核心管理者，遇到的最大挑战是如何管住自己的心性，而不是怎么管别人。比如遇到理解力弱的下属，你要接受他的这一点，然后找解决方案，这就是磨炼心性。你也可能遇到一个很能干的下属，但是他搞小动作会伤害你，如果你要用他就要接受他的缺点。

企业家与我讨论最多的问题是：这个人我非常想用，但是他有一点我不能接受，某种程度上会破我的底线。这说明两点：

第一，你的心性承受力不够；

第二，你太纠结了，要么干脆不用。如果你想用这个人，如何把你的底线与对方达成共识，这是你所面临的挑战。

所以，我要求大家在心性上必须跟着一起成长。

第三个特征：输出品质。

输出的东西有足够的品质，也就是说你对人、对事要有足够的品质。

有人跟我说，陈老师，我的脾气就是这么大，因此与人沟通比较率真和坦诚。这肯定是你的修炼不够。如果你的修炼足够，你怎么样不重要，重要的是与你相处的人、与你合作的人，他们的收获是什么，你输出的东西是不是有足够的品质？如果你输出的东西品质不够，就说明你的修炼不够。

真正的领导者把学习当作一个修炼的过程，每日精进，磨炼心性，输出品质。

▶ 02 像闭关一样学习

我们应该像闭关一样学习，安静地投入，安静地思考，认真地面对，这样学习才能有效率。

为什么很多人参与各种各样的课程，还是发现学得不够，学习效果没有预期的好？老师可能是一部分原因，更重要的部分是你自己的投入度是否足够。如果你的投入度足够，效果应该是好的。

所以，我建议大家用投入的心态来学习，这样才能达到你想要的学习效果。

▶ 03 用质疑自己的视角来学习

我在不丹进修时，引领我们的人叫堪布，堪布是类似于教授这样级别的人。

在一次讨论中，有一个同学问堪布："你质疑过你的上师吗？"这位堪布很震惊，瞪大眼睛看着我们反问："为什么你们会质疑上师？"他说他不会质疑老师，遇到问题肯定会质疑自己。

其实当你能够质疑自己时，才可以更深度地去思考。

这就是我给大家在学习上提的三个建议，希望这三个建议能帮你在学习中让自己从心性到能力都有很大的进步。

我的两个学习模式——观察与读书

我们有知识时，我们应该能理解；我们有智慧时，我们更应该有慈悲；我们有勇气时，我们还应该有热情。

春天正是读书天

午后暖阳

烘烤着书页

仿佛可以

嗅到墨迹的香气

春天正是郊游天

你看风景

看风景的人也在看你

我们学习的形式实际上是很多样的，可以从书本开始，可以从交流开始，可以从身边的人开始，也可以从观察开始。

我本人的学习主要有两种方式，一个来源于观察，一个来源于书本。我在观察当中学了很多的东西。

我是个特别喜欢看电影的人，几乎一有新片上映，我就跑去看，实在没时间了，就把它下载下来，然后坐飞机时看。我发现坐飞机也有好处，就是可以看电影。

我觉得：观察生活，然后以电影的形式把它呈现出来，这种表现方式比其他的表现方式都好。所以我每次看电影时都很认真，我会比较快乐，仿佛跟那个电影融在一起了。我会经常想，电影中的人物下一句话说什么，再下一句话说什么。我跟我女儿两个人看电视、看电影（我们俩规定，一周有一个时间一起看）时，我就会经常往下说，然后她就说陈导你说错了，后来她也学我，我说小陈导你也说错了。

其实在看电影的过程当中，不仅仅是看，也是在借别人的角度去观察生活，我们自己的生活其实没有我们想象得那么丰富，如果你借助更多的方式去观察，它就会丰富起来。所以观察当中也可以发现很多，包括看电影、交流、日常生活，包括吃饭，甚至我们做任何事情时，如果把心情和观察放进去，还是蛮美好的。

我没有太多时间做饭，但是我一旦决定要做这顿饭，从准备开始，到我把每道菜的味道呈现出来，然后到摆盘，到给它起名字，我都很用心去做。

我女儿很小的时候，有一次她告诉我，说喜欢我做的菜。我问为什么，她说因为很美。我问好不好吃，她说另外再说。但是吃饭这件美好的事情，因为女儿的观察，就埋在她心里了。

我们的观察实际上是可以来源于任何一个部分，任何一个动作，任何一件事情。

我的另一个学习来源是书本。

我是一个非常爱看书的人，所以就变成我几乎所有的知识都是从书本看来的，包括我常去启蒙自己的性格。

其实我最重要的一个性格，就是来源于林语堂的《人生的盛宴》，我深受这本书的影响。他说人生是一场盛大的宴会，你怎么去奔赴这场宴会，其实你是可以决定的。

中国人的文化和传统，是豁达的性格，很浪漫、很自由的，中国人人生里有非常高的境界。这个境界是不是每个人都做得到，他没写，但是他里面有几句重要的话给了我巨大的帮助。

第一句话，他说你光有智慧和勇气不够，你还得加上热情，热情加智勇。他认为这样的人才可以在生活当中呈现完整的自己。

第二句话，他说这个社会其实是很可怜的。如果你有智慧没有慈悲；如果你有热情没有勇敢；如果你没有欣赏，或者你只有欣赏，而没有真正地表达；如果你没有对这个事情的理解，仅仅是一种知识，这个世界其实是很可怜的。

反过来的意思是说，我们有知识时，我们应该能理解；我们有智慧时，我们更应该有慈悲；我们有勇气时，我们还应该有热情。如果你有这些时，那社会就没有那么可怜了。

我们可怜的原因是什么？就是因为我们只是顾及了一边，而没有顾及另外一边，如果你总是只能顾及一边，一定是蛮可怜的。

他这本书其实给了我非常多的帮助。这本书在大学里面陪了我四年，我就反复看它，然后慢慢就形成了我怎么去看这个世界，我怎么去拥有。

我们不是单边的思维，我们要思考怎样能够让这个可怜的世界因为你对它的理解变得很温暖，这就是书给我的帮助。

在苍茫中点灯，我读德鲁克[1]

> 德鲁克先生告诫我们：创新是否成功不在于它是否新颖、巧妙或具有科学内涵，而在于它是否能够赢得市场。

▶ 01 管理者必须卓有成效——《卓有成效的管理者》

记得十年前看到《卓有成效的管理者》一书时，就被这本书的思想深深打动，一是这本书的结论：管理者必须卓有成效；二是德鲁克先生得出这个结论的方法——深入企业实际。

德鲁克先生对管理领域的贡献并不需要我们去做注释，但是对中国的管理者来说，他的价值却更加宏大。

在遇到德鲁克先生之前，我没有完全理解管理者的价值，在《卓有成效的管理者》这本书里，德鲁克先生清晰地指出了管理者的价值

---

[1] 彼得·德鲁克先生（1909—2005），管理学科开创者，被尊为"大师中的大师""现代管理学之父"，他的思想传播、影响了130多个国家；他称自己是"社会生态学家"，他对社会学和经济学的影响深远，他的著作架起了从工业时代到知识时代的桥梁。德鲁克著作合集已由机械工业出版社出版。

所在。我尤为认同他对于卓有成效的理解和判断，更加让人钦佩的是，德鲁克先生让我们知道卓有成效是可以学习的。

传统管理者与有效管理者的区别是什么？在德鲁克先生看来，传统的管理者有三个特征：

第一，专注于烦琐的事务中，因为他们只是关心发生的事务，所以这些管理者所有的时间都在处理别人的事情，简单说就是传统的管理者的时间属于别人。

第二，处在什么岗位上，就用什么样的思维方式来看待问题，所以导致部门之间的不合作，导致很多管理者"屁股指挥脑袋"，不知道整个系统所需要的条件是什么。

第三，传统管理者只是专注于事务，而忽略了人的培养，他们总是认为没有人能够成长起来，下属总是不能很好地完成任务。

大部分管理者都具有德鲁克先生所描述的传统管理者的特征，这也是为什么我们的管理效率不够高的主要原因。

那么有效的管理是什么？简单说，**有效的管理就是关注时间管理，关注系统思考，关注培养接班人。**

我喜欢德鲁克先生对管理者的一个描述：**管理者就是贡献价值。**他为管理者做出定义："**管理者本身的工作绩效依赖许多人，而他必须对这些人的工作绩效负责。**""**管理的主要工作是帮助同事（包括上司与下属）发挥长处并避免用到他们的短处。**"这是管理者的价值所在。如果管理者能够贡献自己的作用，让下属和上司发挥长处，管理者自身的绩效也就表现出来了。如果管理者自己处理所有的事情并替代所有的下属或者上司，那么这个管理者就不能够称之为管理者。

我喜欢德鲁克先生对于管理的一个描述：**管理就是承诺**。这个描述简洁而深刻，确定明确的边界，管理就是承诺，其承诺的内容包括三个部分：

一是承诺目标。对目标的承诺是回答"做什么"以及"做到什么程度"这样的问题。

二是承诺措施。对措施的承诺是回答"如何做"的问题。

三是承诺合作。对合作的承诺是回答"与谁做"的问题。

有了承诺，管理才能够真正具有有效性。《卓有成效的管理者》的发表，让管理进入了真实境地，能解决问题，贡献价值。因为德鲁克先生，管理变得卓有成效，管理者释放了自己的价值。

2005 年德鲁克先生逝世时，我曾经写过一篇纪念文章。在文章里，我写道："以我自己浅薄的认识，一个人的生命的价值，就看他曾被多少重要的课题浸润过。这种浸润的体验是一种重大的人生享受，也许能够表述出来，也许无法表述出来，甚至有些时候表述本身倒成了一种失落。在这个时候想念德鲁克先生，有种很失落的感觉，在他完全被管理所有课题浸润的生命中，他所享受的并不仅仅是'大师中的大师'的称号，更是 21 世纪管理能够面临挑战的答案。但是，我无法再看到他智慧的新思维了。"

我一直很想成为德鲁克先生的一个交流者，这种交流在路上、在书房中、在课堂上、在企业细微的管理中。每每翻看德鲁克先生的书籍，有着路上遇到了投缘者的感受，常常喜不自禁。夜晚，我常常在先生的书前静想，当夜幕把现代浮华全都遮掩之后，所有风尘满面跋涉的管理者们有多少差别呢？我不断在德鲁克先生的思想中求证我的感觉，但是发现还是没有完全想透，还是一知半解，也许应该从德鲁克先生对中国管理者的忠告中去找寻，德鲁克先生说："管理者不同于技术和资本，不可能依赖进口。中国发展的核心问题，是要培养一批卓有成效的管理者。他们应该是中国自己培养的管理者，他们熟悉并了解自己的国家和人民，并深深根植于中国的文化、社会和环境中。只有中国人才才能建设中国。"我们并没有做到德鲁克先生所断言的那样。

了解了德鲁克先生，你就会了解管理者的责任，我们可以借助德鲁克先生清晰而明确的阐述，了解管理者真正的价值和贡献，也只有凭借对于管理者价值的热切关注，我们才会释放管理应有的效能。对德鲁克先生来说，企业和管理远不仅仅是现实意义上的那一种，他知道有一个巨大的空间存在，他更清晰地知道这个巨大空间所蕴含的深厚含义，他因此领悟了自己的宿命，如果没有对这一切命题的真切感受，如果不是对世事和管理的痴迷，我想德鲁克先生不会有这些透彻的思考和精确的阐述。

▶ 02 管理实践的基本原理——彼得·德鲁克先生管理系列

管理是一种实践，其本质不在于"知"而在于"行"，其验证不在于逻辑而在于成果，其唯一权威就是成就。

这些话耳熟能详，却在每一次聆听后又能给自己新的启发。德鲁克先生有关管理实践的思想是这样的，其中蕴含着看似不太复杂的基本原理，但如果你把它时常记在脑中，每一次的实践都会带给你新的收获。

我反复阅读德鲁克先生的管理著作，收获巨大。如果用归纳的方式做个梳理，我认为德鲁克先生的思想可以称之为"管理实践的基本原理"，核心表述如下。

1. 结果只存在于外部

德鲁克先生曾告诫我们，**"对所有的企业来讲，我们都应该记住的最重要的一点就是：结果只存在于企业的外部。商业经营的目标是让顾客满意；医院的目标是治愈病人；学校的目标是使学生学到一些十年后在参与的工作中能使用到的知识。而在企业的内部，只有成本。"**

德鲁克先生对企业的目的给出的唯一答案就是**"创造顾客"**，要了解企业就要了解企业的外部，要了解企业的外部就要从企业的顾客开始，这正是德鲁克先生管理实践的基本逻辑。

所以，对于管理的实践，德鲁克先生给出的首要问题就是"我们的事业是什么"，这是在企业实践的时间坐标上，不论今天和明天，企业都必须要面对和思考的问题。用德鲁克先生的话来讲，这个问题不只在企业初创或深陷泥淖时才需要提及，当企业一帆风顺时，更需要提出这个问题，并且需要深思熟虑、详加研究，假如没有及时提出这个问题，可能导致企业快速衰败。

"我们的事业是什么"，是决定企业成败最重要的问题，而这个问题只能从顾客那里寻找答案。

管理的实践必须要知道在各个时期"我们的事业是什么"，实践中要沿着这一基本问题向两边延伸，展开对问题的系统思考。

有关"我们的事业是什么"后向延伸的问题是定义企业的使命和宗旨，正如德鲁克先生所言，"企业遇到挫折和失败的最重要原因，也许就是缺乏对企业宗旨和使命的思考"。

"我们的事业是什么"前向延伸出一系列子问题——"我们的顾客是谁""顾客购买的是什么""在顾客心目中，价值是什么"，这些都是营销战略必须要解答的基本问题，德鲁克先生也曾做出回答。

"顾客所购买的，并认为有价值的东西，绝不是一件实实在在的产品，而始终是'效用'，即一件产品或一项服务可以为该顾客做些什么，带来什么影响。"德鲁克先生很早就已经意识到顾客需要的不是产品而是方案，原因就在于其能够站在企业的外部考虑。德鲁克先生不坚信对产品质量的执着，"制造企业认为'质量好'的东西并不是奠定领先的基础，无论某个产品的品质看起来有多么好，只有顾客认可的制造企业的想法，它才能带来领先地位。"

德鲁克先生有一句名言对我帮助极大，这句话就是：**"如果你把'功绩'从你的词汇表里抹掉，用'贡献'取而代之，那么你将在经营中获得最佳的成果。"**

贡献能够使你把工作重心放到合适的地方——客户、员工和股东。"贡献外部"是基于正确理解"结果只存在于外部"这一原理而做出的实践。

企业如果能够在顾客需要的领域做出独一无二或者数一数二的贡献，收获是随之而来的事情，企业自身的需要必然要通过对顾客的贡献来获得。此外，价值链成员之间、组织成员之间的关系从本质上而言都是贡献关系，只有他们在实践中做到相互主动贡献，才能保证整个价值系统为顾客做出应有的贡献。

2. 实践必须有成效

管理必须要付诸实践，要去做事情，但是我们必须承认一个事实：实践未必都是有效的。这也因此需要提醒自己，实践必须要有效，如果实践不能取得成效，将是对管理所调用资源的极大浪费，绩效不存在，管理也就无从谈起。

德鲁克先生的管理实践强调企业成果："**不论企业对产品投入了多少努力，哪怕是产品可以为顾客带来极大价值，但是如果产品卖不出去或者说无法到达顾客手中，之前的一切投入就都是无效的。**"

用人的实践也必须行之有效，企业一定要明确用人是来做事情的，否则，人力就完全沦为企业的成本。"人是资源，不是成本。"这是德鲁克先生反复强调的。

实践会调用各种资源，而只有充分释放资源的效能，实践才算有效。很多企业把拥有资源当作自己的强项，而事实上，释放资源效能的能力才能构成企业真正的优势，因为资源必须经过有效的实践才算有效。

德鲁克先生常说："**效率是把事情做好，效果则是把事情做对。务必要把对的事情做好，这就是实践必须有效。**"这个实践原理在技术环境巨变的条件下，尤其值得我们去理解和运用。

3. 健康、持续地成长

德鲁克先生曾经形象地表述了企业成长的性质，一家企业必须要能区分错误的增长和正确的增长，区分"肌肉""脂肪"和"肿瘤"，区分的原则很简单：能在短期内促使企业资源的总体生产力得到提高的任何增长都是健康的，就是"肌肉"；只能导致规模扩大却不能在相对短的时间内促进总体生产力提高的增长，就是"脂肪"；任何导致生产力下降的规模增长，就是"肿瘤"，应该迅速而彻底地通过"手术"切除。由此，我们可以得出一个最基本的结论，**成长首先必须是健康的才有效。**

德鲁克先生在《管理的实践》中表示，"企业规模最大的问题就在于成长问题"。书中专门用一章来陈述"大企业、小企业和成长中的企业"，无论是小企业、中型企业、大企业还是超大型企业，德鲁克先生更多的是在担心规模所带来的问题。事实上，规模与领先、规模与利润都不存在正相关的关系。

成长并不是一味地追求规模的增长，更多的是要考虑顾客价值的满足与自身能力的匹配，将价值增长作为健康成长的前提。

尽管德鲁克先生已经明确企业的目的不是赚钱而是创造顾客，但是德鲁克先生也对利润对于企业成长所起到的作用加以肯定。在《管理的实践》中，德鲁克先生指出：**"企业的首要任务是求生存，利润则是充饥和成长的面包。"**

最后，企业和个人都要注意，不论环境如何变化，成长都是必须要进行的事情，否则就是在与进化论唱反调，这就是成长的持续性。德鲁克先生曾经打过一个比喻，即使设在钢丝绳下方的安全保护网正在收缩，企业也必须在钢丝上时刻保持平衡，而且必须继续走向未来。德鲁克先生告诫我们：**"企业在冬天的作为仍然是要继续成长。"**

上述三个基本原理，是我阅读德鲁克先生管理系列著作的概要，也许是因为他的著作几乎涵盖了企业管理实践中的所有问题，我很难一一陈述。更因为德鲁克先生自己表达的方式非常亲近读者，所以我更建议大家直接去阅读他本人的著作，而不要受到我的影响。

德鲁克先生具有将复杂问题有效简化的天赋，吉姆·柯林斯在为《德鲁克先生日志》作序时曾经写道："在德鲁克先生的众多才能中有一个最耀眼的亮点，那就是面对纷繁芜杂世界中的诸多现象，他能用极具穿透力的片言只语解释清楚，并且揭示出其中的真理。他就仿佛是一位禅宗诗人，能用寥寥数语道破玄机。我们可以反复品味德鲁克先生的思想，每一次都会有更深的理解。"也的确如此，这些看起来并不复杂的原理使人们的思想得到了巨大的解放，指导企业的实践更加有效，这也是简单原理本身的有效所在。

在德鲁克先生看来，其最重要的贡献之一就是创建了管理这门学科，1954年出版的《管理的实践》也奠定了这门学科的基础。真的应当感谢德鲁克先生，《管理的实践》为我们开辟出管理之路，而德鲁克先生更是用毕生的智慧来照亮这条路。我们不懈前行，并让这条路变得更加宽广明亮，就是我们感恩的行动。

▶ 03 企业是什么？——《管理的实践》

企业之所以成为企业，一定是因为它有着自身的价值，对企业的认识是决定企业能够存活在社会中的基本出发点。

虽然企业存在的历史已经有了很长一段时间，但是对于"企业是什么"的思考到了德鲁克先生那里才给出清晰明确的定义。德鲁克先生在《管理的实践》这本划时代的著作中明确地指出："企业就是创造顾客，企业只有两个功能：营销和创新，企业也只能够具有这两个功能。"

这就是企业真实的价值，如果我们离开了对企业这个定义的理解，企业也就失去了存在的意义。

最近十年，中国企业发展都遇到了瓶颈，很多企业家以为是市场、竞争、技术以及资源变化带来的挑战，我也同意这些要素都在改变，但是我们也发现，在同样的环境中仍然有企业做得非常好，归结它们成功的原因，正是这些企业对顾客价值的贡献。

◆ 为什么三星不需要与中国家电企业竞争而成为全球电子最强的企业？

◆ 为什么苹果不需要与中国手机竞争而成为全球手机最强的企业？

◆ 为什么华为不需要与世界通信生产厂家竞争而成为全球最强的企业？

它们曾经也是行业里最小的企业，它们曾经也是处在竞争的格局中，但是它们快速地成长了，因为它们牢牢地把握自己的责任：关注顾客。

关注顾客并不是停留在认知顾客的层面上，德鲁克先生告诫我们：企业就是在两个功能上实现对于顾客价值创造的。营销和创新对很多企业来说并不陌生，甚至很多企业也把这两点作为自己的工作重点，问题的关键是营销和创新如何实现？以我对德鲁克先生的理解，营销和创新应该基于对顾客的价值贡献，如果用更为直接的表述方式，那就是企业应该基于产品（服务）来为顾客创造价值。

产品（服务）既是企业进入市场的前提条件，又是企业存活于市场的根本原因。如果没有产品（服务），企业就没有了与顾客交流的平台；没有产品，企业也就没有了在市场中存在的理由。我们回答企业能够生存的理由时，排在第一位的理由就是：企业能够提供产品（服务）。

产品（服务）本身需要更多地体现企业理念，也更需要产品具有企业领袖的价值取向。我一直很喜欢海底捞，因为这个产品有着企业领导者对所有人负责的价值观；我也很喜欢香港的星光集团，这个印刷企业的领导者坚持"八不印"，看星光的产品你一定可以感受到企业领导人的社会责任感。因为企业的顾客理念在产品上的体现，你可以区分不同的产品。

同样是产品，人们会接受一些品牌而放弃另外一些品牌，原因是选择的品牌代表着顾客的价值以及企业的价值观。

企业真实存活的理由就是：创造顾客。请铭记德鲁克先生给我们的指引。

▶ 04 创新需转化为行动及结果——《创新与企业家精神》

今天的时代，还是需要具有超凡能力的新商业领袖的，苹果与华为两家公司创造的市值，足以说明问题。在人们一片欢呼和关注之后，我在想，如何去界定新的商业领袖特质呢？下一个苹果或者华为

生长最美：做法

会是谁呢？

正当我无法界定所需要的新商业领袖具有什么样的特质时，德鲁克先生在1985年写就的《创新与企业家精神》给了我一个很好的视角，让我能够寻求具有真正意义上的新商业领袖。

在商业史上，拥有远见的企业家早已提出过零星的创新性思维。甚至我们可以这样认为，经济繁荣与社会发展正是企业家创新性思维转化为行动的结果，正如德鲁克先生书中所言：本书认为在过去的十至十五年间，在美国出现的真正的企业家经济是现代经济和社会史上最具深远意义和最鼓舞人心的事件。这种现象本身引发了德鲁克先生的思考：什么是创新与企业家精神？何时以及为什么进行创新与企业家精神的实践？

事实上，商业本身已经进入了一个自我探索、理论和实践结合的领域，德鲁克先生提出创新和企业家精神是为了探讨他们的行动和行为。在过去的几十年中，复杂的理论、严谨的分析，不断地启发人们对这个问题的辩论和研究。在与人们一样坚信创新与企业家精神的重要性的前提下，德鲁克先生更注重于创新和企业家精神的实践。"**事实上，将创新和企业家精神视为企业高层管理者的工作的一部分。**"是德鲁克先生的着眼点。

创新是实践的创新。德鲁克先生在《创新与企业家精神》一书中告诉人们："创新是有目的性的，是一门学科。"所以德鲁克先生首先向读者展示了企业家应该在哪里以及如何寻找创新机遇。随后，又探讨了将创意发展成为可行的事业或服务所需注意的原则和禁忌。在做这部分分析时，德鲁克先生认为：**创新是企业家特有的工具。他们凭**

借创新，将变化看作开创另一个企业或服务的机遇。创新可以成为一门学科，供人学习和实践。企业家必须有目的地寻找创新的来源，寻找预示成功创新机会的变化和征兆。他们还应该了解成功创新的原理并加以应用。

我想到一个例子：孟加拉国经济学家尤努斯，他创造性缔造的"微贷"事业正在以成功的商业运作在全世界范围内消灭贫困。尤努斯的项目已经遍及100个国家，累计为400万穷人放贷53亿美元。2004年，尤努斯甚至向2万6千个乞丐放贷，每人9美元，这些钱可以让一个乞丐开始贩卖糖果等小生意，而不是沿街乞讨。2005年，尤努斯被评为1979年以来全球最具影响力的25位经济领袖之一。尤努斯的创新实践正是德鲁克先生理论的一个全新例证。

企业家精神是创新实践的精神。如何成功地培育出企业家精神，是德鲁克先生重点讨论的第二个问题。德鲁克先生从现存企业、公共服务机构以及新企业三个方面来讨论企业家管理。这三类企业也正好涵盖了目前我们能够理解的所有组织机构的特性。

◆ 现存企业会更多地从商业的角度出发，注重那些与企业息息相关的社会问题，对社会问题的长期关注，可能会从根本上重新定义"公司"的根本目的。

◆ 公共服务机构，更多的是从社会问题本身出发，将企业的管理技能运用于社会目标的实现。它们通常具有更强大的道德力量。

◆ 最后是新企业。一如其在所有主要的企业家时期所表现的一样，新企业将继续成为创新的主要载体。托马斯·爱迪生说过："如果所有人都能真正做到力所能及的事情，结果会使我们自己震惊。"

企业家战略是创新市场的战略。

如何成功地将一项创新引入市场是企业家战略的核心。德鲁克先生告诫我们：创新是否成功不在于它是否新颖、巧妙或具有科学内涵，而在于它是否能够赢得市场。

不具有创新市场的能力就会被远远地抛在后面，这是人们的共识。但是问题的关键不在于是否理解，而是在别人已经开始全新商业理念的运用时，我们却处于被动的状态，因此在判断是否具有创新能力时，我们需要看到的是用什么样的方式进入市场。

《创新与企业家精神》是一本基于创新但又强调行动的书，我也坚持这一点是本书最为精华的地方，**创新如果停留在观念、思想和制度上，没有转化为行动和结果，就没有任何价值和意义**。而企业家的本质就是实践，所以，我们需要安静下来，评判一下我们与德鲁克先生所倡导的有着多大的差距，或者我们可以对照着德鲁克先生的观点想一想：我们是否已经让创新转化为行动及结果？如果好好地深读这本书，我们一定能够做到这一点，进而成为真正意义上的商业领袖。

学习是个人化过程——痛并快乐着

在学习中，我们最重要的是不断地告诉自己，其实我知道的东西很少。

在我所有的成长过程当中，有一件事情对我帮助最大，就是在大学里受的教育以及这个教育伴随我之后所有的时光。与大家分享这个话题，是希望能让你我之间找到一些共鸣。

▶ 01 什么样的人具有未来属性？

最近，我所有的研究让我反身讨论，什么样的人具有未来的属性？我们知道未来遇到最大的挑战，叫作不确定性或者未知。人类在过去走的路，其实一直都在寻求认知边界的不断拓展。

我们从事商业和管理的人，很大程度上都在满足需求。每一次商业的出现和创新，都在回答怎么满足顾客的需求。经历了非常长期的努力之后，无论是中国还是世界，都遇到了同一个挑战，我们称之为供大于求的商业环境。如果仅仅去满足需求，你遇到的挑战和竞争已经超乎你的想象。

生长最美：做法

那么什么样的企业接下来会有很大的发展呢？其实是创造需求的企业。所以在今天一个非常有意思的现象是，看谁能从未知中创造未知，而不是从已知中推算未知。这个巨大的转换，无论是对企业、对个人都是一样的，包括做老师，因为几乎所有的学科和领域，在今天的技术冲击下，都必须重新定义。

近些年来，我不断地研究什么样的人可以面向未来，什么样的企业可以面向未来，什么样的组织可以面向未来。在这个话题的研究中，我抛出了最重要的一个词——未来领导力。

未来是什么？未来是一个创造的过程。你创造的未来就是你的未来，它既不是预测，也不是判断，更不是你过往能力的积累。

今天，我们创造出一个以前从没有过的"线上世界"，但是这个世界花了多少时间被创造出来？我分享一组数据给大家。

1989年，全球用互联网工作的人有四百多人（不含写邮件、通信）；2018年，全球用互联网工作和生活的人，突破了四十亿。这意味着一个依赖互联网生存的人口成长速度超过了人类真实世界的增长速度。人类的数量经过几千年的时间到了七十亿，互联网世界仅从1989年到2018年就有了四十亿人。

有人说，陈老师，我是做石油的，互联网与我没啥关系。我回答说，有四十亿人在互联网世界里，恐怕就不能没有关系，然后更多的人跨界，新能源一定会把石油行业冲击掉。

所以我想告诉大家，世界其实离你很近，它不断创造新兴的东西。怎样用未知创造未知，这是你一定要掌握的。

▶ 02 教育的步伐永不能停止

用未知创造未知时，实际上是通过你所具备的能力去做，而最重要的能力获得来源，其中之一是通过教育。

近些年来在做研究时，我更多地探讨：教育到底起什么作用？教育到底能帮助大家做什么？

从幼儿园开始算，我们经历了非常长时间的教育，教育的整个环节其实是完成这个功能："人类教育活动和教育系统对个体发展和社会发展产生的作用与影响。"这就是为什么教育对我们如此重要的原因。

很多人说，陈老师，我在家学习，父母教我可以吗？比如，有一些家长认为中国现在的中小学教育对孩子的帮助不大，就送他去私塾、国学学校，或者在家自己带。

我没有反对这些做法，但是我并不支持。因为教育完成两个最重要的功能，一个是对个体的发展产生作用和影响，一个是对整个社会的发展产生作用和影响。如果个体的教育跟社会是完全剥离的，其实并没有完成教育的全部功能，只是做了知识传递的部分。如果你理解为教育是一个知识学习，这是教育最窄的一个部分。教育更广泛的作用，是能够让个体真正发展以及社会发展。

我从事教育的时间非常长，最深的感受是：如果你本人是一个不断发展的人，教育的步伐永不能停止；如果国家是一个不断发展的社会载体，在教育上就必须持续地投入，不能停止。

我个人是做组织研究的。从有记录的正式组织算起，过去的一千

生长最美：做法

多年来，能存活下来的机构一共八十三个，其中七十五个是大学。为什么大学可以活得这么久？因为大学永远是年轻的。按照大学的发展来看，它是推动进步的，就一定是面向未来的。大学招一届又一届的年轻人进来，年轻人学习后，到社会上推动社会的进步。

今天，我们开放了这么多的概念给大家，因为整个社会的进步速度超过了个体的进步速度。如果再限定年龄，大家在青少年时所学的东西，已经不足以帮助大家与社会同步进步。

所以，现在大学都在做一件事情——终身教育。

比如新加坡国立大学，他们做了一个调研，研究大学毕业后的二十年所学的东西被淘汰的过程。他们发现，如果学习的力量不够，个体被淘汰的时间大概在四十五岁到五十岁之间。因此，新加坡国立大学做了一件事情：只要是新加坡国立大学的毕业生，它就向他们提供未来二十年的终身教育。

与之类似，美国麻省理工学院和斯坦福大学开始做开环大学，延长毕业时间。

所以大家一定要理解，教育不是学位，不是知识和考试，教育的根本核心是在受教育的过程中真正得到个体的发展和社会的发展。更重要的是，经过教育之后，让自己的发展跟社会发展同步，甚至可以领先，这样我们就可以推动社会的发展。

因此，大学的作用是帮你完成最后一个动作，就是让个体发展转向社会发展，两者合一。

03 个体社会化的四个自我训练

在大学里，从个体的角度，如果要完成个体向社会的转化，需要学习四个方面的东西。

1. 学习生存技能

生存的技能是你是否知道社会最有价值的领域和方向。

有人跟我说，陈老师，我从来不用微信。我说，你不用微信这件事情没有任何的代表性，因为你花费成本让很多人帮你用。为什么我这样回答他？因为生存的基本要求就是能跟别人沟通，今天最主要的沟通平台就是微信，所以这不是你要不要赶时髦的问题，而是你是否了解今天生存的基本要求是什么。

2. 内化社会文化

要有能力内化社会文化，即可以在任何环境下找到一个生存的机会，真正地跟这个环境共舞，把你的才能发挥出来。

3. 完善自我观念

认识自我是一件最难的事情，我们认识自我有三个障碍。

第一个障碍是太过自我。

要摆正你与别人的关系，与外界的关系。我为什么鼓励大家参加极限环境下的运动，因为在极限环境下，你很容易把自我唤醒。比如你觉得自己身体很好，当你在沙漠中行走时，最先痛的那个地方应该就是比较弱的地方。发现这个障碍之后，不断跟外界融合，去突破它，你会发现原来你的自我是可以延伸的。

不在一个极限环境下，你并不知道自我边界在哪里，同时你也不知道你可以突破它的能力到底在哪里。在这个极限的环境下，你知道不能给别人添太多麻烦，所有人都是很艰辛的，因此不断地要求自己想办法完善自己。当把赛事全部做完时，你会恍然大悟，你是可以完善自己的。

第二个是你的经验。

经验让你老是认为有些事情你就是懂，但是我想告诉各位，有可能我们就真的不懂。如果你不愿意把经验拿掉，其实是没办法成长的。

第三个障碍是事实和你认为的事实之间是有差距的。

我们一致认为老师就是什么都懂的，其实老师不懂的东西比他懂的东西要多得多。所以你向老师提问时，老师给不了答案就告诉你，"我确实不知道，看看其他同学能不能告诉你"，你应该欢欣鼓舞，因为你找到了一个问题，让更多人去思考，而不应该欢欣鼓舞地说"我让老师回答不了我的问题"。

4. 学会承担社会角色

我们每个人在社会中的角色非常多。

第一个是最重要的角色，即血缘的角色，也就是你的家庭，这被非常多的人忽略掉，认为这不是一个社会角色。在血缘角色的要求中，根本没有对错，你对家庭就是有义务和责任。

第二个是职业的角色。比如说我的职业是教师,我就告诉自己,我一定要非常认真地把我所要讲的课程讲好,让参与这个课程的人有收获。为此我去做研究,做企业调研,甚至去企业实践,然后我才可以把这个课讲好。

第三个角色是社会人角色,我们称之为一般意义上的角色,排在第一位的就是公德心。当你学会承担这些社会角色时,你才真的进入社会化。

整个大学教育我们至少要你懂得以上这四个部分,不只是考试,不只是拿文凭,不只是哪一门成绩的高低,而是要通过这些课程的安排,得到与老师的交流以及所有在课程中的训练。

今天,我请大家对照自己,看自己在这四个方面上的自我训练够不够,或者我们是不是努力做了这四个方面的训练。

▶ 04 学习是个人化过程,痛并快乐着

教育的另一个功能是对社会发展要起作用,所以有人问我,如果回顾改革开放四十年,什么最重要?我认为最重要的一个就是恢复高考。如果没有恢复高考,我觉得这四十多年我们很难取得这样的成就。

在改革开放四十多年当中,还有一件事也很重要,就是我们从1992年开始开放工商管理教育,让更多人有机会学习商业知识和管理知识。这些都是教育对这个世界和中国发展的推动。

学习的概念非常奇特,它是一个完全个性化的动作。我每次都很喜欢用这段话来解释什么叫作学习:

太阳把阳光洒在大地上,它并没有决定在哪里洒得多一些,在哪里洒得少一些。每个人能够得到多少阳光,取决于我们自己。

阳光普照大地,得到的多还是少不取决于阳光,取决于你怎么去接受它。在学习中,我们最重要的是不断地告诉自己,其实我知道的东西很少。

苏格拉底和他的学生有一段很著名的"对话",当苏格拉底发现他没有办法教学生,怕他教的东西会错时,就采用了一个叫作"苏格拉底对话"的方式,他不断地问,学生不断地答,不断答的过程又引发他不断地问,最后的答案是你自己得到的。

这就是现在哲学上最高智慧采用的方法,我觉得这对学习是一个非常好的描述,一定是你自己去寻求答案。如果你要学习,你一定要训练自己寻求答案,这样你的学习能力就会非常强。

接下来是创造需求和面向未来的时代,很多东西没有答案,你创造出来的就是答案,所以今天比以往有更多的新机会和更多的可能性。以前拥有信息和拥有资讯的人机会多,这是用已知推未知。但今天,如果你有能力创造,完全是从未知创未知,这就是我说的真正的学习能力。

学习是一件又痛又快乐的事情。为什么痛?有以下四点。

第一,学习是一个否定自己经验的过程。比如在组织行为学当中,过去我们要求个人绝对服从组织,但是在今天,绝对服从组织的人创造力不够。所以我自己先否定自己过去的经验,这个过程是很痛的。

第二,学习是一个发现自己不足的过程。你不断地学,就会发现自己的不足。我做过一个实验，让本科生把这一年 50 个最新的词列出来，看我知道几个。2013 年时，50 个词我认识 46 个。2016 年，50 个词我只认识 3 个。我知道我离这个时代很远了，所以我尽可能地跟年轻人交流，以保证我不被这个时代淘汰。

第三，学习是一个认知自己局限性的过程。我去过很多趟戈壁，让我发现自己的两个局限性：第一个局限性，我不太会呼吸，我的呼吸跟运动是不协调的，我会感觉很累；第二个局限性，我发现自己其实没有想象中那么有毅力，连续走八个小时实际上是走不动的。当局限性不断地出来，不断地突破它，最后发现走四天其实是可以的。

第四，学习是一个否定之否定循环往复持续提升的过程。我现在每一次来给大家上组织行为学，都是重新备课。虽然讲义、教材都没变，但我要求讲的内容一定要变，就不断地否定，这个过程也很痛。

我觉得学习最大的好处是它可以让你胜任任何的职业，胜任人生任何的阶段，胜任我们要承担的任何一个角色。并不是说因为有经验你才能胜任，你在尝试任何一个岗位之前一定是没经验的，但是当你有足够的学习能力时，你是可以胜任的。

学习可以达到的效果：

（1）不局限于某个专业，其实你是有一种会做事的能力。

（2）不局限于专业知识，因为学会了跟人家合作，然后不断成长的一种知识。

（3）不局限于技术，因为拥有那种热情和对人性的透彻理解。

（4）不局限于自己的自信，拥有对自己与他人、与社会达成的自信，甚至相信知识带给你的力量。

所以什么叫学习，学习一定是个人化的过程，没有人可以帮你，如果想借助老师，那不过是外部的力量，真正的学习一定靠自己。只有在你真正学习时，你就有了四个痛，也有了这四个快乐，所以学习是痛并快乐着。如果你的整个学习过程，对四个痛没什么感受，对四个快乐也不是那么愉悦，那我认为你没有参与学习，只是虚度了光阴。

▶ 05 学习对自己的教育

最后想与大家讨论的是如何理解教和学。作为一个管理学的老师我能贡献什么？

1. 让管理者反思

在管理学的教育中，最重要的是，通过课程，在组织管理中能思考和反思的到底是什么？如果你觉得自己管理岗位不够高，我可以告诉大家，在任何的情景下，每个人都是一个管理者，首先是对自我的管理。

我希望大家珍惜上课的时间，在课程中把现实完全放下，安静地留在教室里面，听着老师讲解的内容去反思你所有的行为，这个过程就是一个非常大的进步。

作为老师，我们在讲授理论时，必须在相应理论和知识的理解当中引发这种反思。

2. 传授分享而非知识

管理学与其他学科的不同之处在于它更大程度上其实是应用。什么是领导的概念？领导的定义很明确，让他人去做领导者要做的事情。我把这个知识给你，你会背诵了、记清楚了，但是在现实中，如果没有一个人去做你要做的事情，就说明你还完全没有弄懂这个概念。

领导并不是领导者自己的功能，领导是所有管理者的功能。因为任何人都无法独立完成一件事情，所以一定要让其他人做领导者要做的事情。同时，要记得真正的领导力是调动大家一起为一个共同的目标服务，而不是为领导者个人服务。

3. 教会综合而非分析

所有管理的问题不是说营销归营销、战略归战略、组织归组织、领导力归领导力、文化归文化，任何一个管理的实际问题是这些问题的相互影响。因此，我们在学习中，要想办法把它们综合起来。

4. 启发思考而非解惑

老师不是回答你的具体问题，而是让你学会思考，让你可以解决任何问题。

这就是我对老师"教"的要求，也是过去从事管理教育这么多年对自己的要求。在这个过程中，最重要的是你能不能够唤醒和激发学生内在的力量，这其实对教很重要。

生长最美：做法

几乎所有的年轻人好像考完高考精神全没了，我觉得这是我们教育很大的失败。我们教育的挑战，就是把那些参加完高考的人变得更有激情、更有精神，这是教育要做的事情。所以我们才有了这个概念，通过老师，让无论是受教育者还是老师本人，不断地被激发，不断地反省和检查自己，然后不断地去提升。

我觉得学习是对自己的教育，因此，我写了一本书叫《大学的意义》，大学是让自己能够教育自己，让自己成为一个能够面向未来的人，让自己能够不断地创造和推动自己成长。

教育为什么是一个学生的自我觉悟？因为其实它最终还是自我学习的过程。当你能够完成这个过程时，我认为这个大学非常好。所以大家记住，大学并不只是指本科的那个阶段，是我们回到这个学习场景下，持续成长的那个过程。

越是变化，越需要长期主义

人们找不到心灵的稳定性，就会有大量的焦虑出现。我们如果不能找到一个认知上的共同点，价值观不一致时，社会焦虑就会普遍存在。这就是文化底层力量在起作用。

在我过去近三十年的研究当中，我发现那些可以长期存活的企业都解决了一个根本性的问题，就是企业的基本假设。我希望我在这个部分的研究心得，能够给大家在经营中寻求长期发展和可持续发展时提供一点帮助。

▶ 01 什么是文化

我们都很清楚，所有的选择都源于一个很重要的认知，就是我们怎么理解文化。对于文化的定义，我本人受沙因的影响比较多，他把文化分为三个层级：

1. 人为饰物

比如产品、服装、建筑，比如日常生活用的所有器皿，这些称之为人为饰物，这是文化最表层的部分。

2. 外显价值观

就是说你对很多东西的策略、理解，比如你的目标、你的哲学观，这些是我们触摸得到的，这是外显的判断。就像你选择阅读这篇文章，这是价值观在做判断。

3. 基本假设

我们总是忽略这个部分，我们常常讨论商业哲学，讨论我们的价值观，我们认为就结束了，其实还有一部分在底层，就如冰山看不到底一样，它更重要，它是潜意识的，被视为理所当然的，那个东西就是文化最底层的部分，叫基本假设。

所以从研究文化的角度，我开始不断意识到为什么同样的企业，甚至价值观也一模一样，可最后企业的行为会不同。甚至我认识非常多的企业家，讨论价值观时都认为顾客第一、产品极致、必须保护用户，也很清楚地知道企业应该承担社会责任，但当他遇到最重要的冲突时，他潜意识的基本假设就会出来，你会看到他的选择行为是完全不一样的。

所以这是我们对文化理解当中更需要认真对待的一件事情，理解最底层的基本假设，恰恰是我们的行为和价值的终极来源，是根本性的东西。

源于这个部分，我们才会发现文化很独特，文化有它很终极的力量。就像我们今天看整个社会，看到改革开放这四十多年中国遇到挑战时，有些人很焦虑，有些人不焦虑。最根本的原因就是终极的力量在起作用，而且这种终极的力量还会在心灵上给你一种认知稳定性。

人们找不到心灵的稳定性，就会有大量的焦虑出现。我们如果不能找到一个认知上的共同点，价值观不一致时，社会焦虑就会普遍存在。这就是文化底层力量在起作用。

我们在文化中非常大的挑战是如何定义它。我比较喜欢萨纳姆和凯勒的定义，他们认为："**人类为了适应他们的生活环境所做出的调整行为的总和就是文化或文明。**"

起初我在研究组织文化时，专门在文献中搜索定义，结果发现关于文化的定义有 1700 多条。之后为了全球化，日本在 1992 年召开了箱根会议，目的就是想为全球化背景下的文化下一个定义，结果发现无法下定义。

文化是一个非常有意思的东西，它包括三个部分。

1. 文化是生存方式

文化是一种生存方式，我们所有人用不同的生活方式呈现内在的基本假设。

生长最美：做法

2. 思维是文化的基本属性

文化表现为一种思维方式，思维是文化的基本属性。就像在中国文化下长大的人，有一个东西怎么调整都调整不过来，一定是先宏观再微观，时间概念就是这么写的，先写年，再写月，最后写日。

西方的文化不是这样，先从微观再宏观，这是一个很大的反差。这就是为什么中美之间的交流某种程度上有点难，因为最底层的基本假设不一样。

3. 文化决定行为选择

文化决定你的行为选择。所以我们常常说，性格决定命运。但是很多人不知道命运是可以改变的，要改变命运，一定要从更底层改变你的思维，从更底层改变你的文化。

一种思维决定一种行为，行为决定习惯，习惯形成性格，性格决定命运，这就是文化。

文化就是这样，我们要知道基本假设是什么，才能讨论长期主义、机会主义或是实用主义。

▶ 02 基业长青的企业都知道企业经营的基本假设

何刚（《哈佛商业评论》中文版主编）邀请我给《哈佛商业评论》的年会写一句话，我告诉他："我会讨论机会主义、实用主义和长期主义的区别是什么。"

我甚至非常担心现在中国增长得非常快的公司可能是机会主义者；今天虽然获取了巨大的规模和成长，但可能还只是一个实用主义者；我们怎么才能成为一个长期主义者，这取决于企业经营的基本假设。

而彼得·德鲁克回答了这个问题，任何做经营的人都应该有经营的理论，这个经营的理论就是回答三个假设。

第一个假设，组织环境的假设，即你与环境的关系。我认为今天很多企业没有回答这个问题，我们总是想在环境中要得到的是什么，并没有讨论我们与环境之间是什么样的关系。

2018年我在《哈佛商业评论》发了一篇叫《共生型组织》的文章。我认为今天很多组织一定要改变我们和环境、供应商、顾客之间的关系，我们应该是一个共生关系，是一个互为主体的关系，不是主客体关系。

第二个假设，组织特殊使命的假设。

第三个假设，完成组织使命所需的核心能力的假设。

这三个假设你真正讨论清楚时，你才会知道经营的假设到底是什么。同样的结论，另外两位学者也回答过，科特和赫斯肯特是研究组织变革比较深入的学者。他们在讨论这个部分时告诉大家：企业文化对长期经营业绩有着重大的作用。

1995—2000年，我以"长期绩效中的文化支撑要素"为主题在珠三角的企业进行调研，发现文化的力量指数是企业长期经营很重要的支撑点。

之前威廉·大内在研究日本企业为什么能够超过美国和欧洲的企

业,成为世界领先企业时,发现日本企业和欧美企业最大的一个不同,是组织文化的不同。这个不同体现在日本能够构建一种欧美企业所没有的组织文化。

这种组织文化中最重要的就是让整个价值观和经营的宗旨得以落实到每一天的日常工作和生活中。这时企业跟人、环境就有了一致性,文化就可以提供给你心灵稳定性。如此,这个企业的竞争力和其他企业的竞争力就不一样了,也因此,企业文化就诞生于日本企业。

▶ 03 掌握认识世界的方式:从还原到整体

我们一定要了解,我们在世界中怎么判断基本假设。当你能判断清楚时,就可以讨论长期主义。今天这个世界和以往完全不一样的地方到底在哪里?我想就是两种模式的改变。

我是受北大哲学系张世英老师的启发。我们在中西文化中看世界,一直是两种模式,西方主要谈主客体,东方主要谈人即是世界、世界即是人。他告诉大家,两种认知世界的方式有各自的特点。

主客体的方式有三个特点:

(1)重视个人的独立自主。

(2)在思维方式上重理性分析,非此即彼。

(3)重个人的经验,强调超时空的抽象概念。

所以你会发现今天认知世界的很多概念是由西方提出来的。但是还有一种认识世界的方法,在张老先生看来应该是万物一体的方式,也有三个特点:

（1）重视群体意识。

（2）思维方式上着重于垂直整体，崇尚由此及彼。

（3）重视现实生活，不崇尚抽象的概念世界。

这三个特点恰恰是我们东方人的思维偏向。

如果我们去了解怎么做经营的假设，回归到世界中时，我们其实是要讨论我们的世界观是什么，我们的方法论是什么，从哲学层面上要解决的问题到底是什么。如果我们沿着这个思路看，会看到最大的变化就是认知世界的范式被调整了。

我们研究中常用的一个词叫作"范式"，也就是用范式时，我们可以共同做交流。创建范式的库恩，在他那本著名的书《科学革命的结构》里说了一句我认为非常需要大家关注的话：**"范式一改变，这个世界本身也就随之而改变了。"** 这恰恰是互联网时代带给我们的最大的挑战。

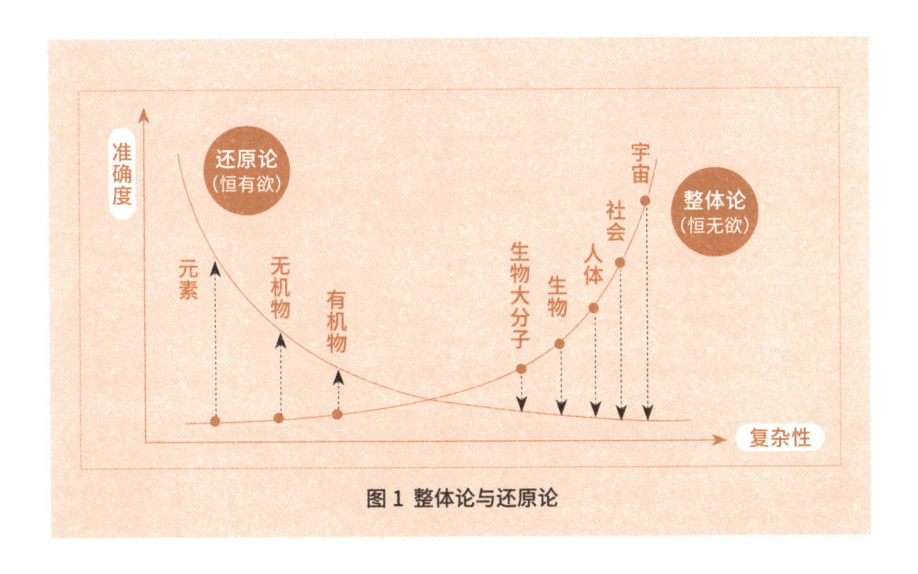

图 1 整体论与还原论

互联网带来的最大变化就是所有的东西在认知上被快速调整了。**以前我们用还原论的方式，越分越细，我们拆到最细的部分理解它。但今天范式的调整要求它越来越还原到整体，因为要解决的是复杂性，彼此联系和相互关联**（见图1）。

因此你会发现我们在认知中一个非常大的调整就是我们怎么去处理复杂性，这是和以前不一样的地方。

▶ 04 你的能量来源于对世界的善良、敬畏和付出

如果我们还用一维、二维的角度，甚至降维、升维来讨论这个世界，那我们还是处于互联网初级阶段。在互联网下半场，不存在降维、升维，因为是多维度和复杂性的。

因此，在互联网世界，有两个非常冲突的特点反而是并存的：

（1）个体自我独立。

（2）万物互联一体。

正因为它们合并在一起，我想起另外一部深受其影响的作品，那就是《道德经》。不断回看《道德经》时，它给我几点启示。

第一点，《道德经》里所强调的就是万物互连，这是它最核心的部分。在这个部分里如果把树木看成彼此分化的，它们之间的关系就很远，如果看成互相联系的，它们之间的关系就很近，这个道就是一个能量场。

今天我们看互联网，看网络技术推动的市场，之所以会看到很多新兴企业在很短的时间内成为独角兽，是因为新的能量场比我们想象

的要大得多。所以，只要能打开边界做相连时，就会在新的能量场里，机会当然就会非常多。

第二点，从老子的角度来讲，你不仅仅是在追随"道"，你还可以通过重新设定你在不同情境中的行为从而实实在在地成就"道"。

如果你愿意打开《道德经》看第一句第二句，就会明白这是一个非常道，这是一个自我设定的部分。为什么每个行业的重新定义者往往先得到新的机会，是因为它们在重新设计能量和场域，这样的能量就是实实在在成就你的"道"。

第三点，到底什么叫"无为"。很多人认为"无为"这个概念是什么也不做。我理解并不是这样，无为不是不做，是你能不能引导更多的人朝着一个方向去做，可不可以连接更多的人而不需要你额外费心费力，这才叫无为。

我常常看到很多人主持会议，变得很"有为"，整个会议都是他在说，但其实他是个主持人。主持人要想做得好，一定是无为的。他会引导所有的人沿着会议的话题把这个事情做完，这才是最好的主持人，关键并不在于他讲话的多少。**如果主持人太愿意表达他的观点，事实上这就变成了有为，甚至过度作为。**

为什么我们要去理解《道德经》或者讨论基本假设？因为这是今天我们在世界中要关注的最底层的部分，如果不能很好地了解它，就没有办法解决长期主义的问题。

所以当每个产品上市，当你去支撑一个员工，当你能真正推进这个社会进步时，其实你要问你的假设：

◆ 你与环境的关系是什么？

- 你与组织使命的关系是什么？
- 你拥有能力的基本假设到底是什么？

这是我特别想和大家分享的部分，也是我对长期主义的一些研究的视角。

因此我自己在写《经营的本质》这本书时，四个基本要素中的最后一个要素，有关盈利的安排，我就用了一句话，这句话就是"深具人性关怀的盈利"。

如果盈利不能回归到人性的关怀上，我认为在经营基本假设上已经出了问题，我也希望大家在盈利的同时能关怀到人性，关爱到自然，推动社会的进步，这应该是全球化背景下我们可以选的一条路，也是应该被广泛接受的一条路。

PART 6

实现价值

今天不是谈对错的时候,而是谈变化的时候。在一个变化的背景下,对错已经没有太大的价值,真正有价值的是:愿意试错,能纠错迭代,持续创新。

生 长 最 美 : 做 法

奉献比聪明更重要

> 如果你不肯付出，总是让组织迁就你的习惯，那么即便你能力非常强，对组织而言都是"可有可无"的。

▶ 01 为什么在个体价值崛起的时代我们依然要谈奉献

很多管理者都会遇到这样的情况：当把很优秀、能力非常强的人组织起来时，并不一定会获得最好的绩效。让能力相当的两个人在一起工作，得到的结果是：要么一个人不表现他的能力，要么这两个人对着干。

也许我说得有些绝对，但现实是，我们虽然同意优秀的人会产生好的绩效，然而常常发生的情况是，把优秀的人放在一起可能效果并不是最好。

作为个体一定要知道，能力是非常重要的，这是你能够胜任工作的一个必要条件，但同时还有一个更重要的条件，就是你是否愿意热情地为组织付出。

如果你不肯付出，总是让组织迁就你的习惯，那么即便你能力非常强，对组织而言都是"可有可无"的。

▶ 02 在相互奉献的关系中，组织才会真正发挥作用

在今天谈奉献，很多人会觉得有点不合时宜，但是我真的认为，如果你要理解组织内的关系，就要理解奉献关系。没有奉献作为基础，组织关系是不成立的。

在组织内，人与人之间是相互奉献的关系，部门与部门之间是相互奉献的关系，上级与下级之间是相互奉献的关系。在这样的相互奉献关系中，组织才会真正地存在并发挥作用。

因奉献关系所产生的基本现象：

◆ 每个处于流程上的人更关心他能够为下一道工序做什么样的贡献；

◆ 每个部门都关心自己如何调整才能够与其他部门更和谐地衔接；

◆ 下级会关注自己怎样配合才能够为上级提供支持，而上级会要求自己为下级解决问题并提供帮助。

也许你会觉得我的描述太过理想化，但如果不这样做，组织就只是一个存在的结构，而不能充分发挥作用。

▶ 03 如何在组织内部建立奉献关系

但我们的难题是，如何让组织关系变成奉献的关系。我建议可以

从以下几个方面来着手：

1. 工作评价来源于工作的相关者

组织内部的员工评价有各种各样的方式，但不管使用什么样的方式，共同点都是工作评价会以工作结果作为根本对象。如果想要获得奉献的关系，需要改变评价的主体以及评价的根本对象。

在这个评价体系中，最为关键的评价主体是工作相关者，只要在流程上相关的人都是你工作评价的主体。如果你的上司没有与你构成流程关系，就不需要作为你工作评价的主体。

同时，不仅仅评价你的工作结果，还要评价你的工作贡献。

举个例子，假设你把工作完成得很好，但是因为你认为别人都没有你做得好，所以你采用自己一个人独立完成的方式，虽然工作的结果很好，但是其他人因为没有机会参与工作而无所事事，我们就不能够评价你的工作做得很好。

2."绝不让雷锋吃亏"

这是华为公司企业文化中非常重要的一个准则："爱祖国、爱人民、爱事业和爱生活是我们企业文化的精髓。我们绝不让雷锋们、焦裕禄们吃亏，奉献者定当得到合理的回报。"

作为一家企业的准则，它面向企业的每个员工提出了企业对员工的要求。

然而，在《华为基本法》里我们看到，更多的条例并不是"要求"，而是企业对每一个员工的承诺。

华为管理层将"我们绝不让雷锋们、焦裕禄们吃亏，奉献者定当得到合理的回报""我们强调人力资本不断增值的目标优先于财务资本增值的目标"作为对每个员工业绩的承诺，这落实到中国的企业中比任何西方管理科学中提及的"关键绩效指标"都更见效果。

3. 激励和宣扬组织的成功而不是个人的成功

其实在形成每个人的奉献行为时，需要一种氛围，那就是注重团队或者组织的作用。

在中国的组织中不会存在多个成功人士的说法，只能够是一个人的成就，结果出现两种极端：

一个是组织里只有一个人的绝对权威，其他人只是配角，不能分享成就和成功；

另一个极端就是，认为付出之后需要分享成功的人只好自立门户，结果诸侯格局尽现，无法出现长久的成功或者大的成功，这个现象真的应该让我们好好反思。

一个人可以聪明绝顶、能力过人，但若不懂得积极热心、愿意付出，不论多成功都是事倍功半。

不肯付出的人，在组织中只会做好被吩咐的工作；愿意付出的人，就算能力有限，却能带动团体，集结众人的力量，使工作加倍顺利进行。

一个好的组织里的每一个成员的第一要件是：主动关心别人的需求。

你该如何迎接未来的到来？

> 花一些时间去做跟未来相关的事情。一定要为此花一点时间，你才可以不断寻找新机会。

之前，我从中国企业发展的"七个不安"开始，期待引发企业管理者对自己发展的清醒认识。

今天，我不是从更大的层面，而是从自我认知的三个习惯性的障碍开始，讨论个体如何迎接未来的到来。

▶ 01 突破自我认知障碍

面向未来，每个人需要做出最根本的准备，我觉得一个人没有做好准备的很大原因，不是你的能力不足、潜力不够，而是你自我认知有障碍。

第一个认知障碍是自我。自我很重要的部分是你没办法处理对别人和对外界的关系。做企业其实是从外向内看，一定不要从内向外看，因为所有的增长和机会，一是从顾客来，二是从市场来，所以你一定要先处理好你对别人和对外界的关系，如果不能处理好，就会变成你的认知障碍。

第二个认知障碍是我们习惯依照自己信仰的真理，但信仰真理与真理永远有差距。当你作为更高领导人时，要接受一个事情：集合智慧或者群体决策。有人可能会说，为什么一定要群体决策？群体决策不是最好的决策，但它最大的优点就是风险比较小。有可能你自己的决策是最好的决策，但我还是要求你做群体决策，避免这种情况的出现。这个根本性的事实，就是我们认知上的第二个障碍。

第三个认知障碍是经验。我自己做管理研究，都不敢停下来，要经常见大家、见不同的企业，原因是什么？如果我不经常见大家，就停留在经验中，但是事物是变的，就像我们已经习惯了中国的GDP一定是增长的，且增长的幅度比较大，我们认为这是必要的，但是事实上它是做不到的，你能不能提前去做准备？

▶ 02 充分激发你的潜力

这三个认知的障碍会导致什么样的结果？这个结果就是同样潜力的人，得到的结果差距会非常大。

大家都会说，这与运气有关，与命有关，与天时地利有关，但今天我给你一个概念，这主要与你自己有关系。由习惯、态度、观念、愿望这四样东西决定。这四样东西不是别人的，是你自己的。

1. 习惯

我的同事常常问：为什么你能写这么多书？

我有一个习惯，每天晚上写四个小时，每天写五六千字，而且这个时候任何人都干扰不了我，常常有人晚上打电话给我，但我第二天早上才会回电话。就这样坚持了三十年，这是我的习惯。

或许我和你写作的潜力是一样的，只是因为习惯不同，结果就不一样。

我们做经营管理的人，平常要养成一个自我训练的好习惯——对外，抓住机会，如果暂时没有成熟的机会，就要更好地利用这样的时间来修炼自己，为未来做好准备。这是一个非常重要的训练，就是习惯。

2. 态度

我们在态度上需要刻意训练自己，尤其要养成四种心态。

第一种是积极的心态，我之前在新希望六和集团养成一个很好的心态：凡事往好处想，往好处做，就有好结果。这就是一个很积极的心态。

第二种是归零的心态，不管你取得成绩还是遇到打击，你都要回归为零。

第三种是开放的心态，开放的心态是既能吸收，也能辐射。比如海外投资，如果没有直接的利润、没有商业机会就不去了，不能称之为开放心态。如果你能在推动当地进步和建设之中获取商业机会，这是真正的开放心态。

第四种是确信的心态，你只有相信时，才可以求得结果。

在不确定的环境里，如果你愿意拥有这四种态度，就可以跟不确定相处，因为你很积极，遇到任何问题愿意最后回归为零，然后你很开放，又愿意相信。

3. 观念

观念会影响你的潜力和结果。在观念当中，我们需要推翻大家一些认知上的错误，比如很多中国人不大相信努力会有好结果。我们在观念上认为，谋事在人，成事在天，外部的力量比自己的力量要强大。这实际只是一个观念，不是一个真实的状态。

4. 愿望

最后一个是你的企图心，我们叫作愿望。你的梦想有多大，结果就会多大。

这四样东西，跟外部是没有关系的，常常有人说天时、地利、人和很重要，我反过来告诉大家，更重要的是这堵墙你怎么设、怎么调，让潜力跟结果之间呈正相关。

▶ 03 做好个人管理

剩下的属于我个人的建议，有三件事情我觉得比较重要。

1. 时间管理

其实对个人最大的要求是时间管理，也就是你的时间放在哪里。

如果你想把一个企业做成可持续和稳健的，陪家人的时间其实很重要。在我的观点中，我认为家族传承是更靠谱的，因为传承的核心是信任。信任基于契约或者血缘。这两个信任的建立当中，成本最低的是血缘，基于契约建立信任的成本很高，所以我其实一直鼓励很多企业做家族传承。

从管理的角度，信任是传承的基础，也是繁荣的基础，所以在打造合伙人机制时，有三件很重要的事情：

（1）花一些时间建立信任的文化。

（2）花一些时间去做跟未来相关的事情。一定要为此花一点时间，你才可以不断寻找新机会。

（3）花一些时间给身体，企业家真的要有很好的体魄。

2. 概念化能力的培养

领导者很重要的能力就是能概念化。

什么叫概念化？就是复杂问题简单化。一般员工是没有能力处理复杂性问题的，但作为领导，要处理复杂性问题，要不断训练把复杂性问题简单化的能力。

3. 沟通

如果你想让更多人跟你一起工作，一定要花时间去沟通。沟通不是为了把自己想说的事情说完，而是为了让你和对方达成共识。

未来的工作，自己如何才能不被取代 [1]

"个性"是动词，是一个变量。你如果不断地去变化，不断地去调整，没有人可以替代你，因为这是一种特殊的属性。

▶ 01 只要愿意行动，机器永远无法取代你

面对数字技术驱动的智能时代，有观点认为机器人将抢走很多人的饭碗，但我反而不太担心机器人像人一样去思考，我比较担心人像机器人那样去思考。

人其实有一个最独特的能力就是与时俱进。如果说这个时代，机器人在各个行业应用得特别多，人就有能力找到一种跟机器人互动或者共同工作的方式。

如果说机器人能胜任很多工作，那人就一定能找到他自己生存的

---

[1] 陈春花作为2017中国年度最佳雇主评委会主席，受邀参加智联招聘2017年公司年会活动，对职场中大家比较关注的话题发表了自己的看法。本文根据演讲内容整理。

空间和这些问题的解决方法。

我在教《组织管理》时跟学生们讲过：有一天我们工作的场景中大部分工作都是由机器人来做的。对组织管理来讲，我们要做的一件事就是怎么让人有价值，这既是组织讨论的话题，也是个体讨论的话题。所以从我的角度来看我不担心，我只是希望我们的员工能够了解，有两件事情机器是替代不了的：

第一，就是你的个性，这是没有人可以模仿的。"个性"是动词，是一个变量。你如果不断地去变化，不断地去调整，没有人可以替代你，因为这是一种特殊的属性。

第二，人有"能力"，机器替代不了。我原来在企业任职时，因为要带领企业的同事们去做改变，我就和同事们谈了对"能力"的认识。

我觉得能力的定义有三层含义：

1. 能力是一种可能性

能力其实没有边界，比如你的能力到底到什么程度，我不能给你下定义，我希望你也不要下定义，因为你的能力一定是没有边界的。你只要不断尝试，你的能力就会不断地呈现出来。

2. 能力本身是一种想象

当你想象时，你的能力就会被释放出来。想想小孩子，有时候很多家长会认为小孩子不会做这个事情、那个事情，可有一天你会突然发现他做出来了，作为父母辈的人你会很难想象这件事，但是他确实会做了，甚至你回过头来无意之中就会发现你的孩子长大了，长大到可以保护你。

这实际上就是我想让你理解的，人的能力的想象空间是非常大的，想象空间足够大时，能力也就足够大。

3. 能力本身是行动

只要去行动你就会发现，很多事情可以变成现实，所以我在很多场合下讲过我个人的观点：理想和现实之间只需要一个桥梁，就是行动。只要你愿意行动，理想就会变成现实。

为什么我们不担心人，因为可能我们的理想就是在机器人时代，人不仅不被淘汰，还依然是主导者，至少是共生体。所以只要我们今天愿意行动，结果就是人一定不会被淘汰。

▶ 02 中年不是危，而是机

最近被问到很多关于中年危机的问题。

我之前跟年轻人聊天，"90后"说："'90后'已经在疯狂地老去，陈老师你们怎么办？"我回答："我们只能认真地逆生长。我觉得没有问题。"我想告诉大家，生理意义上的时间我们接受就好，任何一个人都必须尊重自然规律。你是中年就是中年，你是老年就是老年，你是少年就是少年，这很正常。因为，你在中年时会体验到少年体验不到的美好、复杂、丰富或者莫名其妙。但这个莫名其妙你只能在中年体验到，少年时是体验不到的。

如果你觉得今天你有危机感，我其实要恭喜你，因为危机反而是真正的动力。假设我们都在舒适区，实际上没有办法进步。年轻人为什么有进步、有未来，就是因为他会去冒险。中年人或者是老年人为什么会有未来、有美好，是因为有危机。如果到更老的年龄，为什么你会有更加美好的未来，是因为你很淡定。

我想这就是每个阶段、每个人最真实的价值，接受就好。我自己比较主张在什么时间做什么事情。

比如说中年，你应该做三件最重要的事情：

第一，让自己去接受这个时间带给你的所有的美好。因为之前没有这些美好，包括你的危机和焦虑。我觉得这也蛮有意思，如果你足够焦虑，你的身体反而可能会动起来，也许对你的健康有好处，**你只要把焦虑变成动力。我建议你接受这一切。**

第二，用欣赏的眼光看所有你不懂的事。我们说危机和焦虑，最大的原因是你发现很多东西不懂了，或者你认为压力来源于年轻人带给你的紧迫感。这些都不重要，因为你只要能接受、包容更多新东西，你还会有另外一层，这一层会加上中年时间给你的沉淀，这样你对任何事情理解的程度会比年轻人深很多。**这是我希望你做的第二件事情，包容所有。**

第三，找到自己能做的事。**在中年最应该做的是怎么帮助更多人成功。**这应该是你做的事，而不是计较自己是否成功。衡量一个人的成功最重要的不是自己得到什么，不是自己取得什么，而是你帮助多少人得到什么。如果你确实觉得有危机，你原有的职位、岗位不能让你帮助其他人，那你是不是跑来跟我当老师也可以，因为你可以把你想说的话、你所焦虑的事情拿出来跟更多人分享，使更多人理解这种焦虑。你的感受就能够给其他人一些启发。

你享受这个时间就好了，每个人都会走到这个时间点，每个人都会走向下一个时间点，只不过这个时间你走到这里而已。那你就享受它，你能享受它时，你一定会觉得，美好的中年也是不可替代的一个人生阶段。

▶ 03 岗位只有职责，没有性别

有很多人关注女性在工作上的竞争力，认为女性会比较弱势。从管理的角度看，我们到了一定的岗位之上，其实只有责任没有性别。这个岗位不会在意你的性别是什么，只在意你可不可以把这个责任担当下来。

在很多岗位中，这个要求是一样的。所以我基本不说，男女的区别到底在哪里，但当然一定有区别。比如我们回归到技术岗位上来，从统计的数据角度看，男性会更多一点。

在当前这个技术和知识驱动的时代，女性怎么面对？我的视角可能会有点不一样。在职业、行业或岗位安排中，我觉得首先还是看怎么能够去跟它有共振、共鸣。如果在性别上，女性的个性特征不适合这个共振、共鸣，男性更适合，那就让男性去做。

反过来，女性还有很多适合做的事情，甚至更多。在技术和知识驱动的时代，有另外几件事情也很重要，比如可不可以真正理解人在工作当中所获取的价值是什么？从性别上来讲，女性的职业敏感性会高很多。你会发现一个很特别的现象，技术岗位中男性多，但我看到一些非常优秀的大型技术公司的 CEO 或者总裁反而是女性。我在想女性不能做技术工作，但是可以当总裁，如果总裁当不了，可以当董事长，我觉得那更好。将来有可能大型的技术公司董事长、总裁是女的，技术工人都是男性。我说的不一定对，我是认为"一切都是最好的安排"。

▶ 04 年轻人，别着急，给自己一点时间

我是特别喜欢大学生，尤其是本科生。每一代学生和每一代年轻人都有每一代的烙印，他们不会用父辈或长辈们所用的经验、知识或体系来解决年轻人的问题。

所以，我不用"传承"而用"创新"和"创造"这两个词。

我们认为每一代都会有它的使命和机遇，这种使命和机遇不是我们父辈之间或长辈之间能看到的，这样的一种使命和机遇是给每一代人提供的最佳的机会和可能性。

有很多人讨论"80 后"、"85 后"、"90 后"、"95 后"，他们会说每一代都有不同的特点。我就在想 50 年代的人也会说 60 年代的人会有不同的特点，60 年代的人也会说 70 年代的人会有不同的特点。所以我不认为这是一个问题。

我之所以特别喜欢大学生或者本科生，有两个原因：

第一，拥有年轻人的企业才会拥有未来。

我自己做总裁时，我对组织的第一个要求就是：必须保证新入职

的年轻人不被淘汰，如果有流失率，我会认为管理者不胜任。因为拥有年轻人这个企业才有未来。

第二，年轻人天性上有一点企业家精神的内涵。

企业家精神是什么？就是敢于冒险、敢于尝试、敢于创新。这恰恰是年轻人身上非常重要的部分。如果我们能够很好地保护这个部分，企业就会保有冒险和创新精神。拥有这样的年轻人时，组织的冒险、创新和敢于去努力的东西就会被保护下来。

年轻人一定要记住你拥有的这两个最重要的特质：第一个是你年轻；第二个是你应该敢于冒险，你不应该给自己设太多的界限。

有一段时间有很多人问我能不能给年轻人一些建议，我说"我不敢给"。因为现在年轻人拥有的东西比我们多，无论他们的视野、知识，还是他们对很多东西的掌握速度，乃至他们对世事的看法，可能比我们还强。我现在给自己的要求是向年轻人学习。

如果一定要给，我会给年轻人这样建议，就是要"耐得住"。所有的东西都需要时间的付出，所以不要那么急于确认你在公司有没有更快速地得到肯定，有没有给你平台，有没有让你去到更重要的岗位。我认为这件事情多一点耐心更好。如果你能安静地沉淀下来，你的空间和未来会更加巨大。

把年轻的特质保护下来，这是年轻人在这个世界上、在职场中首先要做到的。因为你年轻，你敢冒险，你把这个保护住就好。请给自己一点时间，给企业一点时间，甚至给你所在的周边一点时间，这是我唯一给的建议，其他我只能向年轻人学习。

主动与环境融合，一切都可战胜

咖啡豆遇到挑战主动与环境融合，拥有了纯正的香浓；玄奘遇到挑战主动与环境融合，拥有了取之不尽的力量。

生命本身有四个最重要的特征：宽广性、多样性、柔韧性、包容性，这四个最重要的生命特征恰恰在你走入戈壁时，就能一一感受到了。

走到戈壁，你会体验到王翰的《凉州词》所呈现出的戈壁的魅力。

葡萄美酒夜光杯，
欲饮琵琶马上催。
醉卧沙场君莫笑，
古来征战几人回？

我特别喜欢唐诗宋词带来的意境，很多令人共鸣的唐诗是描写边塞的，很多能代表中国人气质的词也是描写边塞的。如果你真的能去到戈壁，你就可以拥有这样的感受，就可以拥有这种气质，就可以体

生长最美：做法

会到一个从未有过的"自我"，就可以知道什么是"在戈壁遇见更好的自己"。

这种体会没有办法用想象得到，你必须自己走进大漠中方可感知。

和大家分享两个我喜欢的小故事。

第一个故事是：胡萝卜、鸡蛋和咖啡豆的故事。

胡萝卜、鸡蛋和咖啡豆遇到同样的境遇，会变成完全不一样状态。把它们放在锅里煮二十分钟。胡萝卜变软了，鸡蛋变硬了，咖啡豆被滚烫的水激发出浓郁的香味来。

父亲问女儿："你是哪一个呢？是看似强大，但一遇到逆境和痛苦就会变得软弱、失去力量的胡萝卜；是有着温柔的心灵，但在经过死亡和分别的折磨之后就变硬的鸡蛋；还是能让给你带来痛苦的开水发生变化的咖啡豆？当水到达沸点时，咖啡的香味也最美。

"我希望你能努力做一颗咖啡豆，当事情并不尽如人意时，你能够改变周遭的环境。生命中发生的一切都有它的道理，你需要找到原因，并从中学习。只要有信心，没有做不好的事。"

胡萝卜、鸡蛋、咖啡豆，分别煮二十分钟，真正强大的是那个跟水融在一起的咖啡豆，因为当它被煮二十分钟，变成咖啡之后，飘出的是香。胡萝卜由硬变软，鸡蛋由软变硬，但唯独咖啡豆焕发出一种全新的价值，这种价值使得水和咖啡豆本身都具有更强大的力量和影响力。

这就是为什么走到戈壁之后你会遇到更好的自己的原因，是因为你与环境互动之后，"你"变成另外一个"你"。

第二个故事是"在阿育王寺爱上玄奘"的故事。

我是因为戈壁爱上了玄奘。之前对玄奘、对《西游记》都没有太深的感受。但是当查看大学历史文献时，知道玄奘所求学的那烂陀寺，是人类最早的一所大学，我深受震动。

后来看玄奘的传记，知道玄奘用十九年时间，五万里行程，去寻求佛法。在公元7世纪，他一个人踏上了取经之路，九死一生，怀着坚定的信念，终于抵达心中的圣地。我感动于玄奘冥冥之中信念的力量，绝望中坚持的力量，虔心求学的力量，不忘初心的力量，责任承诺的力量。

我自己决定来到阿育王寺，就是因为玄奘带给我的这些感动，我对自己说："一定要去阿育王寺！"去感受那种信念、坚持、求学、初心、承诺的执着。

咖啡豆遇到挑战主动与环境融合，拥有了纯正的香浓；玄奘遇到挑战主动与环境融合，拥有了取之不尽的力量。

于是，从阿育王寺出发，沿着玄奘法师的脚步，你会发现：一切都可以战胜，一切都是经历，一切都是选择，一切都是感悟。

数字化时代，企业如何面向未来

> 真正的成功就是看你帮助了多少人，真正的成长就是看你配合了多少人。

过去的所有管理理论都是工业时代的逻辑。数字化时代来了，就不能用工业时代的逻辑来做，得用一个新概念。最近七年我用二十三家完全用数字驱动成长的公司做案例，陆陆续续做研究。

今天我跟大家讨论一下，数字化时代组织效率到底从哪里来？数字技术对整个企业的影响到底是什么？

▶ 01 中国领先企业做了哪些组织管理创新？

最近十年的变化非常大，2010 年全球市值最大的十家公司都是技术驱动的企业。但是，到 2019 年，全球市值最大的十家公司都是价值网络驱动的公司。中国有两家公司有机会进入全球市值前十，一个是腾讯，一个是阿里巴巴。

今天的组织管理真的是有变化的，不仅需要完成技术的能力，还需要构建价值网络的能力。

图 1 全球 TOP10 市值公司变迁

我们来看中国领先企业的组织管理创新：

1. 海尔开放式协同创新平台

海尔是在组织管理领域被世界非常关注的一个企业，它是在大型制造业如何面对个性化需求、在整个组织创新和探索当中付出努力比较多的一家公司。

无论从创业的逻辑说"人人可以当 CEO"，还是从用户需求跟员工价值之间组合的概念"人单合一"而言，它最大的特点就是构建了一个完全开放、协同的平台。

当它能做协同创新平台时，它就可以为很多人提供一个创新的机会，同时也解决了很多创新的难题。因为如果按照企业自己的储备，可能没有人能做开发，但是因为它是个协同创新平台，所以不是海尔的员工也可以在上面做创新。

在这个协同创新平台中，有一个案例给我的印象特别深。

当时有人在平台上问了一个问题，洗衣机能不能不用水？我们知道现在水稀缺，有人就提出了这个问题。

结果协同创新平台上就有人给出了解决答案——用空气洗，那个人是研究飞机和空气原理的。

现在就有一款洗衣机叫空气洗衣机，不用水，卖得很好。

当企业能够去组合外部的创新，变成一个价值网络时，它的创新就不受限于自己所拥有的能力。

2. 华为：更美好的全连接时代

华为是今天在全球颇具影响力的一家中国企业，这家企业今天有如此强的竞争力，是因为它在战略上一直走得非常坚决、非常明确，而且投入非常巨大。

在确定迈向 2025 战略时，华为就告诉大家它要成为一个连接者，让数字技术、智能技术联入千家万户。

因为它做了一个基本判断，到 2025 年，全球有一千亿个连接，其中 55% 是在商业领域，45% 是在消费领域。

如果按照这个逻辑去看，到 2025 年时，构建价值网络这件事情已经成为基本的事实，会全联在一起。

2008 年前后，IBM 提出一个重要的观点"智慧地球"：

第一，更透彻地感知；

第二，更全面地互联互通；

第三，更深入地智能化。

IBM 说这样的地球是拥有智慧的，未来所有的行业都会变。

我们今天看到的物联网、互联网、人工智能，就是这个逻辑在推进。那么华为也把自己变成一个这样全部连接进入的公司，使得它今天具有非常强大的竞争力。

3. 小米与开发者

小米是一个用不到九年的时间让自己成为《财富》全球五百强的中国公司，这是非常有影响的一件事情，它引领的另外一家公司最近也上市了。

它可以在这么短的时间内成为《财富》全球五百强的公司，很大的原因是它是一个开放平台，它在创新上不仅仅连接个体，也连接机构，更重要的是它可以和 1.32 亿的硬件设备去做连接。

当它有能力做大范围连接时，就可以看到它今天的成长速度，这种速度的成长更大程度上是它全面地开放平台，给它带来了这个机会。

4. 腾讯：做"连接器"

腾讯今天一个非常大的战略和华为很像，它用的也是"连接"。

腾讯认为它也必须做一个连接者。当它能够去做连接者时，就能够跟各个行业产生价值，结果就是它今天所取得的行业成长的空间和可能性。

▶ 02 数字化时代，组织管理逻辑发生了哪些改变？

通过这些实践的观察，我有三个判断和一个结论。

1. 数字化时代的组织管理与以往有很多不同点

（1）强个体。

最近微信朋友圈最热闹的一个信息是："60后"根本就没想过辞职，"70后"问为什么要辞职，"80后"说只要对方不给我涨工资我就辞职，然后"90后"说领导让我不爽我就辞职，最厉害的是"00后"，说领导不听我的话我就辞职。我们从"60后"一直数到"00后"，就会发现个体真的变得越来越强大。那么，强大的个体跟组织的关系就会改变。我们以前做组织管理不存在个体不听话这件事情，而现在的确就存在这件事情。

（2）强链接。

今天所有的组织都在一个链接当中，没有办法独立生存，会受到不同的组织之间的影响。

比如说中美的贸易关系，你可能会说我是一个很小的企业，我好像跟这个不发生关联，可是中美之间的贸易关系会影响到整个宏观经济，然后它就会跟你发生关联。

当它跟你发生关联时，你就会发现影响组织绩效的因素真的是在变，这就叫强链接的关系，以前其实是可以相对隔离开一点。

（3）不确定性。

今天的确是充满不确定性，我们没有人知道确定的东西，没有人可以预测，你不能说我通过预测然后来决定做什么事情。

你要不断地进化，在进化的过程中就可以自己去面对这个不确定性。有理论、有思辨力、有进化性地去理解变化，当拥有这个能力时你就会真正地理解怎么去把握不确定，这个不确定也许对你是个机会，对别人可能就是挑战和压力。

（4）似水一样。

我过去在研究组织管理当中，发现今天对组织的要求最适合的比喻应该是水。

今天的组织一定是动态的，但又是包容的；一定是开放的，但又有自己的独立性；然后一定是能接受任何挑战的。比如说，温度变得很高，水就变成汽；温度变得很低，水就变成冰。总而言之，水可以跟任何环境相处。这是组织在今天面临的一个非常大的挑战，必须理解组织在不同的环境中能不能变化、该怎么运行、怎么管理。

（5）共生态。

最后一个也是我在做研究中反复强调比较多的地方，就是你能不能跟别人一起活下来，去创造价值和成长。

我教《组织管理》这门课已经快三十年，这些年的授课当中我发现课程的内容一直需要调整。

有些学生就跟我说，陈老师我学过你这个课程，可是我发现我还是得回来学，因为每一年你讲的东西不一样。

我为什么每一年讲的东西不一样？因为这门课程是跟时代背景直接相关的，所以我必须要不断地变。

2. 组织效率的底层逻辑改变

组织管理当中的逻辑在不同时期都在被调整，最近七年我在对数

字化企业研究当中发现逻辑变化最大的是这四个:

(1)企业必须是个整体。

以前我们看组织其实主要是通过"分"来看,比如说分战略、分人力资源、分营销、分财务。但是今天我们必须以"整体"来看,当你形成整体思维习惯时,你就会了解今天市场对组织的要求。

(2)效率来源于协同而非分工。

我们更强调效率是来源于协同,不是来源于分工。

我在研究当中发现,很多优秀的企业之所以在今天有非常大的成功,源于它不是用分工的逻辑,而是用协同的逻辑获取效率,所以它们无论是响应市场的速度、变换组织内部的结构,还是变换组织本身的功能,都是非常快速而且十分柔性的,这种柔性的变化使得它们具有非常强的竞争力。

(3)共生是未来组织进化的基本或"路径"。

共生是未来组织进化的一种基本逻辑,也就是说你能共生时才能形成一个价值网络,才可以真正做好组织管理。

(4)价值网络成员彼此互为主体。

我们在整个成长过程当中需要解决的一个非常重要的挑战,就是我们没有主客体了,都是互为主体。

比如,互联网对实体零售的冲击非常大,可是有两家企业没有怎么受冲击,而且成长得很好,其中一家是沃尔玛,连续六年居《财富》全球五百强第一。

我们都觉得它非常庞大了,但它还是在成长,原因是它有一个很强的叫作"高效消费者回应"的战略。这个战略当中最重要的是什么？所有的工厂对它来说都叫"前店后厂"，它是大家的店，然后你是它的厂。

这个"前店后厂"不是分工模式，它会把每一天的销售数据用信息系统共享的方法提供给所有的供应商，让供应商了解到自己的货今天卖得如何。它甚至会告诉供应商每一天有哪30%的货品是不好销的，让整个生产跟消费需求直接对接。

第二个从来不说自己是互联网企业，在今天成长得也很好的零售企业是7-11。它为什么做得非常好？因为它从创立那天开始就构建了一个叫作互为主体的价值网络，它所说的概念叫"命运共同体"。

在日本有一万八千家7-11，直营店只有五百一十家，绝大多数都是别人（合作伙伴）的店，但是共用一个命运系统（包括信息平台、顾客平台），共享所有的产品。所有的工厂跟它也是命运共同体的关系，它给工厂承诺每年增长多少。

虽然零售行业受到的冲击在疫情期间极大，但这两家企业发展的速度和稳定性很好，关键就是企业与用户互为主体。

在过去的知识体系当中，无论供应链还是渠道都有主客体关系。我今天要强调的底层逻辑变化就是彼此之间不再叫供应链，也不再叫渠道，我们叫命运共同体。

这是一个非常大的变化，如果你在一个企业里面刚好负责供应链管理，那我建议你转换逻辑，也许你会给企业带来完全不一样的空间。

3. 组织管理的基本假设变化下的四个基本原理

整个组织管理的基本假设也变了，在这个基本假设中我认为发生了四个巨大的变化。

（1）组织内和组织间协同成为效率的重要来源。

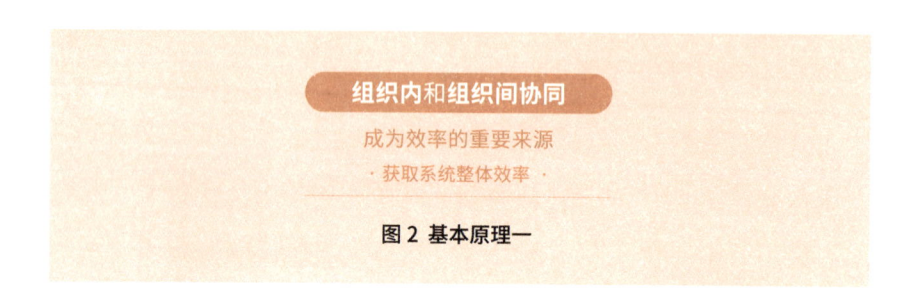

组织内和组织间协同
成为效率的重要来源
· 获取系统整体效率

图 2 基本原理一

我们需要的效率不只是内部的，内部、外部的效率都要，我们叫组织内和组织间协同。

我们说"双十一"如此传奇，11 月 11 日这一天的销售额好像大到很难想象。它为什么做得到？其实就是阿里巴巴和所有的生产厂家、物流供应商、支付平台以及上亿的消费人群，大家合起来做了一个系统效率：在一天内完成。

今天讨论组织管理时，你要关注的不仅仅是自己的效率，还要关注协同的效率。当你关注协同效率时，你就会发现它产生的效率超乎想象。

"双十一"我们最关注的是什么？是第一笔货什么时间送到，一个小时内产出的效益是多少。我们都不再关心销售额总数会是多少，开始关心的是效率本身带来的部分。

所以第一个变化就是今天的效率更大一块是来源于组织内、组织外的协同。

（2）内外分享机制确立是边界重塑的保障。

内外分享机制确立
是边界重塑的保障

- 边界柔性 可渗透性
- 凭借 技术穿越
- 资源 流动与分享

图 3　基本原理二

你要有能力去构建组织内外的分享机制，这是一个巨大的变化。以前我们衡量一个企业真正的价值时，一直是以盈利、股东价值来衡量。但是今天已经要求你要为推进美好社会做出努力了，其实就是指作为一个最大企业的 CEO，你要能够和更多人分享价值。

（3）企业要建立基于契约的信任体系。

你要构建更多的价值网络，建立跟更多人的信任。

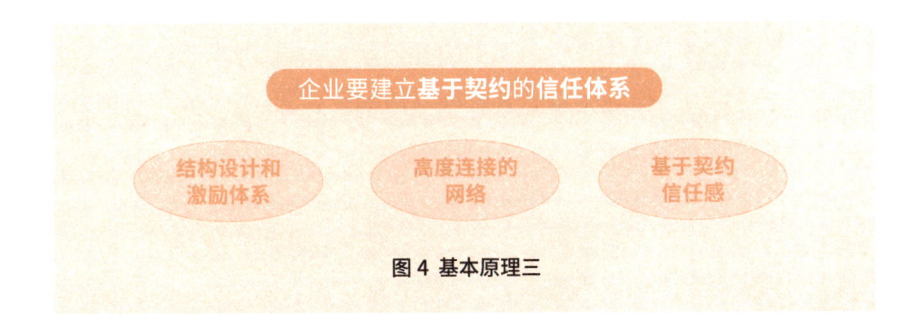

企业要建立基于契约的信任体系

- 结构设计和 激励体系
- 高度连接的 网络
- 基于契约 信任感

图 4　基本原理三

（4）从竞争逻辑到共生逻辑的战略认知转变。

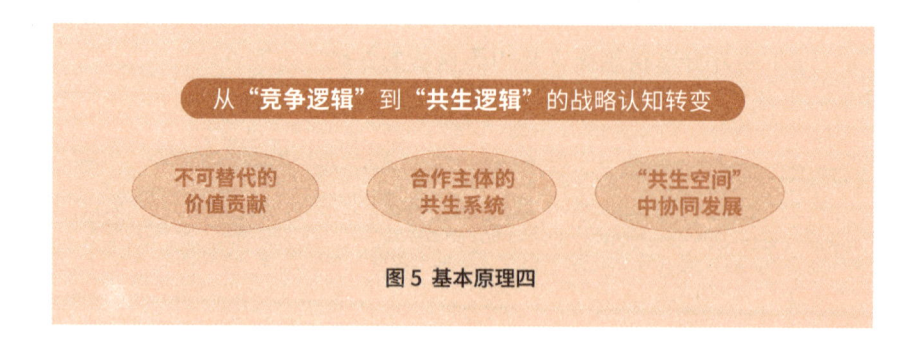

从"竞争逻辑"到"共生逻辑"的战略认知转变

不可替代的价值贡献　　合作主体的共生系统　　"共生空间"中协同发展

图5　基本原理四

我另外一个研究是关于数字化时代战略应该怎么变，在研究中发现一个最大的变化，就是从竞争逻辑转向共生逻辑。

前面介绍的市值前十的这些企业就是运用价值网络的概念，就是运用共生的逻辑；今天非常多的独角兽企业可以在很短的时间内成长得非常快，也是因为它们集合共生要素的速度非常快。

4. 组织管理由"分"到"合"演进，以获得系统整体效率最大化

组织管理的根本核心就是回答效率问题，也就是如何提高效率，整个组织理论就是沿着效率在努力。

数字技术来了之后，我们遇到的挑战就是企业的组织效率还受外部的影响，所以我们就必须组合外部的影响。那么当我们组合外部影响时，我们跟它产生的关系实际上是万物互联的关系，即链接、互动和互为主体。

所以在这个时候，我们不是跟它"分"什么东西，而是要跟它"合"什么东西。如果组织内、组织外的效率都得到的话，我们就需

要协同。

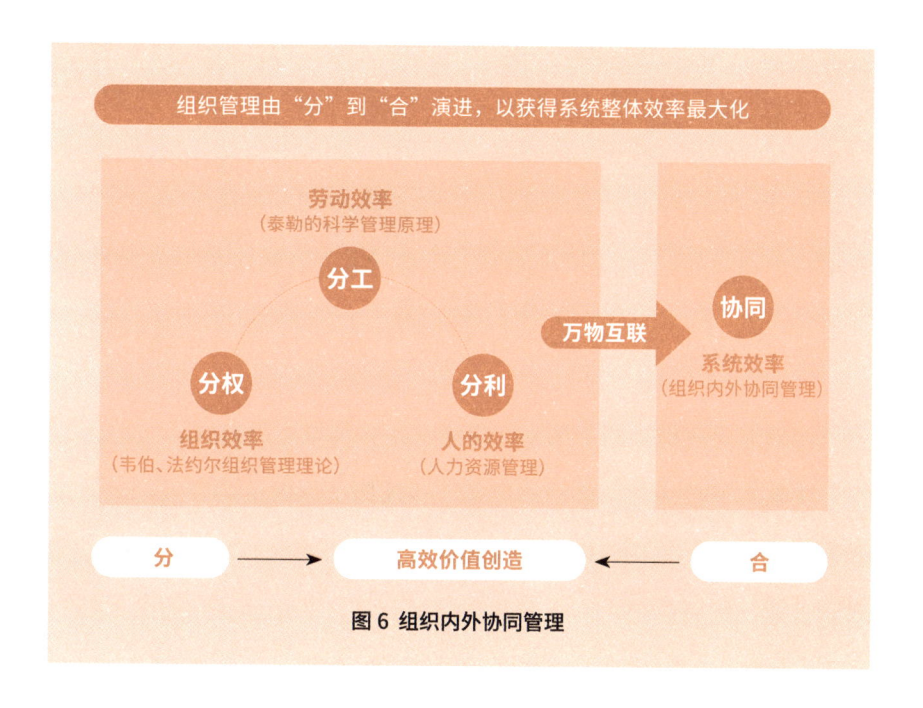

图 6 组织内外协同管理

▶ 03 如何获得系统效率最大化

既然我们要协同，那协同是什么？如何获得协同？我们要的是一个大系统效率，内部的效率组织理论已经解决了，叫责权利对等。今天产生巨大影响的是价值网络，也就是外部对我们的影响，那就需要有一个新的效率出来，我把它称之为"系统效率最大化"。

系统效率最大化就需要外部和内部组合，我把它称之为"协同管理"。我们必须从下面六个方面做出努力，才可以得到这个协同效率。

1. 打开企业边界

- 企业的边界因顾客而存在，伴随生产和组织边界面延伸
- 边界融合、边界模糊、跨界重构

图 7 企业边界

如果你想获得协同，第一件事情就是必须把边界打开。

我采用了经济学家科斯的定义，科斯用交易理论的方式给企业边界下了定义，就是我们把各种要素都给你，比如说人、钱、设备、技术、土地，然后你把它们组合起来，组合完之后把这些东西给另外一个人，你组合的效率高、成本低，你就有了企业，有了边界。

换个角度说，我们看任何一个企业有没有"护城河"，就看两件事情，成本和效率。只要是成本、效率都优于别人，这个企业就是有"护城河"的；如果成本、效率都没有别人好，企业很难有"护城河"，这就是边界的概念。

那么互联网为什么要求你要打开边界？原因在于互联网有一个非常大的特点，就是它组合要素的能力比一般的传统组织组合要素的能力更强，组合效率更高、成本更低。

我常常讲自己的例子。我在学校里讲一门课，教室也只能装下三百人。2015 年我试过用微信讲课，一共建了两百个群，每个群五百人，两天可以组织十万人，学员不用动，我也不用动，我就拿着手机

讲就好。你会发现，互联网组织人的速度非常快。

所以，如果想接受数字技术的挑战，就得接受它确实改变企业边界这件事。

在今天，顾客在哪里，企业的边界就应该到哪里。

新零售对传统零售的冲击也是这个原因，就像"双十一"就是一个新零售概念。为什么一个新零售概念可以做成一个平台，销售额超过两千亿元，甚至接近三千亿元？与任何一个店一天的销售额来对比，这个数字是你无法想象的。

就是因为阿里巴巴去组合生产厂家，这个方式非常方便消费者，消费者可以在一个非常方便的状态下完成购买过程，而零售就是提供方便的，数字技术会让消费者更方便。

这时候你会发现今天的边界真的是被调整了，所以我告诉各位有三件事情变了：

（1）边界一定要融合，今天我们最重要的不是跟谁竞争，而是跟谁合作，你学会跟更多人融合时，其实就会有一个更大的生长空间，对企业的道理也是一样。

（2）边界模糊。

（3）跨界重构。

2. 基于契约的信任

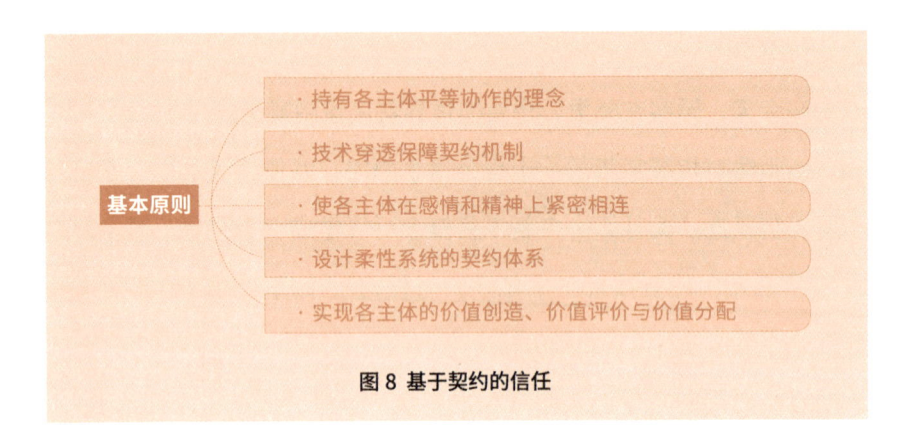

基本原则
- 持有各主体平等协作的理念
- 技术穿透保障契约机制
- 使各主体在感情和精神上紧密相连
- 设计柔性系统的契约体系
- 实现各主体的价值创造、价值评价与价值分配

图 8 基于契约的信任

你打开边界,他为什么愿意跟你融合?这就是我要回答的问题,因为他信任你,因为你信任他。真正要做协同和共生,很重要的前提条件就是你们可以构建信任的关系。

对中国人来讲,我们在组织管理当中比较难的一件事情是信任陌生人,但是如果你想去构建更大的价值网络,你就要跟陌生人建立信任,因为你认识的人一定是有限的。

跟陌生人建立信任要学会什么呢?我用了一个词叫"基于契约的信任"。我观察这些企业为什么能形成非常好的价值网络,就是由于它建立的信任关系,而且数字技术使得我们有机会去做成这件事情,因为数字本身就是透明、开放和平等的。

3. 组织内协同

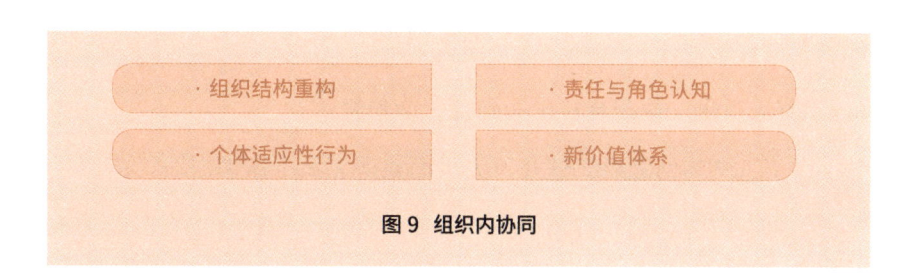

```
· 组织结构重构        · 责任与角色认知
· 个体适应性行为      · 新价值体系
```

图 9　组织内协同

如果想做协同，首先内部得学会做协同，如果内部都不会做协同，那组织内外的协同就更难实现了。

我给各位年轻人一个建议，你如果想让自己的成长非常顺利，应该看看你主动配合了多少人，其实这就叫协同行为，就是我们怎么理解自己的角色、怎么理解自己的责任、怎么理解这个结构、怎么理解你的个体适应性行为、怎么去理解价值体系，这些都是非常关键的。

我讲的《组织管理》这门课，很重要的课程内容是组织结构、责任和角色认知以及个体适应性行为。

这几个概念该怎么理解呢？

（1）组织结构。

新兴的企业为什么比传统企业要做得好？就是因为它把结构重构了，这使得它不再是层级关系，而是网络关系，甚至是划小单元的。当这种结构确定下来时，你就会发现很多人可以很快地成长。

（2）责任和角色认知。

我曾经带过一个企业做转型，这个企业在农业里已经是中国最大、世界第二。刚到公司时，公司员工非常多，有八万人，带着这样一个体系做转型其实是很困难的。

我就跟他们讲,整个转型就是要求你们做协同,我讲了两句话来帮助大家理解责任和角色的概念:

"有人负责,你配合;没人负责,你负责。"

说了这两句话之后,这几万人反而知道怎么工作了。

如果从分工去讲,你就会发现总有冲突,总有责任出现空缺的地方。可是当你说"有人负责,你配合;没人负责,你负责"时,你就会发现彼此之间就是一个完全的协同概念。

其实就是这样,真正的成功就是看你帮助了多少人,真正的成长就是看你配合了多少人。道理非常简单,只是我们本身愿不愿意这样去做。这个是关键。

(3)个体认知。

组织行为学里很大一部分就是讲个体认知,包括你的学习、态度、天赋、性格、情绪以及个人跟组织的匹配度。在"协同"这个概念当中,我们一定要了解"个体适应性行为"。

举个例子,我们最近在做调研,专门用数字技术来记录大家的工作,我们是一天一天记录的,一直记录到年底。我们并不知道他们业绩如何,只是记录这个行为。

到年底绩效评估出来,我们发现,点赞给别人和得到点赞的前十名,也是年底业绩排名中的前十名,这就叫"个体适应性行为"。也就是说,**你主动去支持别人,主动接受别人对你的支持,有这样一个习惯,你的业绩就会非常好。**

4. 组织外协同

- 价值扩展
- 互为主体的共生模式
- 组织集群
- 强链接

图 10 组织外协同

组织外的协同相对会比组织内的协同挑战大一些，重要的就是能不能给大家提供价值，如果你不能做价值拓展，其实是没有人愿意跟你协同的。

你一定要想怎么跟他共生，跟他做价值拓展，之后你就会发现你得到的一定比你付出的多很多。

如果你想协同，一定是互为主体，就是双方都是主体，千万不要想谁说了算，一定是双方说了都算才可以。

5. 协同价值取向

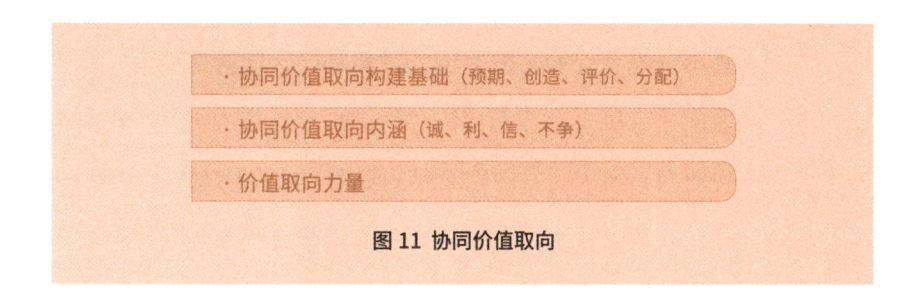

- 协同价值取向构建基础（预期、创造、评价、分配）
- 协同价值取向内涵（诚、利、信、不争）
- 价值取向力量

图 11 协同价值取向

如果要做协同，我们要有一些价值取向上的训练。爱好什么、赞同什么、反对什么，这个就叫价值取向。我们用比较传统的中文方式

生长最美：做法

做一个描述，叫"诚、利、信、不争"。

我先不说企业的管理价值取向，每个人先评估一下自己有没有"诚、利、信、不争"这个价值取向的习惯。

我从小到大有三句座右铭，其中有一句就叫"吃亏就是占便宜"。

我当管理学老师时，一开始去上一门课，好不容易把课备熟了，上好了，然后这门课就有很多老师上。他们会说：陈老师要不你换个课，反正你都比较能讲。然后我就说好吧，就换第二门课。上完之后又讲得很好了，这门课的其他老师又建议我再换一门，然后我又觉得很好。

在很多人看来，好不容易把这个课讲到有影响了，就一直讲多好。我没这样想，就一直这么换。结果是，我把所有的课都上了一遍，这就让我特别透彻地理解了一家企业，从人力资源的问题、组织的问题、营销的问题、战略的问题、财务的问题到融投资的问题，我全过了一遍。

这也是为什么我敢去当总裁的原因，就是因为管理学的课我全部上了一遍。

你说这算不算吃亏反而占便宜呢？其实是的，这就是不争，你要有这个价值取向才有机会在今天协同共生。吃亏就是占便宜，我把它牢牢地记在我的内心当中，发现它对我的帮助其实是很大的。

在今天的互联网时代，这种不争的要求其实更明确。当你不是以自己获取什么东西，而是以更大的价值创造来作为基本出发点时；当你不是争什么东西，而是跟别人合作什么东西时，你的成长速度反而会更快。

当我到企业当总裁时，我能帮这个企业快速地恢复增长，然后实现强劲的增长，其中很重要的就是我跟所有的同事说过的：我们一定要知道跟谁合作，而不是跟谁竞争。

所以我就反复地问大家我们跟谁合作，让各层的管理者帮我回答这个问题。

当各层管理者都可以回答这个问题时，我们反而比较快地从下滑变成恢复增长，然后再比较快地恢复到强劲增长。这就是为什么在价值取向上我希望大家有这种协同价值取向的原因。

6. 有效的协同管理行为

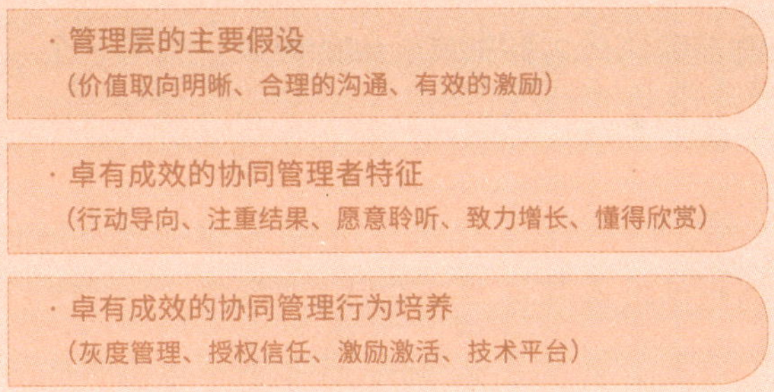

- 管理层的主要假设
  （价值取向明晰、合理的沟通、有效的激励）
- 卓有成效的协同管理者特征
  （行动导向、注重结果、愿意聆听、致力增长、懂得欣赏）
- 卓有成效的协同管理行为培养
  （灰度管理、授权信任、激励激活、技术平台）

图 12 有效的协同管理行为

一个人的管理行为受三个因素影响：

（1）管理层的基本假设。

要形成一个非常明确的协同管理行为，你的主要假设就要非常清楚。我们都非常羡慕华为，"十八万人力出一孔，利出一孔"。它是怎么做到的？就是在管理的基本假设中，在有效激励的部分非常明确。

比如说，华为在一开始就很明确地告诉你：他们绝对不让雷锋吃亏，然后也不会用道德评价雷锋，而用制度培育雷锋，这就是它对人的基本假设。

大家知道雷锋精神就是奉献、合作。华为说"我绝对不让雷锋吃亏"，并不是在道德上要求你要做个雷锋，是整个制度的培育会让你想办法当雷锋。当它有这样一个底层的基本假设时，我们看到的结果就是18万人都愿意这样做。

我们在做管理时，要把最主要的假设解决了，要提得非常明确并坚持做到。比如，你应该在管理中鼓励协同的行为，如果一个员工很强，作为一个能人，他为整个组织取得了一定的绩效，但是他没有帮助任何人，也没有为这个公司贡献共同工作的方法。那么按照协同这个概念，他就不应该成为你主要奖励的对象。如果一个人既取得了绩效又为公司贡献了方法，还帮助其他人取得成功，这样的人才是你一定要奖励的对象。

这就叫清晰的价值取向。

为什么有些企业员工不少，个人才华似乎也都不低，但取得的绩效并不高？有些企业的员工好像都是很普通的人，但合起来时的力量非常大？其实就跟管理者到底怎么奖励人有很大的关系。

（2）卓有成效的协同管理者特征。

一个协同管理者的特征是：行动导向、注重结果、愿意聆听、致力增长、懂得欣赏。

我强调行动导向。我人生的第二个座右铭是我自己的那句话，叫"手比头高"，也就是说你的高度不是由你怎么想决定的，而是由你怎么做决定的。

所以，如果你想做一个协同管理者，你必须是行动导向型的，你本人得先能协同。

最后说要懂得欣赏，我们之所以不能协同就是因为我们不能够欣赏。越靠近你的人，你了解他越多就越不欣赏他；离你非常远的人，你对他了解非常少，你就会非常欣赏他。

可是，你要知道你跟远的人没有机会合作，只有这个近的人你是最有机会合作的。所以你要会欣赏家人，这是你一辈子要合作的人，如果这个协同都做不到，天天觉得家人毛病多，你的人生恐怕也是很难美好的。

（3）对管理行为的设计。

最后，你必须对协同行为进行设计，建议你进行四个方面的设计：灰度管理、授权信任、激励激活、技术平台。

其中的灰度管理，我其实借鉴了华为的经验。华为强调要有灰度管理。按照华为的标准，如果你觉得这个世界是一分为二的，那你真的就很"二"了，其实这个世界至少是一分为三的，除了黑、白，中间还有个灰。

这个真的是对的，黑白之间是有个灰，而且这个灰度还非常丰富，从白变黑中间，灰色度有三百多种。换个角度说，如果你不懂得这个灰度，不能去包容不同的意见，不能去听取不同的声音，其实你很难协同。

我个人喜欢北大国发院，就是因为在这里所有的老师都有自己不同的研究、不同的观点、不同的意见，我们在这个地方为每一个人的研究真正地欢欣鼓舞和欣赏,同时我们也可以很好地平行对话,这些平行的对话激发了我们每个人有非常多的研究和智慧的贡献。

而这恰恰是我们在今天面对复杂性时很重要的一个训练,这个训练叫思辨能力。思辨是什么?就是你保持自己独立的观点,倾听别人的观点,但是又可以平行对话。思辨就是灰度管理当中你要拥有的一个能力。

如果我们从历史去看,就会发现不断走过来的路径当中,广泛的协同、开放的合作让人类一代代繁衍下来,创造了一个又一个传奇、一个又一个真正的奇迹。如果你对历史有敬畏,那你能理解当下和协同。如果理解了,我相信你就会看到未来最好的路径和机会在哪里。我也给大家一个建议,改变从自己开始。

寻找领军企业的能力与基因[1]

> 我们要思考怎么去处理复杂性、不确定性和更大的变化。

我从进入管理学界开始,就非常认真地研究中国企业过去三十年取得的成绩和发展变化。我也很高兴能在过去三十年陪同中国企业一路走来,我在不断寻找着那些真正领先的企业。所以今天和大家分享的主题就是寻找成为领先企业的背后基因。

我在研究中一直想解决本土创新的问题。

我们很多企业和企业家能真正取得成功,究其原因,自主创新是其推动持续进步和繁荣的核心。

埃德蒙·费尔普斯在他最著名的书《大繁荣》里写道:"草根创新对过去所有的繁荣历程都会产生很大的影响。"而这也给了我一个最重要的支撑点,我就从本土创新对中国企业成长过程中所取得的成绩、所发挥的作用开始研究,整个研究过程沿着八个要素展开,这也是一些优秀企业的基因,它们分别是:

---

[1] 根据陈春花2018年10月中旬在洛杉矶亨廷顿图书馆《领先之道》英文版首发仪式上的主题演讲《成为领先企业》整理。

1. 创新性。

2. 领导层。

3. 全球化能力。

4. 治理结构。

5. 产品及技术。

6. 价值链。

7. 环境匹配力。

8. 成长性。

这八个要素对优秀企业产生了巨大的影响。我就沿着这八个要素展开研究，我希望这是一个三十年的研究，从1992年开始研究到现在（2018年）已经26年了。首先要筛选企业，我当时在筛选时，就看它们在1992年之前的十年，为什么能走到行业领先的位置上，我把它称为行业先锋。

▶ 01 领先企业的四个要素

在三千家中国本土候选企业中最后选出了五家，分别是宝钢、海尔、联想、TCL和华为，这是在1992年选出的。国际领先企业我也选了一些，通用电气、戴尔、索尼、IBM等十家企业。

我把它们找出来之后，就开始看1992—2002年的第一个十年，这些企业为什么能成为领先企业。

我发现它们有四个重要的要素。这四个要素围绕着四个角度去研究：

1. 领导者。

2. 管理方式。

3. 市场表现。

4. 战略。

我从这四个角度来看它们为什么能成为领先企业，最后我的结论就是：

1. 它们的领导，用一个词表达，叫"英雄领袖"。

2. 它们的管理方式，可以称之为"中国理念、西方标准"。

3. 它们对市场的反应是渠道驱动。

4. 它们在战略上用了利益共同体。

我们来看看为什么是这样。

1. 英雄领袖

我们会发现这些领先企业，它们最厉害的地方就是领导人。这些优秀企业都拥有一个非常具有领袖气质的领导者。他不仅仅是一个企业的管理者，更是一个领袖。一方面他们能推动行业和社会的进步，为行业和社会做出努力和奉献，同时他们又是很好的内部管理者。这体现在他们既帮助自己，也帮助他人，让整个企业变成学习型企业，这是他们的领导者特质。

2. 中国理念，西方标准

在管理方法上，他们和当时所有的本土企业的领导者最大的不同在于，他们很好地把西方的管理理论运用在中国的管理实践中，把两者组合。他们既了解中国的理念，同时又很严格地遵守制度和标准，我称之为"西方标准"。所以他们能把人和职能转化成制度和流程，当他们做这个转化时，他们的管理效率就超越了其他本土企业。

3. 渠道驱动

他们把渠道做得非常好，通过渠道推动整体的销售，实现整体增长，从而摆脱了原来产品强、渠道弱的不平衡格局，形成了更健康的市场模式。

4. 利益共同体

他们在战略上能够形成利益共同体。他们非常在意与政府及与利益相关者的合作，他们会很好地构建与员工、上下游的供应商和社区的关系，甚至形成更大范围与整个环境的关系。当他们把这些都做到时，他们的战略就推动它们成为真正的领先企业。

▶ 02 领先企业的四种能力

这四个特点还不能保证企业走到行业第一或者领先的位置上来，他们还做了另外一些努力，我把它们称之为四个产出要素，分别是：

1. 当它的领导者和管理方式组合时，得出了属于它们的企业文化。
2. 当它的管理方式和市场组合时，形成了自己的核心竞争力。
3. 当它的市场和战略组合时，它们对市场的反应速度非常快。
4. 当它的战略和领导者组合时，形成了它们自己的远景和使命。

它们形成的这四种能力帮助它们持续成长。

1. 企业文化

它们在文化构建上很好地融合了地方经济社区的文化。比如我自己很喜欢山东，我当过山东一家公司的总裁，我研究的一个对象是海尔。为什么山东可以出现大型企业？很重要的原因就是山东的地区文化中非常强调一致性，这也是儒家文化中非常强大的部分。这种一致性就会导致它的文化非常好，这就是地区文化对企业文化的影响，一旦形成这种文化，企业的竞争力就会体现出来。

2. 核心竞争力

企业的核心竞争力是指它内部的管理方式如何被顾客体验到，一旦能被顾客体验到，它的竞争力就出来了。

3. 快速反应

它们对市场、顾客、最终用户的需求和渠道中的竞争者信息能够快速反应。

4. 远景使命

它们对未来的追求是什么，它们怎么让企业和社会的进步完全地组合在一起，它们能不能让企业有非常强的远大追求和持续的进步？

当我把这些研究完后，已经到了 2002 年。1992—2002 年的第一个十年，这五家被我筛选出来的企业的确是行业非常优秀的领先者，而我也因为得到了这个研究模型，开始到企业去做总裁。

我去了山东六和集团做总裁，用这套模型验证它是否可行。我也比较幸运，在不到两年的时间里，以这个模型带领这家企业成为中国农牧企业的第一名，这就是我们讲的，理论和实践是可以完全融合的。

当我把这家企业带到行业第一之后，我的研究不能停止，所以一年八个月之后我又回到学校，把这个研究持续下去，开始了第二个十年。

第二个十年，我们进入了一个充满不确定性的时代，挑战更大的不仅仅是互联网技术，还包括 2008 年的全球金融危机以及全球化出现的各种问题。在这样的背景下，很多企业被淘汰了，比如柯达、NOKIA。

比较幸运的是，第二个十年中这五家企业依然走得非常稳健，所以我就问自己，到底是什么原因让它们持续地处于领先的位置上？这就是我第二个十年要回答的问题。

▶ 03 领先企业的五种素质

我继续和大家一起研究，在研究中我发现，这些企业没有停留在原来的位置上，它们又再一步往前走，它们拥有了一些与众不同的特质，我把它称之为先锋企业具备的基本素质，一共有五个方面。这五个方面的素质让这五家企业继续保持领先的位置。

1. 用户至上

海尔就是一家非常注重用户至上的公司，我今年回到海尔和张瑞敏首席做交流，我们可以看到海尔在过去的第二个十年中做了非常巨大的转型。他们回归到顾客的需求上来，让顾客的需求完全可以定制化。它的生产线可以直接为你定制冰箱，并且告诉你什么时间定制完成，什么时间可以送到你家里。这是它第二个十年根本性的改变。

第二个十年中发展速度更快的一家企业是华为，华为在第二个十年中不断调整自己，从一家管道公司不断地转向，成为一家个人应用公司，这是一个非常大的跨度。

2. 危机意识

这个跨度为什么可以让这些企业继续保持很强劲的增长？我们就会看到这些领先企业的第二个要素——危机意识。

华为是我特别熟悉的一家企业，我每次到这家企业时，内心总会受到非常大的震动，它们永远告诉自己要不断地成长，没有绝对的成功。这是很独特的一家企业。

3. 让失败变得有价值

它也有低谷和失败时，但它不会停在原地，而且它会让失败变得更有价值，这就是 TCL。

2004 年，TCL 开始做全球化，在购并法国汤姆逊时，给它带来了巨大的冲击，这使它在 2005 年出现了非常大的亏损。当巨大的亏损出现时，企业走到了一个很难的地步，所以我在 2006 年重新回到这家企业，和它一起从低谷恢复增长。

我们共同做了很多努力，这里就包括我们怎么让失败变得更有价值，怎么让年轻的管理者真正恢复自己的追求，怎么调整国际化的市场。终于在 2008 年全球金融危机时，这家企业反而恢复了增长和盈利，今天它已经成为一个销售规模过千亿的公司。

4. 合作与学习

企业成长的第四个要素就是它能不能真正地不断学习，不断合作，不断打开边界。我们在研究这五家企业时，这一点做得非常好的就是联想公司，它在不断的学习过程中让自己不断成长，以寻求增长。

5. 自我驱动

最后一家是宝钢。钢铁企业在第二个十年中遇到的挑战更大，无论是价格还是全球市场的竞争以及供需关系的改变，但宝钢用了另外一个方法——全员创新，这使它在发展中依然保持了成长性。

这是第二个十年我个人和整个研究团队发现的这五家企业依然保持领先的重要原因，就是因为它们出现了五个很重要的特质，使得它们可以保持领先。

我分别在每一个十年中把我们的研究结论公布出来，当时引起了很多人的关注。比较巧合的是，2012 年第二个十年的结论做完，2013 年我再次带着研究回到企业，这一次我出任了新希望六和集团的联席董事长兼首席执行官，带领一家农业企业在互联网和全球化的背景下恢复增长、保持第一。三年任期后，这家企业成了这个行业市值最高、影响最大的公司。我在这个过程中就是不断地证明理论研究和实践之间是可以融合的。

▶ 04 从分工到协同，企业是一个整体

研究继续往下走，现在进入第三个十年，我们遇到的挑战和之前又完全不一样，我们遇到了技术驱动的互联网世界。在技术驱动的互联网世界，有两个特点：

（1）个体自我独立。

（2）万物互联一体。

这是一个非常有意思的现象。在继续研究 2012 年到 2022 年这一个十年的企业时，出现了很多变化，包括我所研究的这五家企业。很多企业遭遇了挑战，很多新兴企业不断出现。

所以，我在研究过程中就去寻找背后的原因到底是什么。我们也因此有机会去讨论管理的一些根本性的话题是不是要调整，是不是过去一百年来所讨论的理论也要做一些根本性的调整？

以前我们在讨论问题时会不断地还原，也就是找它最根本的内在的东西是什么，甚至今天我们会进一步还原到量子。但是如果要看这个世界，我们可能还要从企业本身抽离出来，上升到一个更大的宇宙、更大的自然观中，我们要努力去看整体。在大自然和宇宙之中，人只是其中一个物种，我们要放到一个更大的整体中，所以我们在研

究过程中就有了一个整体论与还原论之间的转换。我们要思考怎么去处理复杂性、不确定性和更大的变化。

所以就管理理论而言，正因为我对企业的这些研究，我认为管理理论应该做一些调整。源于这样的调整，我们的管理就有了一个很大的变化。以前我们谈得比较多的是分工、分权、分利，我们认为责权利对等才是效率最高的。但今天有可能不是这样，今天更大的效率有可能来源于整合或者协同，包括中美之间，我相信更应该是一个协同和整合，而不是分裂甚至对立的一个状态。

从这个意义上讲，管理应该是一个整体论，我提出了七个原理（参见文章《管理整体论及其七个原理》），这七个原理的核心在于，我们要从一个大的整体看组织，而不是只看组织内部；我们要基于顾客的价值看每一个员工，我们要激活人，而不是让人只是作为一个被管理者。

我们如果不能让每一个人的价值被释放，就没办法获取更大的效率。我根据过去将近三十年对于中国领先企业的研究，发现它们持续领先的背后原因就是它们把企业看成是一体的。

所以从管理的角度来讲，真正的核心不在于我们今天能得到什么结论，而在于我们不断地去问，管理遇到的问题到底是什么？

我自己是做组织管理研究的，我们在组织管理研究中一定会提到三个人：

◆ **泰勒**：从科学管理原理开始，强调分工带来劳动效率最大化。

◆ **亨利·法约尔**：从开始讨论作为管理者怎么发挥价值，明确提出管理主体的价值。

◆ 马克斯·韦伯：从开始提出科层制的组织结构模式，开始研究无论是管理者还是被管理者，怎么真正地产生组织效率。

但无论是分工、管理者还是科层制，都没有办法回答今天互联网下的个体变得非常强大这件事。如果没有办法回答这件事，我们就无法使企业在第三个十年还保持领先位置。

也正是源于这个部分，我也非常期待和在美国的很多企业家和学者做交流，讨论在新的技术背景下和新的经营环境中，管理到底应该回答什么问题。

管理没有永恒的答案，必须不断地去追问，这既是对我自己的要求，也是对每一个管理者的要求。

共生成长

> 如果你竞争，这个空间会变小；如果你共生，这个空间就会变大。所以它不是满足需求，而是在创造需求。

如何帮助和推动我们所在的领域和事业获得更好的、持续的增长？从我自己的研究，我今天选了这个话题，叫"共生成长"。

2018年开始之后，全球新格局之下，其实我们遇到了三个最大的挑战。

第一个挑战就是不确定性的增加；

第二个挑战，也是最大的挑战，与过去不同，整个宏观环境不再呈高速增长状态；

第三个挑战是新兴产业和新兴技术，它们带来的变化和产生的新空间，是我们之前从未有过的。

这三个挑战就导致无论做经营还是在这个市场中寻求自己的位置，我们都需要有一个能力，就是从环境当中看到机会的能力。

下面我就从这个角度来跟大家讨论，过去两年来，我怎么去理解这个环境。

▶ 01 从"竞争逻辑"到"共生逻辑"

今天的环境,从我的研究角度,当你看到这六个新机会并注意两个根本性的变化时,就意味着我们有一些东西要调整。因应环境的这个变化,就要你在战略上变化,也就是从"竞争逻辑"转变为"共生逻辑"。

1. 从"竞争逻辑"转变为"共生逻辑"

过去我们常常会拿珠三角与长三角进行比较,看它们的优势或者劣势。我们常常会讲,这一轮珠三角是不是赢了,下一轮长三角是不是会赢。如果你还是这样想的话,那你就还停留在过去那个时代,用的是竞争逻辑。

如果转向共生逻辑,我们怎么看珠三角和长三角?就是看长三角和珠三角有没有东西可以协同和共生,这种协同和共生可否带来更大的成长性。其实是换个方式去看。当我们换个方式去看的时候,最根本的改变其实就是需要你真的理解,我们所需要的战略,未来、现在跟过去的非常不同。

我跟廖建文老师(曾任京东首席战略官)做过一个联合研究。我们俩一直在研究一件事情,就是数字化背景下,战略到底变了什么?结果我们发现最大的变化,就是这个逻辑的改变。

过去我们基本上就是满足顾客需求,所以要做比较优势。读过工商管理课程的人一定学过波特的竞争战略。而在波特的竞争战略当中,它的三个最重要的战略就是总成本领先、差异化和专门化。这都是在做比较优势。

但在数字化背景下,最重要的并不是满足顾客需求,而是创造顾客需求。

阿里巴巴有一点让我非常佩服。做零售的人,最重要的是靠什么?靠节日销售。如果靠传统的节日销售,每家公司遇到节日都会抢消费者,阿里巴巴就决定自己创一个节日,这个节就叫"双十一"。等他们把"双十一"创出来之后,大家都知道,一个"双十一"一天的销售额就非常巨大。

接着大家就开始复制模仿,"双十二""618"等。我估计每一天都有可能被变成节日,这也是我觉得比较恐怖的地方。2020年的"618",京东一个平台上的销售额也大得可怕,已经达到了几千亿的量级。

所以我跟美国的一位学者聊,说现在的经济不怎么好,结果他说了一句话:"你们中国很好,因为一天的销售额就四千亿。"我不能跟他解释,只好说我们全年就卖这一天。然后接着他就跟我说:"不对,你们不是卖一天,你们有'双十一',有'双十二',还有'618',卖三天。"这是创造出来的概念。为什么能创造出来?就是无论是阿里巴巴的平台,还是各种支付平台、物流平台、上万个生产厂家,还有几亿的消费人群,我们都在这一天不做竞争,只做合作。

这就是今天这个产业很特殊的地方。今天这个产业的逻辑,在战略上来讲是一个共生关系,绝对不是一个竞争关系。如果你竞争,这个空间会变小;如果你共生,这个空间就会变大。所以它不是满足需求，而是在创造需求。

我常常跟很多企业讲，如果你告诉我你的竞争对手是谁，我马上就知道你不对，你没有未来；如果你跟我说你跟谁在合作，我基本上就认为你是可以的。这就是我们今天很大的一个变化。

这个逻辑转变并不容易。我自己亲自操盘的大型农业企业转型，其实就是在做员工的逻辑转变。所以我上任第一年，就跟同事说："我从不担心你们懂不懂农业，因为你们有三十五年的历史。我唯一担心的是你不知道未来的农业长什么样子。"

所以我花费三年的时间努力做这件事情。

2. 重新定义战略空间

这种逻辑的改变，最重要的是我们重新定义了战略空间。

我在过去十几年一直在做一件事情，就是想研究中国管理模式，所以我就和二十五个教师和二十五个企业家，组成了一个叫作"中国管理模式奖"的遴选机构。十年前，我们在选这些中国管理模式杰出企业的时候，这些企业都要有十五年到二十年的成长期，才能被我们选出来。可是到2018年，我突然发现有个变化，在我们遴选的八家企业当中，其中五家获奖企业的成长时间不超过五年。

现在企业的成长速度远大于我们的预期，原因是什么？就是它们重新定义了战略空间。

我们过去做战略时，其实就问三个问题：你想做什么？你能做什么？你可以做什么？把这三个问题组合起来之后，就是你的选择，叫战略空间。"想做什么"是你的初心，"能做什么"是你有什么能力和资源,"可以做什么"是我们把自己放在一个产业里边。

但是今天变了,你想做什么?重新定义就可以了;你能做什么?不在于你是否有能力、有资源,而是看你跟谁连接;你可以做什么?不受任何产业的影响,跨界就可以。

这就是为什么今天很多企业成长得很快,甚至两三年就成长起来的原因。当我们理解这个战略的逻辑调整时,我们要真正地理解怎么围绕客户去创造这个价值。

所以我们今天在战略上的一个根本变化,实际上是要变成这个样子。未来我们看学校时,可能学校也是跨界的,它可能是一个投资社区,可能是一个创新社区,可能是一个学习社区,也可能是一个年轻人集聚在一起、产生无限想象的社区,还可能是我们这些人终身学习的社区。我们实际上是可以让它不断改变的,当它改变时,大学的新形式也许就会出来。

这是我们看到的变化,今天有很多新的业态出来。我们习惯说"新物种",还有一些称之为"颠覆者""重构者""连接器"。你会发现整个商业模式的创新是层出不穷的。我现在几乎找不到更多的词来描述它们,因为改变非常多。

怎么才能在真正理解数字化的背景下知道你战略中的根本路径是什么?其实就是你能不能够共生、连接和跨界。这是我们理解"连接共生"时很重要的一个思维改变。这是我想跟大家介绍的第一个概念。

图 1 可持续数字战略的实施路径

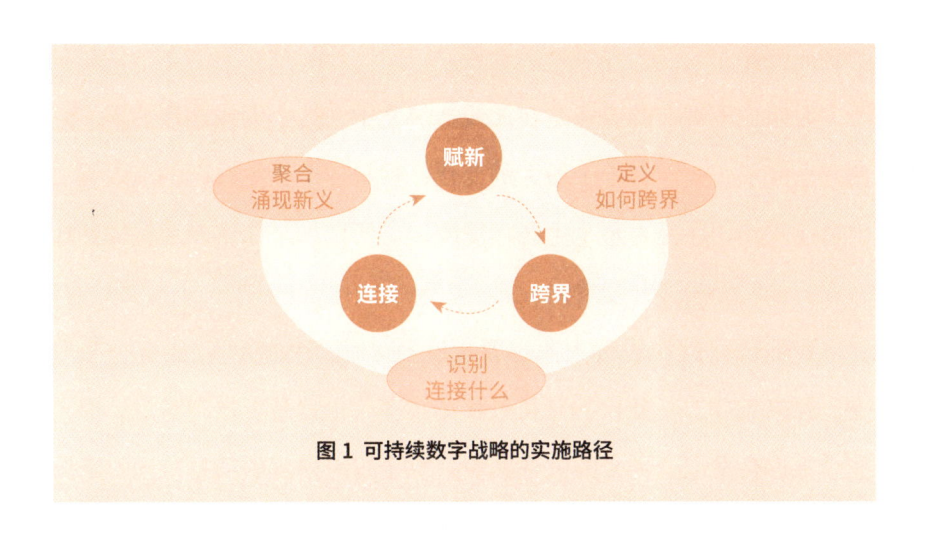

▶ 02 管理由"分"到"合"

我们今天要了解的第二个概念是什么？就是整个组织管理的变化实际上非常大，最大的变化我用了一个词来形容，叫由"分"到"合"。

我们以前强调的几乎都是分工，人力资源部做人力资源，财务部做财务，采购部做采购，销售部做销售。过去我们认为这种分工是效率最高的，但是今天发现不是。今天是要把大家完全整合在一起，效率才会最高。这是一个非常大的改变。

那么，这种改变当中有哪些东西需要大家调整呢？

1. 组织是一个整体

你必须把你的企业看成是一个整体，不要把它分成功能性模块。过去六年来我做得最多的一件事情，就是帮助非常多的企业由功能分工转成整体。

原因在于现在的企业是在无线连接之中，这个无线连接让很多东西完全变了，甚至有一个最大的变化，就是一个企业自己的绩效无法由自己决定，而是由整个生态环境决定。所以如果你不能跟整体达成一致，你就无法提升绩效。

我的研究就在告诉大家，要提高整个组织效率，就要有一些改变。原来靠分工、分权、分利来获得效率，也就是责权利对等。但是在今天你会发现，更大的效率其实来源于组织内部的信息协同，来源于组织内部的共同工作的效率，来源于组织内部的部门墙打掉。如果没有内部的整体协同，就得不到最大的组织效应。

那么要改变这些东西，让它长成什么样子呢？就是要长成一个整体的样子。人力资源部要贡献的并不是一个普通员工，而是每一个业务单元胜任的人、具有创造力的人。

当我去海尔参观调研时，听到的一句话让我特别感慨。张瑞敏说："世界的人力资源就是我的人力资源。"海尔现在没有人力资源部了，它的人力资源部也是一个业务单元。

我就奇怪了："要是业务单元，怎么核算它是否盈利？"他说很简单，如果他招来二十个人去到研发部门，然后研发部门这二十个人对整个研发有创新贡献，这个创新的贡献直接计算到当年对公司新增长业务的销售额里。如果这二十人在这个计算公式里都成立，人力资源部门就有工资和奖金了。如果招了二十个人，但计算公式里都不成立，那这个部门就没有奖金，也没有工资了。所以说它是个经营单元，这是一个很大的变化。

也就是说，传统意义上的职能部门（又称后台部门），未来可能会被拿掉。今天在组织管理当中讲得最多的概念是中台和前台。我们已经把职能后台这部分拿掉，也就是让你的中台和前边完全融合，成为一体的概念。

那这个一体的概念要解决什么问题？我的结论是管理是一个整体，它需要有七个原理，这七个原理就是解决怎么让组织变成整体之后效率最高的问题。

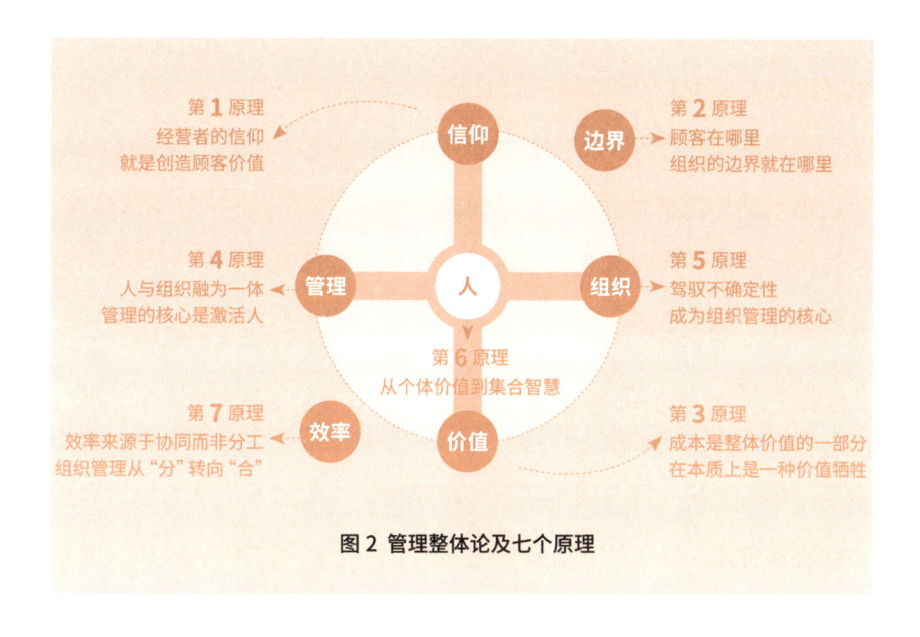

图 2 管理整体论及七个原理

第 1 原理 经营者的信仰就是创造顾客价值
第 2 原理 顾客在哪里组织的边界就在哪里
第 3 原理 成本是整体价值的一部分 在本质上是一种价值牺牲
第 4 原理 人与组织融为一体 管理的核心是激活人
第 5 原理 驾驭不确定性成为组织管理的核心
第 6 原理 从个体价值到集合智慧
第 7 原理 效率来源于协同而非分工 组织管理从"分"转向"合"

（1）看你和顾客如何一体。

企业跟顾客之间，是一个边界融合的部分。所以第一个原理和第二个原理都在讨论这个问题。所有的经营者，一定要讨论顾客，同时必须让你的边界跟顾客在一起。当你的边界和顾客在一起时，你就跟顾客是一个整体。

（2）看你的成本和整体价值的关系。

我一直想跟大家讨论成本的概念，但是很多人不明白成本其实是整体价值的一部分，本质上它是一种价值的牺牲。我的担心在于，你投入了很大的成本，但是没有创造整体价值，那就是成本的牺牲。

我喜欢举的例子就是创业公司。很多创业者刚成立一个公司，名片上就写CEO。如果你写CEO，后面人的头衔都得大，头衔一大就要配助手，公司后台就得有结构。这一系列的结构对一个创业企业、对顾客都是成本浪费。初创企业不需要CEO，只需要一个"首席顾问官"。所以初创企业管理结构太大就会造成成本牺牲。

但是当公司有几十亿、上百亿规模时，公司后台就必须有一个结构，这个结构还要比较大。因此这时候你有两件更重要的事情要做，就是风险控制和布局未来。这两件事情跟现在没有关系，但是这个钱必须得花。这个钱就是整体价值的一部分，因为你要有风险控制和对未来的布局。

所以大家需要理解，成本并不是一个我们传统意义的概念，它一定是整体价值的一部分。如果你不能用整体去看成本，那你的很多成本就会浪费掉。

（3）看看组织跟人的关系。

如果我们不能在组织管理当中使每一个人都发挥效能，让每个人的价值跟公司的价值合在一起，让每个员工都具有创造力，以应对不确定性，那你的人和整个公司就不是整体了。

（4）解决组织跟外部的关系。

组织与外部的关系也十分值得关注，因为今天很多的价值是由外部决定的。

2. 激活人的价值

在组织管理当中，必须激活人的价值，这实际上是今天你需要关注的一个最重要的话题。在激活人的价值时，有很重要的两个变化，就是工作场景和人力资源的变化。

今天的人喜欢灵活的工作地点和工作时间。我跟很多传统老板讲过我对他们的一个担心。"90后"、"95后"在工作中最大的特征是什么？他们决定工作两年休息三年，去世界中走三年，然后再回来工作。你说你要不要用他？你要不用他，年轻人不会跟你在一起；你如果要用他，你就得准许他这么灵活。未来就会是这样。

今天这个演讲，灵活的人就不来了。他会问你有直播吗？你直播了那所有校友就都能看了。所以这么多人从这么远的地方来，我除了感动之外，只能想到另外一件事情，来的人都比较老，没别的办法。

我们看到他人的价值也是这样，他们不太在意稳定，需要的其实是更高的价值创造和幸福感，所以我们必须要让人有意义，就得解决两件事情。

第一件事情，是要真的解决效率，效率一定是跟顾客在一起才有意义；第二件事情，是一定要解决人浮于事、虚假繁忙。

"虚假繁忙"这个词是我最近讲得比较多的。我觉得我们都太忙了，但是忙得没有什么意义，全是虚假的。原因是什么？其实就是我们受太多信息干扰，被太多东西影响。其实你只要专注去做你的事情，你的价值一定可以确定下来。今天很重要的是，要把虚假繁忙拿掉，然后去把你的价值做到，这样每个人的价值才会被创造出来。

整个管理一个很大的调整，就是要从"管控"到"赋能"，就是帮助大家去成长。

有一个笑话我常常讲。我家里的年轻人都是"90后"，他们有一天竟然很悲悯地看着我说："我们已经疯狂地老去了。"我想了一下，很认真地回答他们："我正在逆生长。"

我们为什么可以逆生长？很大的原因在于把碎片化和虚假繁忙拿掉，把责任跟权力、跟利益和价值组合起来，不要去做那些跟价值创造不相关的事情。

我有时候会跟大家开这样一个玩笑。我有很多在线课程，于是就有人跑来跟我说："老师，我太喜欢你了，我每天开车上班，在路上就听你的课。"结果我就跟他说："你不能当我的学生。"他问我："为什么？"我说："开车的时候你就认真开车，你听我的课，万一撞了别人怎么办？"

大家记住，虚假繁忙就是这样，价值不对，就是虚假。

你需要关注怎样去承担责任，怎样去分配时间、权力和利益，才能让你的整体价值最大，这样你才能够真正做到关键的部分。因此我们在工作场景当中，要尽可能不用命令和权力，尽可能设计一个成长的空间，让员工发挥创意，更重要的是整体要与时代同步。否则你就没有办法让你的员工真正成长起来。

更重要的是，你要有年轻员工，没有年轻员工就不会有未来。

有一个对我启发很大的事情。自从有正式组织这个概念以来，人类历史上存活的机构一共只有83个，其中75个是大学。我第一次问大家这个问题时，很多人以为存活最多的是宗教组织，可是真实的数据是75所大学。为什么？就是因为大学总有年轻人进来，你老了它就让你走。

你一定要珍惜，现在有回学校学习的机会，就是让你重新年轻一次。一定要想办法回来学习，你回来学习，你就再年轻一次。这就是与时代同步。

3. 打造共生型组织

我为什么要讨论"共生型组织"这个概念？今天任何一个单独组织都不能创造价值，必须形成一个跨领域的高效运行的价值网，才能真正地创新和为顾客创造价值。

要打造共生型的组织，需要四重境界。

第一重境界，共生信仰。

也就是你对自己要有约束，能够综合利他，更重要的是要致力于成长，不要致力于竞争。所以从这个意义上来讲，我认为当美国说"美国优先"的时候，其实它就已经输了，因为它不是一个共生的逻辑。而我们依然是更开放、更全球化的，中国的机会肯定是在的。

第二重境界，顾客主义。

今天所有的东西都在变，只有顾客不变，你必须回到顾客主义。但是有一点我要提醒大家，今天的顾客和以往的顾客不太一样，我们不会再有忠诚顾客了，所以不要费力找忠诚的顾客。今天所有顾客都越来越年轻。东西要好，还要看起来漂亮，还要便宜、方便，这就是今天顾客要的。没有年轻顾客就没有未来。同时我们还要了解他们追求极致体验。

最典型的就是小米。小米用九年的时间进入《财富》全球五百强，创造了一个奇迹。它其实就是符合了年轻化的趋势，产品确实好看、便宜，又方便购买，且质量不错。它就是按这个方式走，把顾客主义用到极致。今年两个季度，它在印度的出货量还是排第一。

第三重境界，技术穿透。

技术在改变这个世界。我们要加深了解怎么让技术真正形成对所有组织、商业模式和市场机会的重组。

第四重境界，"无我"领导。

好的领导为什么能跟那么多人在一起？很重要的原因是"无我"。《道德经》讲的"无为而治"，其实不是不作为，而是如果你能让跟你相关的人都有所作为，根本不需要你在，你就是达到了最高境界的领导人，也就是"无我"领导。"无我"领导最讲究的是牵引陪伴、协同管理和协助赋能。

这就是打造共生型组织需要的四重境界。

图3 共生型组织的四重境界

▶ 03 面对未来，用"认知"替代"预测"

如果你告诉我未来一定会怎么样，我就告诉你它可能会调整。

2018年的时候，我就告诉大家2019年的经营环境会有四个大的变化，一是多元和个性化；二是数据即洞察；三是冲刺式马拉松跑，跑过马拉松的人都知道那是长跑，但是每个阶段都得冲刺；四是产业价值是关键，这对传统产业来说是机会。

所以，我当时给2019年的关键词是"连接共生、长期主义、聚焦主业、知识赋能"。其实对于我们整体上来讲，我们要做的就是这样一个概念：内求定力，外连共生。

我给大家六个非常直接的建议：

第一个，建立长期主义的价值观。千万不要做短期行为，只有长期才能让你抵抗不确定性并抗周期。

第二个，从预测判断转向不断进化。一定要不断地进化自己，不要去预测，因为未来不可测，你只要不断迭代自己就好。

第三个，致力不可替代性。要在这个不确定的市场当中活下来，你需要不可替代性，就像陈老师的不可被替代性，就是要不断地研究、写作和讲书。我只有不断地做这件事情，我才能不被淘汰。

第四个，从固守边界到伙伴开放。你去跟更多人合作就可以了。平台化和云化的特征就是三个——开放、连接、协同，做到这个就好。

第五个，构建共生态。也就是让更多人因为你成长得更好，也包括你自己，从而让我们大家都更好。

生长最美：做法

第六个，做好当下即是未来。其实这是一个关于南极的故事给我的震撼。

人类在一百多年前最想去的地方是南极点，这是探险家的梦想。有两个团队去了，一个是英国团队，一个是挪威团队。他们在某一年的同一个合适的时间出发。一个月后，挪威团队到达，插上国旗，很高兴地给国王写封信报喜，然后顺利地回去了。再过一个月英国团队到达，插国旗时才发现挪威人已经来过了，所以很沮丧，只好向国王说他们第二个到达。但这个故事悲惨的不在这里。而是因为他们晚到了一个月，往回走的时候天气骤变，全军覆没，无人生还。

后来人类就研究为什么一个团队顺利上去，完整回来，另一个团队却无人生还。结果最主要的就是一个原因，挪威团队不论天气好坏，每天走三十千米；英国团队天气好的时候多走，天气不好的时候不走。

我想告诉大家，在极限环境下，你做好每一天，就做好了一切。而在今天巨变的环境下，你做好每一个当下，你也就有了美好的未来。

卓越领导者的自我造就之路

卓越领导者与普通领导者之间最大的区别就在于，前者一直专注于人的成长，既专注于自我成长，也专注于发展他人。

▶ 01 卓越领导者坚持自我超越

卓越领导者非常清楚，培养自己的关键是自我超越。

华为的一个观点给我留下了深刻的印象：在华为看来，只有成长，没有成功。2017年是华为成立三十周年，彼时没有庆典，一切如常。在华为，你可以理解什么是"所有成功，皆为序曲"，这是一种超出人们想象的成长力，个体成长与企业目标完全融合在一起，整体面向未来，不会满足于过去的成功。为何华为的5G技术能走在世界前列？其强大的学习力和不断超越自我的文化正是助推器，任正非正是华为自我超越文化的核心。

再看看海尔，海尔创设了一套新的组织体系——"人单合一"模式。组织中每个成员的绩效直接与顾客价值创造相关联，组织中的每

生长最美：做法

个成员都有价值贡献，且与绩效、组织目标、方向一致，与顾客价值创造一致，因而上下能拧成一股绳。"人单合一"模式以其独特的价值给很多制造业企业的数字化转型带来启发。为了实现这一模式，海尔设立了两种组织形态——转型小微和创新小微。这两种组织形态打破了原有的组织体系和组织模式，化小单元，让人人都可以成为首席执行官。

为什么在海尔，人人都可以成为首席执行官？最重要的是领导者和管理者都能超越自我。领导者愿意授权给每个人，让每个人都与经营直接挂钩，都与顾客直接关联，这让人人皆可成功，人人皆可创造价值。

我在与张瑞敏的对话中，问及在怎样的情形下，"人单合一"模式能成功，他的答案只有四个字——"自以为非"。在随后的交流中，他反复强调，企业领导者必须做到"自以为非"而不是"自以为是"，必须能自我超越，否则就无法推动企业组织的成长。

卓越领导者与普通领导者之间最大的区别就在于，前者一直专注于人的成长，既专注于自我成长，也专注于发展他人。正如"成为世界级企业"被写入《华为基本法》第一章第一条，这既是华为的目标与理想，更是任正非推动华为持续超越自我的内在动力。

卓越领导者不会对已经取得的成功沾沾自喜，更不会因为某一个成功停滞不前。他们会把雄心壮志嵌入组织文化，他们对企业长期发展所具有的使命感更能激发员工和社会的投入，更能激发自己与组织成员持续超越自我，这也是他们成为卓越领导者的核心基础。

▶ 02 卓越领导者首先是自己的领导者

在商学院戈壁挑战赛的起点——阿育王寺，我真正懂得了一个道理，并非顺应时势才可以造英雄；并非环境友好才可以发展；并非碰到机遇才可能成功。

玄奘只身一人，一步一步坚定地往前走，历经九九八十一难终取回经书，他西行的过程其实就是一个自我认知挖掘的过程。所以，戈壁之行让我爱上了玄奘，让我深刻地理解到，自己可以造就自己。一个人最重要的是先成为自己的领导者。

成为自己的领导者，有三步：

（1）自我设定新目标。

面向未来是对自己的挑战，只有真正革自己的命，你才有机会超越自我，也才有可能接受变化，拥有新的可能性；要为自己设立新目标，放开自己，拥抱变化与未来。唯有不断地自我设定新目标，才可以真正成长起来。

（2）养成在实践中不断精进的习惯，也就是不断修炼。

要在实践过程中不断地学习和提升，一方面要接受实践的挑战，解决问题；另一方面要走在实践前面，创造新的可能性，这个过程没有止境，不断前行精进的过程就是自我管理的过程。

（3）要有强大的学习能力。

领导力本身就是一种影响力，影响人们做自己要做的事并实现共同的目标。这种影响力的内涵就是知识。如果你的学习能力强，你的领导力就会得到提升。更重要的是，如果能让更多人因你而进步，你自然就可以成为一个更好的领导者。

知识与学习能力能从以下四个方面提升领导力：

（1）通过学习拥有洞见力。洞见力帮助我们对问题形成独立见解；洞见力能激发人们的想象力，帮助人们通过想象理解外事外物及其内在逻辑。

（2）通过学习提升适应力。学习的最大价值，就是帮助人们在获得相关训练和知识准备后胜任任何职业和任何岗位，能够驾驭变化，透过知识技能的精进窥见未知世界之美。

（3）通过学习获得说服力。学习可以帮助人们融会贯通，举一反三；帮助人们理解复杂性并找到适合的答案。这些训练使得人们具有广泛对话的能力，能为工作目标赋予意义，找到共同的价值。

（4）通过学习拥有定力。学习可以帮助人们展开与自我内心的对话，而不受外界的干扰。

▶ 03 远观近看同一课题的能力

领导者要接受变化的考验，就要拥有通过众多视角看待世界的能力。向玄奘学习的过程让我懂得，一个人要成为自己真正的领导者，其中一个训练就是对同一个课题，既要能远看，也要能近观。

我喜欢蒋勋的作品，他让我懂得了远看近观的道理。他曾到一个叫池上的小镇住过两年，写了一本书叫《池上日记》。在这本书中，他说，有一天他们准备在乡间举办朗诵会，大家念各自的诗歌，没想到当天下起了倾盆大雨，他以为朗诵会要取消，结果大家还是尽情地在雨中朗诵，有雨声相伴的诗歌显出了别样的美。他突然意识到，这才是诗。所以他写下："也许诗句醒来就应该在风声、雨声里散去。"

这就是既能远看也能近观带来的纯粹自由。如果你没有这种能力，一定会觉得天气太差了，声音被掩埋了，会失望甚至会取消原定计划。但在一个真实的场景下，你愿意尝试，就能有新的感受，这是在天气晴朗时所不能感受的意境。此时，你恰恰明白了什么才是真正的美。

真正的成长，真正的自由，一定是有能力远观和近看同一课题。

就像新冠疫情，如果仅仅看到它带来的挑战，我们可能会觉得没有任何希望。但是也有一些人能与危机共处，一些企业能在危机中找到逆势增长的机会。

深入这些企业，与其领导者对话，就会发现，他们在面对危机时，既看到了危机在当下带来的冲击与挑战，期待找到解决危机的方案；也能看到危机给未来带来的影响和结构性变化，并把这些根本性变化作为自己获得新成长的可能性来源。

所以，领导者要拥有远观近看的能力：遇到任何挑战时，先近看，思考用什么方式来尽快应对；然后再远观，看这个挑战带来的变化到底会是什么。

领导者需要具有面向未来的能力

今天不是谈对错的时候，而是谈变化的时候。在一个变化的背景下，对错已经没有太大的价值，真正有价值的是：愿意试错，能纠错迭代，持续创新。

在数字化时代背景下，面向未来已经成为领导者的一个新定位。数字化的本质特征表明，未来与现在被压缩在当下。在这个挑战面前，领导者必须要有面向未来的能力，成为面向未来的卓越领导者。

▶ 01 领导者需要拥有认知未来的能力

作为一个领导者，你不能只是满足于会做自己的事情，你要对这个世界和未来有认知的能力。这是一个非常重要的能力。

我在研究组织管理过程中常问领导者一个问题：未来已来时你与世界的关系。比如，未来世界可能有二十个领域被人工智能覆盖，你会遇到一个"新人"，也就是机器人。你要和它一起工作，你怎么办？还是说你就被机器人替代掉？

我并不担心机器人像人一样去思考，我比较担心人像机器人一样思考。如果人像机器人一样思考，人绝对会输给机器人。医学健康领域有可能是最快速被技术渗透的，在医学教育中，我们必须布局如何面向未来，让人们能够适应未来世界，而不是被淘汰掉。

面向未来，领导者要知道四个重要的关键词：技术、数据、创造、智慧。要真正理解这四个关键词所产生的影响和价值。

数字化时代，未来与现在的时间差非常短。因此，我们最大的挑战是，世界每天都在变，我们熟悉的世界不存在了，一切都在被重新定义，过往的经验或能力可能成为未来竞争的陷阱。

面对未来已来，面对新世界、新世界观、新理念、新领域时，也对领导者提出新的要求，需要他们有多视角看待、了解世界的能力，同时理解未来对他们的要求。

▶ 02 领导者需要拥有面向未来的学习力

领导者必须带领组织实现当期的目标，解决今天的问题，同时还要承担另一个明确的责任——为组织的未来负责，这就要求领导者有指向未来的能力。只有今天发生的一切指向未来，我们才能活向未来。

在企业成长过程中，领导者始终需要去思考：

◆ 未来，组织在哪里？

◆ 组织与未来世界的关系是什么？

◆ 组织应该做出怎样的努力才能具有面向未来的能力？

持续关注这一话题的过程中，我接触了很多领导者。在与他们深度交流的过程中，有一个现象让我很担心，很多领导者的思维模式可能还停留在20世纪90年代。

比如，一些领导者非常在意自己的对错，所做的努力只是为了证明自己没有犯错误。虽然他们活在21世纪，但其思维模式还停留在20世纪。今天不是谈对错的时候，而是谈变化的时候。在一个变化的背景下，对错已经没有太大的价值，真正有价值的是：愿意试错，能纠错迭代，持续创新。

又比如，一些领导者很在意自己的权威性，尤其关注自己的影响力。但是，在今天的组织体系中，只要你有价值贡献，在任何岗位或担任任何角色都可以释放巨大的能量。所以人们并不在意领导者的权威性或岗位与角色，他们所做的很多努力就是挑战权威、打破边界、寻求新的可能性。

如何改变这种令人担心的现象？需要人们具有面向未来的学习能力。今天的我们面对的真正挑战不在于学过什么、做过什么，而在于面向未来学什么、为未来做什么？

▶ 03 领导者的坐标系需要指向未来

要成为自我领导、面向未来的人，就要有指向未来的能力。换言之，就是在领导者的坐标体系中，需要有指向未来的维度。

今天的我们，只有将自己的坐标指向未来，才会有更强的意愿、更大的动力培养自己、超越自我，成为能面向未来的卓越领导者。

最近几年，我在企业做调研时，最关注的就是组织是否具有面向未来的属性和能力。如果企业不具有面向未来的属性和能力，就会在行业发展的过程中被淘汰出局。比如从零售业商业模式的调整中可以看到，组织面向未来属性的重要性。

广州有一家著名的百货公司——南方大厦，曾经被誉为广州的标志。后来，随着沃尔玛和家乐福进驻广州，出现了新商圈和新商业模式，南方大厦从此退出了舞台。同样的情形还发生在多个城市，老牌百货公司因为无法跟上消费者、行业与技术的变化，渐渐失去了往日的光彩。

这个案例从另一个角度告诉我们，即便在今天是很强大的公司，如果它没有指向未来的能力，也无法逃脱被淘汰的结局；即便在今天是很弱小的公司，如果它能创造有关未来的可能性，也会具有成长壮大的可能性。就像当年柯达申请破产时，德国传媒都惊呼：在科技面前，没有人高高在上，因为时代会淘汰落伍者。所以在企业成长过程中，领导者一定要理解这一点，即需要引领组织调整坐标指向未来。

如何能做到这一点？

企业需要做出巨大调整，要放下已经取得的成功，重新出发，理解新技术，跟上时代步伐；从新的可能性出发，而不是从自己的优势出发；从消费者需求的领域出发，而不是从自己擅长的领域出发。

图书在版编目（CIP）数据

生长最美：做法/陈春花著. -- 长沙：岳麓书社，2022.7

ISBN 978-7-5538-1695-1

Ⅰ.①生… Ⅱ.①陈… Ⅲ.①人生哲学—通俗读物②工作方法—通俗读物 Ⅳ.① B821-49 ② B026-49

中国版本图书馆 CIP 数据核字（2022）第 114430 号

SHENGZHANG ZUI MEI：ZUOFA
生长最美：做法

著　　者：陈春花
主　　编：王贤青
责任编辑：李伏媛
监　　制：毛闽峰
特约策划：刘睿铭
策划编辑：张若琳
特约编辑：孙　鹤
特约营销：罗　洋　刘　珣　焦亚楠
封面设计：尚燕平
版式设计：李　洁
岳麓书社出版
地址：湖南省长沙市爱民路 47 号
直销电话：0731-88804152　88885616
邮编：410006
2022 年 7 月第 1 版　2022 年 7 月第 1 次印刷
开本：680mm×955mm　1/16
印张：23
字数：245 千字
书号：ISBN 978-7-5538-1695-1
定价：68.00 元
承印：三河市天润建兴印务有限公司

若有质量问题，请致电质量监督电话：010-59096394
团购电话：010-59320018